Dorothea Leonhart

Mozart

Liebe und Geld
Ein Versuch zu seiner Person

Matthes & Seitz

Ursula von Kardorff gewidmet, die mich zu diesem Buch
ermutigte, wenn sie auch keine Zeile darin zu verantworten hat.

Mein besonderer Dank gilt Frau Lilo Eibl, die mir die
Handbibliothek des Mozart-Forschers Joseph Heinz Eibl zur
Verfügung gestellt hat.

Umschlaggestaltung: Axel Ganguin, München,
unter Verwendung des unvollendeten Ölbildes
»Mozart am Klavier« von Joseph Lange
Standort : Mozart Museum, Salzburg.
Herstellung: Bettina Best, München.
Satz: FotoSatz Pfeifer, Gräfelfing.
Druck und Bindung: Ebner Ulm.
ISBN 3-88221-771-5

INHALT

Über die Musik schreiben die Kenner. Hier wird versucht, die in der Person und in den Umständen liegenden Ursachen zu finden, welche Mozart in sein Verderben zogen.

Sollte wirklich, wie die meisten Biographen behaupten, die führende Gesellschaftsschicht einer der großen Kulturepochen Europas schuld sein an Mozarts Ruin?

Auch seine Familie wird nicht verschont von herablassenden Urteilen, und oft genug ist der Jargon des Herrenmenschen von dem des kritischen Intellektuellen kaum zu unterscheiden.

Am schlimmsten trifft es Leopold Mozart, den Vater, der beinahe überall als »streng, hart, bitter, subaltern, servil, eine Lakaiennatur, ein Duckmäuser, mit starkem Hang zu devoter Anpassung« diffamiert wird, als »antisemitisch«, ohne Größe, ohne Würde, »von kleinbürgerlicher Beschränktheit, angeborener Unterwürfigkeit«, der sich »an seinem Sohn versündigt« habe. Die Mutter sei nur »begrenzt gesellschaftsfähig« gewesen, Nannerl, die Schwester, »von penetranter Farblosigkeit, fade, langweilig, hysterisch.«

Das Paradoxe an dieser Geschichtsfälschung ist, daß Mozarts Vater, Mutter und Schwester alle diese Abscheulichkeiten lieber auf sich hätten sitzen lassen, als der Mitwelt oder der Nachwelt zu gestatten, irgend etwas Abträgliches über ihren geliebten Sohn und Bruder zu sagen.

Denn die Intensität der Liebe seiner Familie ist eines der Wunder in Mozarts Leben, und wer die Briefe liest, wird bald begreifen, daß in dieser Liebe eine bisher verkannte Quelle seiner schöpferischen Kraft lag.

Wolfgang Amadeus Mozart im Juli 1778 in Paris.
Kreidezeichnung von A. de Saint-Aubin

I.

»... à propos! – wird der *Bart* weg=geschnitten, weg=
gebrennt, oder gar weg=barbiert? –« fragt Leopold Mozart
in seinem Brief vom 15. Dezember 1777 nach Mannheim, wo
sein Sohn Wolfgang in diesem Winter Station gemacht hat, um
am Kurfürstlichen Hof sein Glück und einen festen Dienst
als Musiker zu suchen. Der bis dahin bartlose Wolfgang ist
immerhin fast 22 Jahre alt. Doch schon fünf Tage später antwortet die Mutter Mozartin nach Salzburg: »... Noch ist der
barth nicht barbiertet worden, sondern nur mit den scherl
geschnitten, es wird sich aber nicht mehr thuen lassen, mit
nechsten wird der barbierer herrhalten miessen ...«
Wolfgang Mozarts ziemlich später Bartwuchs fällt in die Zeit
seiner Bekanntschaft mit der Familie des Musikers Fridolin
Weber in Mannheim, in dessen Tochter, die etwa 15 jährige Sängerin Luise, genannt Aloisia, er sich sogleich leidenschaftlich
verliebt; ein Ereignis, das das Leben beider Familien von
Grund auf verändert: für die liederlichen Webers über jedes
Erwarten hinaus ins Positive – zum Aufstieg in Ruhm und
Üppigkeit –, für die angesehene Familie des Salzburger Vize-
Kapellmeisters, Komponisten und Musikerziehers Leopold
Mozart dagegen zur Katastrophe, die sein Lebensglück für
immer zerstört; die ihn zum Witwer machen, ihm den vergötterten Sohn – sein Geschöpf, die Sonne seines Lebens – für
immer entfremden wird; ihn selbst in tiefe Schulden stürzen, die
er jahrelang unter harten Entbehrungen wird abarbeiten müssen
– auch dann noch, als sein Sohn in Wien bereits Triumphe
feiert und große Summen verdient –; eine Katastrophe, die des
Nannerls Ersparnisse und ihre Mitgift aufbrauchen und sie um

ihre Liebesheirat bringen wird; und ihn, den stolzen, so ehrgeizigen Leopold Mozart der Schadenfreude der Salzburger
ausliefern und einem Lebensabend in Einsamkeit.

Die Webers werden im schlimmsten Sinne die »famille
fatale« in Mozarts Leben. Sie werden sich an ihn hängen und
ihn ausnutzen bis zu seinem gesellschaftlichen und finanziellen Ruin.

Versuchen wir, dem verhängnisvollen Weg nachzugehen.
Da Konstanze Mozart die Spuren offenbar systematisch vernichtet hat, werden ganze Strecken im Nebel der Vermutung
bleiben.

II.

HERKUNFT, KINDHEIT UND JUGEND

Leopold Mozart, geboren 1719 als ältestes von acht Kindern des Buchbinders Johann Georg Mozart in Augsburg, erhielt seine gründliche Schulbildung, die einen vorzüglichen Musikunterricht einschloß, bei den Jesuiten von St. Salvator. Die Erziehung durch Patres in Klosterschulen war in früheren Jahrhunderten, als Schulpflicht noch nicht existierte, die einzige Chance für begabte Söhne aus armen Familien.

Doch er wurde später nicht Geistlicher, der als Abbé Mozart in einer Klosterschule oder als Hauslehrer in irgendeiner Adelsfamilie unterrichtete wie sein Freund, der Abbé Bullinger, nicht Sekretär eines Kardinals wie Abbate Casanova, oder wie Abbate da Ponte ein armer Dichter und Librettist auf der ewigen Suche nach einem festen Hofdienst, noch Hofkaplan wie Abbé Varesco in Salzburg, der Textdichter des »Idomeneo«.

Leopold Mozart entschied sich nach einem Rechtsstudium bei den Benediktinern in Salzburg für das profane Leben und ging als Musiker in den Hofdienst des Erzbischofs von Salzburg.

Von hoher Intelligenz, großem Fleiß und unstillbarem Wissensdrang – außer der Musik fesselten ihn Philosophie, Sprachen, Literatur, Geschichte, Politik, Natur (er besaß ein Fernrohr und zwei Mikroskope) – brachte Leopold Mozart es zu Amt und Ansehen in der Salzburger Hofmusik.

Sein Ehrgeiz war stark, und doch nicht so ausgeprägt, daß er ihm seine Gefühle geopfert hätte: Üblich war es für junge Männer, die im Leben etwas erreichen wollten, zunächst eine wohlhabende Witwe zu heiraten und nach deren Tod ein junges Mädchen.

Leopold Mozart heiratet nur einmal, 1747, und die Braut ist arm; es ist eine Liebesehe des 27jährigen mit der ein Jahr jüngeren Maria Anna Pertl, Tochter eines ins Unglück geratenen höheren Hofbeamten, des Pflegers von St. Gilgen am Wolfgangsee.

Die Braut ist ohne Mitgift und von zarter Gesundheit; dafür warmherzig, lebhaft, heiter und selbstverständlich musikalisch. Es heißt, sie »waren zu ihrer Zeit das schönste Paar Eheleuthe in Salzburg«.

Wenn Marianna Mozart nicht schon ein Instrument gespielt hat, so hat ihr Mann, ein leidenschaftlicher und begnadeter Pädagoge, sicher gleich nach der Hochzeit mit dem Unterricht begonnen.

Sie bekommen 7 Kinder, von denen nur Maria Anna, genannt Nannerl – geboren am 30. Juli 1751, und das letzte Kind, der am 27. Januar 1756 geborene Johann Chrysostomus Wolfgang Theophil überleben. Theophil heißt Gottlieb und wird zu Amadé, später in Italien Amadeo; und in Deutschland heißt er ab 1783 immer häufiger Wolfgang Amadeus.

Der fleißige Leopold Mozart verschafft seiner Familie mit eigenen Kompositionen zusätzliche Einnahmen zu seinem Jahresgehalt von 240 Gulden. Außerdem gibt er Klavier-, Violin- und Gesang-Lektionen. Die von ihm verfaßte, in mehrere Sprachen übersetzte Violinschule gilt jahrzehntelang als Standardwerk. Das Komponieren gibt er auf wie auch seine eigene Karriere – er hätte es zum Hofkapellmeister bringen können –, als er seines Sohnes Begabung erkennt.

Das geistige Klima im Salzburger Elternhaus Johann Wolfgang Mozarts ähnelt in einigen Zügen dem des um sechseinhalb Jahre älteren Kindes Johann Wolfgang Goethe in Frankfurt: die heitere Mutter, aus einer sozial höheren Schicht

als der Vater kommend; die Söhne wachsen mit einer hochbe-
gabten Schwester auf, sie sind mit ihr die einzig Überlebenden
von sieben Kindern; beide Väter sind bildungsdurstig und Anhänger der Erziehungsprinzipien der Aufklärung: die Kinder
so früh und so umfassend wie möglich zu unterrichten.

Der wohlhabende Rat Goethe läßt erziehen.

Leopold Mozart erzieht selbst.

Er ist darin für sein Zeitalter erstaunlich fortschrittlich.

Joseph Haydn wird später von dem Schulrektor, zu dem er
als Fünfjähriger kam, sagen: »Ich verdanke es diesem Manne
noch im Grabe, daß er mich so vielerley angehalten hat, wenn
ich gleich dabey mehr Prügel als zu essen bekam.«

Beethovens Vater, ein Trunkenbold, prügelte den kleinen
Louis unaufhörlich, um ein Wunderkind aus ihm zu machen.

Der kleine Wolfgang Mozart bekommt niemals Prügel und
immer gut zu essen. Er ist ein verwöhntes Kind. Nannerl
wird später erzählen: »..Er wurde weder zum componiren,
noch zum spielen gar niemahls gezwungen, im Gegentheil
muste man ihn immer davon abhalten, er würde sonst tag und
Nacht beym clavier oder beym componiren sitzen geblieben
seyn.«

Leopold Mozarts Erziehungsprinzipien sind: Liebe, Geduld und Vorbild, verbunden mit einem enormen Lehrpen-
sum. Zärtlichkeit und Geborgenheit bilden den Rahmen, in
dem die beiden Mozart-Kinder heranwachsen, selbst auf den
großen Konzertreisen, die die ganze Familie in der eigenen
Kutsche durch Europa führen, wo die beiden Wunderkinder
an den glanzvollsten Fürstenhöfen, vor Kaisern und Königen
konzertieren und überall Staunen, Bewunderung und auch in
der Fachwelt Aufsehen erregen.

Kindlicher Gehorsam gegen die Eltern ist ebenso selbstverständlich wie gegen den Herrscher und gegen Gott. Leopold
Mozart ist ein frommer Katholik und überläßt sich »mit gänz-

lichem Vertrauen« dem Willen Gottes – trotz seiner überdurchschnittlichen skeptischen Klugheit und seiner vom Geist
der Aufklärung geprägten Bildung.

Es muß für den tief gläubigen Vater eine Offenbarung gewesen sein, als er zu begreifen begann, welches »himmlische
Talent« da in seiner Familie heranwuchs neben der ebenfalls
hochmusikalischen Tochter. Und das hohe Bewußtsein der
göttlichen Gnade, die ihm »dieß wunder der natur« zu bilden
aufgegeben hatte, mag ihn oft schwer erträglich für seine Umwelt gemacht haben.

Sein Sohn wird das Zentrum seines Lebens. Sorgfältig bildet
er ihn in allen Fächern aus. Die Faszination an seiner musikalischen Entwicklung läßt nicht nach, sie nimmt im Gegenteil im
Laufe der Jahre zu. Die gesamte Erfahrung der Menschheit
scheint in diesem musikalischen Geist geborgen und nur darauf zu warten, geweckt zu werden, sei es durch die Beschäf-
tigung mit den Werken der großen Meister oder beim Phantasieren am Klavier. Im väterlichen Unterricht scheint das Kind
nicht eigentlich zu lernen als vielmehr sich zu erinnern, so
unmittelbar erfaßt es Techniken, Klänge, ganze Systeme, in
denen es auch sogleich mit souveräner Sicherheit selbst zu
schaffen beginnt. Der Sechsjährige bekommt eine kleine Geige
geschenkt, und »ohne die geringste Anweisung im Violin-
spielen« spielt er darauf in der väterlichen Hausmusik. Mit
14 Jahren hört er in der Sixtinischen Kapelle das »Miserere«
von Allegri und schreibt es anschließend aus dem Gedächtnis
nieder, Note für Note, fehlerlos.

Aus späteren Briefen kann man den Schluß ziehen, daß der
Vater sich dermaßen in diesen Sohn hineingeliebt hat, daß er
ihn ganz für sich wollte und den Einfluß der Mutter ein-
schränkte, so daß ihre Versuche, die Unarten des Heranwach-
senden zu dämpfen, fruchtlos blieben. Sie und das Nannerl
dürfen ihn lieben und bedienen – das ist die Aufgabe der Frauen,

dafür werden sie von den Männern ihr Leben lang versorgt –, aber Leopold Mozart ist sein von Gott bestimmter Beschützer und Mentor.

Als auf der Wien-Reise 1767 die Blattern-Epidemie ausbricht, die auch vor dem Kaiserhaus nicht haltmacht, beweist Leopold Mozart seine Verantwortung für das kostbare Kind:

»Ich war gezwungen meine Frau und Tochter alda zu lassen und ich flohe mit dem Wolfgang zu meinen guten Freunde ... dann ich konnte den Augenblick kaum erwarten, meinen Wolfgang aus dem mit Blattern gänzlich angesteckten Wien in eine andere Luft zu führen ... Nachmittags um 4 Uhr wurde der Wolfgang in Lederne Lainlachen und Beltze eingepackt, und in den Wagen getragen, und so fuhr ich mit ihm ...«

Die Flucht nach Mähren gelingt, und der Vater kann nach Salzburg melden:

»... denn hier fängt sich, auf eine gewisse Art, eine neue Zeitrechnung seines Lebens an.«

Von 1769 an – Wolfgang ist 13 Jahre alt – macht Leopold die Reisen allein mit seinem Sohn als dessen zärtlicher Vater, Lehrer, Impresario und Diener in einer Person. So hat er ihn ganz für sich.

»Der junge Mozart ist für sein Alter sicher ein Wunder, und ich liebe ihn unendlich«, schreibt der alte Johann Adolph Hasse, Lieblingskomponist der Kaiserin Maria Theresia, 1771 an einen Freund in Venedig, »... Der Vater ... vergöttert seinen Sohn etwas zu sehr und tut damit, was möglich ist, ihn zu verderben. Aber ich habe von dem natürlichen Sinne des Jungen eine so gute Meinung, daß ich hoffe, er wird sich trotz der Beweihräucherungen seines Vaters nicht verderben lassen, sondern ein wackerer Mensch werden ...«

Und obgleich das Familienleben der Mozarts ein sehr glückliches war, kann man sich gut vorstellen, daß Mutter und Tochter daheim in Salzburg jedesmal aufgeblüht sind, wenn der ehrgeizige Leopold und sein verwöhnter »Kronprinz«, wie er ihn nennt, ihre monatelangen triumphalen Reisen nach »Welschland« machten.

War Italien in der Renaissance und im Barock das gelobte Land aller Maler und Architekten, so ist es nun im 18. Jahrhundert durch die Vorherrschaft der italienischen Musik auch die Sehnsucht aller Komponisten.

Italienische Werke, »welsche« Kapellmeister, Sänger und Orchester beherrschen das höfische Musikleben Europas und werden meistens auch besser bezahlt; viele deutsche und böhmische Musiker nehmen italienische Namen an, um sich leichter durchzusetzen.

Die drei Italienreisen Wolfgang Mozarts zwischen 1769 und 1773 prägen seine musikalische Entwicklung. Zu all dem, was er in Verona, Bologna, Rom und Neapel lernt, kommen die eigenen Erfolge in den prachtvollen Palazzi und Kirchen, auf feudalen Landsitzen, im Vatikan, am Hof des Erzherzogs Leopold von Habsburg-Toscana in Florenz, und am Mailänder Hof mit drei Opern-Kompositionen (»Mitridate«, »Ascanio in Alba«, »Lucio Silla«) für dessen Bruder Ferdinand. Die italienische Aristokratie bewundert, verwöhnt und beschenkt ihn, er wird geehrt mit einem päpstlichen Orden und mit dem gewichtigeren Diplom der Musikakademie von Bologna.

Hat Erzbischof Graf Schrattenbach, der Salzburg bis 1771 regierte, die überaus häufigen Beurlaubungen seines tüchtigen Hofmusikers Leopold Mozart geduldet, die oft viele Monate, einmal sogar dreieinhalb Jahre dauerten, so sollte sich das unter seinem Nachfolger, Hieronymus Graf Colloredo, entscheidend ändern.

»Ruhm, Ehre und Geld« – diese drei Lebensziele Leopold Mozarts für seinen Sohn – sind zunächst erreicht. Das kleine Vermögen, das man seit den frühen Kunstreisen mit den beiden Wunderkindern heimgebracht hat, legte er auf Zinsen an und mietete eine repräsentative 8-Zimmer-Wohnung mit dem beinahe aristokratischen Tanzmeistersaal im noblen Zentrum von Salzburg, deren Halbjahresmiete von 45 Gulden man sich bei seinem Gehalt als Hofmusiker niemals hätte leisten können. Im Herbst 1773, nach der Rückkehr von der dritten Italienreise, wird umgezogen aus der Getreidegasse hinüber zum anderen Salzach-Ufer an den Hannibalplatz.

Hier veranstalten die Mozarts öffentliche Konzerte, »Akademien« genannt, zu denen die musikliebenden Salzburger der gehobenen Kreise kommen.

Leopold Mozarts Familie pflegt einen sorgfältig gewählten Umgang mit einigen Familien der Salzburger Aristokratie – den Grafen Lodron, Arco, Firmian, Lützow – und des gehobenen Bürgertums – den Familien Barisani, Hagenauer, Gilowsky, Robinig, Haffner, Schiedenhofen; viele Kompositionen Wolfgangs sind im Auftrag dieser Familien entstanden.

Die Mozarts kleiden sich vornehm und stets à la mode – Vater und Sohn lieben es »cavaglierement« – goldbetreßte Kleider, farbig gefüttert, Spitzenmanschetten, seidene Strümpfe – und, auch darauf legt Leopold Mozart Wert, seine Frau Maria Anna und seine Tochter Nannerl zählen zu den »Geschopfeten« – zu den Damen, die ihr Haar nach französischem Vorbild ganz hoch hinauf frisieren lassen – eine Mode der Oberschicht.

Zu seinen Musikerkollegen hält Leopold Mozart Distanz. Denn der soziale Ehrgeiz des einst bettelarmen Buchbindersohnes aus Augsburg ist nach einer zäh erkämpften soliden Position in der bürgerlichen Welt erneut aufgeflammt seit dem Heranwachsen seines außerordentlichen Sohnes.

Fünf Jahre sind vergangen, wir schreiben 1777. Wolfgang Mozart, 21 Jahre alt, hält es in Salzburg nicht mehr aus. Die unbedeutende Residenz mit ihren knapp 17.000 Einwohnern ist ihm zu eng, die Hofmusik zu kläglich und das Hofleben zu glanzlos. Seit fünf Jahren als Konzertmeister mit einem Jahresgehalt von 150 Gulden angestellt, fühlt er sich von seinem Dienstherrn schlecht behandelt und schlecht bezahlt.

Die Sparsamkeit des Landesfürsten ist bitter zu beklagen. Erzbischof Colloredo, ein aufgeklärter Herrscher, verwendet große Summen zur Verbesserung der Lage der seit Jahrhunderten ausgebeuteten, unterdrückten Bauern und gemeinen Leute. Das geht auf Kosten höfischer Prachtentfaltung und besonders einer glanzvollen Hofmusik.

Kaum einer der großen Reisenden der Epoche kommt durch Salzburg, weil es außer seiner herrlichen Architektur und wunderschönen Landschaft gar nichts Interessantes zu bieten hat. Das große Leben spielt sich anderswo ab, in den politischen Zentren Wien, Paris, London, St. Petersburg, in Mailand, Rom und Neapel, und an einigen kleinen Fürstenhöfen, die noch großartig zu verschwenden verstehen.

Sein früher Ruhm ist verblaßt. Hat die Welt ihn vergessen?

Sein Vater gibt ihm recht, wie immer.

An die 300 Werke hat der 21jährige schon komponiert, darunter viele, die alles bisher Dagewesene übertreffen. Leopold Mozart kann das beurteilen, er kennt die Kompositionen der Alten und der Zeitgenossen. Wolfgangs Orgelspiel ist unerreicht, erst recht seine Virtuosität am Klavier. Das wissen auch die Kollegen von der Hofmusik: Michael Haydn, Adlgasser, Fischietti.

Sein Sohn sehnt sich nach dem Glanz der großen Höfe, er braucht Majestäten, Reichtum, Eleganz und Schönheit, anspruchsvolle Aufträge. Das inspiriert ihn, da kann er sich entfalten. Und anstatt sein ungeduldiges Kind zu besänftigen, steigert sich Leopold Mozart mit ihm zusammen in immer größeren Zorn auf den Erzbischof hinein, so wie er stets auf alle Stimmungen und Krisen seines unausgeglichenen Sohnes eingeht, ihn bestätigt, ermutigt, anregt. Auf die von Kindheit her vertraute Einheit mit diesem faszinierenden Geschöpf kann der Vater nicht verzichten.

So schreibt er wieder ein Urlaubsgesuch für »etliche Monate« an den Erzbischof, um eine Auslandsreise mit seinem Sohn anzutreten. Daß er diesmal entschlossen ist, für ihn einen Dienst an einem besseren Hof zu finden (und möglichst auch einen, wenn auch bescheideneren, für sich selbst), damit die ganze Familie Salzburg für immer verlassen kann, das schreibt er nicht. Aber das kann Colloredo sich vorstellen. Die Überheblichkeit der beiden Mozarts, ihre wachsende versteckte Opposition ist ihm nicht entgangen. Die Reaktion ist scharf: Beide, Vater und Sohn, sind entlassen.

Eine Katastrophe für die ganze Familie.

Leopold Mozart wird schwerkrank.

Im 18. Jahrhundert ist ein Musiker ohne Dienst eine gescheiterte Existenz, ohne Ansehen, dem Elend ausgeliefert. Die meisten suchen ihr Unterkommen in einer fürstlichen Hofmusik als Diener, die gleichzeitig ein Musikinstrument beherrschen müssen. Selbst die größten Virtuosen, die von Zeit zu Zeit wie Kometen durch die Welt ziehen, überall kurz brillieren, sich honorieren lassen und weiterreisen, haben an irgendeinem Hof ihren »gewissen Dienst« mit einer, wenn auch oft kläglichen, Altersrente.

Fahrendes Musikantenvolk, das mehr vom Betteln als vom Musizieren lebt, wimmelt auf allen Straßen und in allen Dörfern herum.

Leopold Mozart wußte genau, warum er 1769 dafür sorgte, daß sein 13jähriger Sohn, wenn auch unbezahlt, den Titel eines »Konzertmeisters in Hochfürstlich Salzburgischen Diensten« erhielt, bevor er mit ihm nach Italien reiste. Denn damit öffneten sich ihnen die angesehensten Musikerkreise und die vornehmsten Adelshäuser.

Die Kaiserin Maria Theresia freilich wußte ebenfalls genau, weshalb sie ihrem Sohn Erzherzog Ferdinand, Statthalter von Mailand, abriet, den jungen Salzburger Konzertmeister in seine Dienste zu nehmen. Sie wußte, daß Leopold Mozart den begehrten Titel in der Hauptsache dazu benutzen würde, mit seinem Kind konzertierend in der Welt herumzureisen.

Ihr Sohn Ferdinand war kein strenger Herrscher wie Hieronymus Colloredo, der, kaum zum Erzbischof von Salzburg ernannt, dieses »ins Betteln herumreisen« strikt abstellte, indem er Wolfgang Mozart zu seinem Titel ein Gehalt von 150 Gulden jährlich gab und feste Aufgaben in der Hofmusik, die Beurlaubungen jedoch weitestgehend unterband.

Die fristlose Entlassung des kranken Leopold Mozart wird durch die Bemühungen adeliger Freunde rückgängig gemacht. Sein Sohn will aber auf keinen Fall in Salzburg bleiben. Allein jedoch kann man ihn unmöglich reisen lassen.

Etwas Eigenartiges ist mit ihm geschehen: Seine musikalische Entwicklung vollzieht sich über alles Erwarten stürmisch und setzt den Vater mit ihrer Meisterschaft und Reife unablässig in Bewunderung und Stolz; doch sind alle pädagogischen Bemühungen Leopold Mozarts vergeblich, den Charakter seines Kindes heranzubilden.

Mit seinen 21 Jahren ist Wolfgang Mozart unselbständig, weltfremd, zutraulich und liebebedürftig wie ein Kind; außerdem jedem Einfluß kritiklos ausgeliefert, weil seine Triebe und Neigungen es ihm unmöglich machen, zwischen Gut und Böse, zwischen Schaden und Nutzen zu unterscheiden. Er würde seinem sicheren Verderben entgegengehen, wenn man ihn ungeschützt reisen ließe.

Alle Lebenserfahrung, alle Eindrücke gehen unmittelbar in sein universelles musikalisches System und werden in Klänge verwandelt.

»... hinter seiner Stirne arbeitete es immer ...«, sagen Zeitgenossen, »... sein Geist war immer in Bewegung, er componierte sozusagen immer ... daher schien er oft zerstreut und gedankenlos.«

Auch seine körperliche Entwicklung verläuft seltsam: Er ist auffallend klein, schmächtig, ständig in Bewegung. Der Kopf ist groß, seine Augen blau, die Gesichtsfarbe bleich; von den überstandenen Blattern sieht man nur schwache Spuren – darin hat er Glück; viele Gesichter seines Zeitalters sind von Blatternarben entstellt. Auch das dichte Blondhaar ist schön, und vor allem seine immer wieder bewunderten feinen Hände.

Was ihn aber sicher tief bedrückt und besonders Frauen gegenüber hemmt und eine der Ursachen für sein schwaches Selbstbewußtsein sein dürfte, für seine bei aller Gutherzigkeit oft giftigen Ausfälle und Prahlereien, wenn er Rivalität befürchtet – das ist seine Nase. Große Nasen sind üblich in den vitalen früheren Jahrhunderten – doch Mozarts Nase ist nicht allein groß, sondern auch besonders breit. Sie nimmt den größten Teil des Gesichts ein und gibt ihm, zusammen mit dem zurücktretenden Kinn, ein leicht groteskes, animalisches Aussehen.

»Ein kleines rasiertes Schweinsrüsselchen« wird er in Wien einmal genannt, auch »Stachelschwein« oder »der enorm benaste Mozart«.

Vermutlich wegen dieser Nase hat er sich später, wie Konstanze berichtet, ausschließlich im Profil malen lassen.

Diesem gefährdeten, vergötterten Sohn gibt Leopold Mozart schweren Herzens die Mutter als Schutz mit auf die Reise.

III.

BEGINN DER GROSSEN REISE ÜBER MÜNCHEN UND AUGSBURG 1777

Nach Italien, wohin es Mozart am meisten zieht, geht es diesmal nicht. Schon ein Jahr zuvor hat er selbst an seinen Bewunderer, Padre Martini in Bologna, geschrieben. Ein Empfehlungsschreiben dieses einflußreichen Mannes, der als größte Autorität auf dem Gebiet der Musiktheorie gilt, der viele Fürsten bei der Besetzung wichtiger Musikerstellen berät, würde sofort alle Türen öffnen. Bei ihm hat der 14jährige Mozart das Diplom der Accademia filarmonica di Bologna bestanden.

Aber Padre Martini antwortete jetzt unverbindlich: voller Lob, doch ohne konkrete Empfehlung. Diesem Rätsel werden wir in Mozarts Leben immer wieder begegnen: Man liebt, man bevorzugt seine Musik, doch man engagiert andere. Auch die in der Epoche so wichtigen Empfehlungsschreiben sind in Mozarts Leben eine Seltenheit.

So wird beschlossen, nach Westen zu reisen.

Leopold Mozart greift tief in die Tasche, um Frau und Sohn mit einer vornehmen Garderobe auszustatten, und er kauft eine Kutsche, was bei den gewaltigen Bergen von Noten, die sie mitnehmen, weit bequemer ist als das Reisen in Postkutschen.

Der Freund der Familie, Abbé Bullinger, gibt einen Kredit von 300 Gulden; das entspricht zwei Jahresgehältern Wolfgang Mozarts.

Die Finanzierung dieser Reise ist so vernünftig durchdacht wie alles, was der Vater plant: Unterwegs wird man durch Konzerte an Orten, »wo große Noblesse da ist«, den Reisebeutel wieder auffüllen; die fürstlichen Summen aber, mit denen sein Sohn an den großen Höfen honoriert wird, die sollen jeweils nach Hause geschickt werden, um die Schulden rasch zu tilgen. Und sobald er einen akzeptablen Dienst angenommen hat, werden Leopold und Nannerl Mozart ihnen nachfolgen, damit die Familie wieder beisammen ist.

Der unmenschliche Erzbischof, der Tyrann, »das Unthier«, soll es bitter bereuen, daß er es gewagt hat, einen Mozart so zu behandeln.

Nach einem bangen Abschied am 23. September 1777 bleibt der Vater allein mit der 26jährigen Nannerl in der großen Wohnung zurück. Mit grimmigem Gehorsam versieht er seinen Dienst in der Hofmusik und wartet auf die erlösende Nachricht aus der Ferne, daß sein Sohn einen guten Dienst gefunden hat.

Durch unablässige Gedanken, viele Gebete und einen umfangreichen Briefwechsel von schönster Ausführlichkeit bleibt er eng mit den beiden Reisenden verbunden, wachsam bemüht, die beiden aus der Ferne zu lenken. An Papier und Porto – für unsere Begriffe unwahrscheinlich teuer – wird nicht gespart.

Insgeheim ist das nahe München Leopold Mozarts ganze Hoffnung. Die Kurbayerische Residenz hat etwa 40.000 Einwohner. Der äußerst sympathische Kurfürst Maximilian III. Joseph von Bayern spielt hervorragend die Gambe, komponiert selbst und unterhält ein sehr gutes Orchester. An seinem Hof haben die Mozarts seit 1762 häufig konzertiert und im Laufe der Jahre einen großen Kreis von Bewunderern in der Münchner Gesellschaft gewonnen.

Im Januar 1775 wurde im Hoftheater am Salvatorplatz die Oper »La finta giardiniera« (KV 196) des knapp 19jährigen Wolfgang Amadé Mozart aufgeführt. Und Schillers Freund Christian Friedrich Daniel Schubart schrieb in der »Deutschen Chronik« von »Genieflammen« und prophezeite: »Wenn Mozart nicht eine im Gewächshaus getriebene Pflanze ist, so muß er einer der größten musikalischen Komponisten werden, die jemals gelebt haben.«

Aber auch der Kurfürst von Bayern hat seine Ausgaben für höfischen Prunk um zwei Drittel eingeschränkt, weil die kostspieligen politischen Ambitionen seines Vaters und Großvaters das Volk ausgeblutet haben.

Der Jahresetat des Hof-Spectacel-Intendanten Graf Seeau für Opern und Theater beträgt nur 9000 Gulden, die Jahresbesoldung des Hofkomponisten Michl 240 Gulden. Dennoch wäre für Wolfgang Mozart, auch bei einem niedrigen Hofgehalt, mit Konzerten und Kompositionen in der Münchner Gesellschaft ein gutes Nebenverdienst zu erwarten.

Die Entscheidung kommt sehr rasch:

»... als der Kurfürst an mich kam«, schreibt er seinem Vater, »... so sagte ich: Euer Churf. Durchleicht erlauben das ich mich unterthänigst zu füssen legen, und meine dienste antragen darf ...«

Umsonst. Maximilian III. Joseph, dem bereits aus dem Münchner Adel der junge Mozart für einen Hofdienst anempfohlen worden war, vertröstet ihn auf später, weil im Augenblick »keine vacatur« da sei – eine Absage, die dem Kurfürsten von Bayern in der gesamten Musikwelt bis heute nicht verziehen wird.

Für den Vater muß diese Nachricht eine schwere Enttäuschung gewesen sein. Seine Frau und sein Sohn dagegen sind allerbester Stimmung und denken noch lange nicht ans Weiterreisen.

Überall werden sie mit Herzlichkeit empfangen, besuchen Opern und Komödien; der junge Mozart konzertiert in vielen Häusern und gibt eine Akademie im großen Saal des Gasthofs »Zum Schwarzen Adler«, in dem sie abgestiegen sind.

»... Ich bin immer in meinem schönsten Humor. mir ist so feder leicht ums Herz, seitdem ich von dieser Chikane weg bin ...«, schreibt er, und die Mutter fügt hinzu:

»... wür führen ein charmantes leben ... den ganzen dag haben wür visiten, leben wie die fürsten Kinder ...«

Getrübt wird das schöne Leben in der bayerischen Residenz durch die Wiederbegegnung mit dem böhmischen Komponisten Joseph Mysliveček, der, von Syphilis zerfressen – ein Bein verfault langsam, die Nase hat man ihm »weg gebrennt – man stelle sich jetzt den schmerzen vor ...« –, im Herzogspital ein kleines Zimmer bewohnt; Mozart sträubt sich wegen seines empfindlichen Geruchsinns, ihn dort zu besuchen, und trifft ihn im Spitalsgarten; die Erschütterung ist groß:

»... ich war so confus und zitterte am ganzen leibe, daß ich kaum reden konnte ...«

Er weint, ist die Nacht darauf schlaflos.

Neun Stunden dauert die Weiterreise nach Augsburg. Mozart freundet sich sofort mit seiner Base an, der 19jährigen Maria Anna Thekla Mozart, Tochter des Buchbinders Alois Mozart. Diese schreibt dem Onkel Leopold nach Salzburg:

»Insbesonders liebwerther Herr Vetter, Es ist mir ohnmöglich, Auszutricken wie viele Freud, wir ob der Glicklichen Ankunft der Frau bas, alz eines so allerliebsten Herrn Vetters, empfunden ...«

Und der Vetter Wolfgang, der eigentlich nach kurzem Aufenthalt weiterreisen wollte, weil er sich im bürgerlichen Augsburg nicht wohl fühlt und nach dem Glanz der aristokratischen Gesellschaft sehnt, bleibt wegen dieses Bäsle zwei Wochen.

»... das ist wahr, wir zwei taugen recht zusammen, denn sie ist auch ein bischen schlimm. Wir foppen die Leute miteinander, dass es lustig ist ...«

Es ist sein erster Flirt fern der väterlichen Aufmerksamkeit, und vielleicht mehr als das, denn das Bäsle ist ein freizügiges Mädchen.

Im Augsburger Fuggersaal gibt er ein Konzert und bekommt außer 85 Gulden Reingewinn eine überschwengliche Kritik in der Zeitung – zu Leopold Mozarts großer Genugtuung, denn ganz Salzburg liest das Blatt, und ganz sicher auch der Erzbischof.

Die Weiterfahrt über das kleine Fürstentum Öttingen-Wallerstein mit seinem anspruchsvollen Hoforchester bringt eine Enttäuschung: Der junge Fürst, der Mozart schon in Neapel und Rom hörte und sehr beeindruckt von ihm war, ist jetzt nicht ansprechbar: Er hat seine Frau im Kindbett verloren. Maria Anna schreibt nach Hause:

»Der fürst von wallerstein ist sehr zu bedauren, in dem er sich in der grösten Melancolye befindet er kan Niemand ansehen so fängt er an zu weinen, der wolfgang hat mit ihme gesprochen, er ist so zerstreuet, das er ihme über eine sach 4 bis 5 mal gefragt, er hört kein Music an und ist ihmer bey seinen Kind...«

Nun bleibt als letzte Hoffnung vor dem Wintereinbruch nur noch Mannheim, die berühmte Residenz des Kurfürsten Karl Theodor von der Pfalz.

IV.

MANNHEIM 1777/78

Am 30. Oktober 1777 abends um 6 Uhr kommen sie in ihrer Kutsche in Mannheim an. Sie bleiben bis zum 14. März 1778. Diese viereinhalb Monate sollten Wolfgang Mozarts ganze Zukunft entscheidend prägen. Im »Pfälzischen Hof« am Paradeplatz, direkt vor dem Mannheimer Schloß, wird abgestiegen. Sie nehmen das billigste Zimmer unter dem Dach, aber mit zwei Betten für Mutter und Sohn – keine Selbstverständlichkeit. Häufig schlafen mehrere Reisende in einem Bett: Fremde, Alte, Kinder, Männer und Frauen.

Mannheim ist mit seinen rund 25.000 Einwohnern nicht wesentlich größer als Salzburg. Aber der Kurfürstliche Hof mit seiner verschwenderischen Prachtentfaltung und Eleganz nach Versailler Vorbild steht in schönstem Gegensatz zur sparsamen Hofhaltung des Erzbischofs Colloredo. Karl Theodor interessiert sich nicht für die armen, entrechteten Bauern und kleinen Leute. Er ist ein Liebhaber großartiger Festlichkeiten und ein Förderer aller Künste und Wissenschaften. In den dreiundzwanzig Jahren seiner Regierungszeit ist Mannheim zu einem kulturellen Zentrum des europäischen Rokoko erblüht, zum Anziehungspunkt für große Geister. Heinse nennt die Epoche »Mannheims goldene Zeit«. Zwei Jahre zuvor hatte Goethe die berühmte Antikensammlung besucht.

Kurz vor Mozarts Ankunft ist das neuerbaute Mannheimer National-Theater eröffnet worden mit dem Ziel, die jahrhundertelange Vorherrschaft der Italienischen Oper und des Französischen Schauspiels zu beenden. Es ist der überall aufbrechende kulturelle Nationalismus, ein Wettstreit der Menschen, die mit geistigen Werken, nicht mit Waffen auf die Bedeutung ihrer Nation hinweisen wollen.

Die große Leidenschaft des Kurfürsten ist die Musik. Die »Mannheimer Schule«, das berühmte Virtuosen-Orchester, gegründet von Johann Stamitz, jetzt geleitet von den Komponisten Ignaz Holzbauer und Christian Cannabich, genießt hohes Ansehen in ganz Europa.

Hat Intendant Graf Seeau in München einen Jahresetat von nur 9.000 Gulden, so gibt Kurfürst Karl Theodor jedes Jahr 200.000 Gulden allein für seine Hofmusik aus. Die Besoldungen sind entsprechend: In Salzburg erhielt Wolfgang Mozart als Konzertmeister jährlich 150 Gulden und keinen Kreuzer extra für seine Kompositionen, die er dem Hof zu liefern hatte – Konzertmeister Ignaz Fränzl in Mannheim bekommt fast das Zehnfache: 1400 Gulden. Neue Kompositionen werden zusätzlich honoriert, und auch Urlaub bewilligt der Kurfürst großzügig.

Hier bieten sich einem Musiker von Talenten wirklich alle Chancen, »Ruhm, Ehre und Geld« zu erwerben. Und Mannheim empfängt den jungen Mozart mit offenen Armen. Manche erinnern sich noch des 7jährigen Wunderkindes, das mit seiner Schwester 1763 in der Sommerresidenz Schwetzingen konzertierte.

Gleich nach seiner Ankunft wird er in der Hofmusik aufgenommen. Besonders wohltuend ist die private Gastfreundschaft einiger Kollegen und ihrer Familien, in deren munterem Kreis sich auch seine Mutter sofort wohl fühlt. Wenn auch der Weimarer Dichter Christoph Martin Wieland, der zusammen mit dem Komponisten Schweitzer eine Oper für das National-Theater schreibt, vorsichtig meint: »Gott gebe nur, daß mir nicht zu wohl unter diesem Volke werde«, so findet Mozart in den Familien der Musiker genau das, was er liebt: unbekümmerte Lebensfreude, Geselligkeit, Inspiration.

Es ist die denkbar beste Konstellation, die sich ihm hier in Mannheim bietet, vermutlich die beste seines Lebens: ein großzügiger Fürst mit Passion für die Musik, eine bedeutende Residenz mit einer glanzvollen Hofgesellschaft, vielfache geistige Strömungen, ein Opernhaus, ein hervorragendes Orchester mit erstklassigen Solisten, dazu die herzliche Freundschaft einiger Musiker und ihrer Familien.

Orchester-Direktor Christian Cannabich führt ihn bei Hof ein. Und schon am 6. November spielt Mozart in einer Gala-Akademie im Schloß, was ihm »ungemeinen beyfahl« und die Bewunderung des Kurfürstlichen Paares einträgt. Von nun an hört ihn der Kurfürst häufiger, setzt sich am liebsten neben ihn an den Flügel und schaut ihm beim Phantasieren zu; die Kurfürstin Elisabeth Auguste bestellt ihn zum Vorspielen in ihre Suite. Sogar von einem Auftrag für eine deutsche Oper ist die Rede, und danach fiebert Mozart geradezu.

»... ich habe eine unaussprechliche begierde wieder einmahl eine opera zu schreiben..dann ich darf nur von einer opera reden hören, ich darf nur im theater seyn, stimmen hören – – o so bin ich schon ganz ausser mir ...« schreibt er, und

»... wie würde ich erst beliebt werden, wen ich der teutschen National bühne in der Musik empor hülfe? – – und daß würde durch mich gewis geschehen!«

»... du kannst dir nicht vor stellen, wie der wolfgang hier hochgeschätzt würd«, schreibt Marianna Mozart, »... sie sagen alle daß er seinesgleichen nicht hat ... seine compositionen thuen sie völlig vergöttern.« Und der Sohn berichtet in freudiger Erregung von seinen Erfolgen, von der großen Hoffnung, einen Dienst zu bekommen, vor allem aber von den neuen Freunden, bei denen er sich so überaus wohl fühlt – was den fernen Vater mit Erleichterung, aber auch mit Argwohn und nagender Eifersucht erfüllt. Er sehnt sich nach Frau und Sohn, er sorgt sich um sie und schreibt unendlich lange Briefe mit allen möglichen Berichten vom Salzburger Alltag, von den Freunden und Bekannten, von der Hofmusik und dem neu engagierten Castraten Ceccarelli, den Leopold Mozart bald in seinen engeren Kreis einbezieht und sogar zum allwöchentlichen Bölzlschießen einlädt, bei dem man mit Windbüchsen auf gemalte Scheiben zielt.

»... nur Du und die Mama liegen mir noch im Kopf ...«, schreibt er, »... so oft ich nach Hause gehe, wandelt mir eine kleine Melankoly zu, dann wann ich mich unserem Hause nähere, glaube ich immer ich müsse dich Violin spielen hören.«

Doch sein Kind zeigt nicht die geringste Spur von Sehnsucht nach ihm.

Des Papas Warnungen vor »Neidern und falschen Freunden« sind hier unbegründet. Der Komponist Christian Cannabich, der berühmte Flötist Johann Baptist Wendling und der Oboen-Virtuose Friedrich Ramm mit ihren Familien werden »wahre Freunde« Mozarts für sein ganzes Leben.

Für deren großzügige Gastfreundschaft bedankt er sich mit Kompositionen; Cannabichs ältestem Kind, der 13jährigen Rose, gibt er Klavierunterricht und komponiert eine Sonate mit einem Andante »... ganz nach den Caractére der Mad.^{selle} Rose ...« (KV 309 oder 311).

Der ferne Leopold Mozart hat offenbar mehr Überblick als Frau und Sohn in Mannheim: Mögen die neuen Freunde die Kompositionen vergöttern – der Kurfürst, auf den es jetzt ankommt, kennt sie noch nicht. Der kennt bisher nur den Virtuosen Wolfgang Amadé Mozart, den »Hexenmeister« auf dem Klavier, der einige Male bei Hof brilliert hat. Einen Virtuosen aber läßt man nach genossenem Spiel weiterziehen. Wenn er in Mannheim engagiert werden will, muß er sich als Komponist vorstellen.

»... Denn Deine Jahre und Deine Person lassen niemand die Größe der göttlichen Gnade die Du durch Deine Talente erhalten, vermuten ... Von manchem Orte bist Du abgereiset, wo sie nicht die Hälfte Deines Talents eingesehen.«

Der Kurfürst liebt Kirchenmusik – was also liegt näher, als eine Messe zu komponieren, drängt er. Die Organisten der Hofkirche sind miserabel – also sollte er sich um den Organistenposten bemühen; einen besseren Orgelspieler als Wolfgang Mozart gibt es nicht, für den die Orgel »die Königin der Instrumente« ist.

»Wenn Du Gelegenheit hast, Dich recht zu zeigen, so hast du auch hofnung in Mannheim zu bleiben ...«

Der Vater ist schlaflos vor Sorgen. Es wird allerhöchste Zeit, daß sich irgend etwas ergibt, der Winter steht vor der Tür.

An eine Weiterfahrt in der unheizbaren Kutsche ist nicht mehr zu denken, sobald der Frost einsetzt, zumal Maria Anna äußerst kälteempfindlich ist. Und schließlich: wohin? Wenn so bedeutende Höfe wie München und Mannheim zögern, seinen Sohn zu engagieren, dann werden die kleinen Residenzen Koblenz, Trier, Mainz oder Bonn noch weniger geneigt sein, mehr als zwei, drei Konzerte des durchreisenden Virtuosen zu befehlen. Und eine Reise nach Paris – ganz abgesehen von den immensen Kosten – ohne daß man gerufen wurde, sogar ohne Empfehlungsschreiben angesehener Persönlichkeiten, das ist beschämend.

So mahnt er seinen Sohn immer wieder, »sich alle Leute durch zuvorkommende Höflichkeit zu freunden zu machen«, sich in der engen Umgebung des Kurfürsten »einzuschmeycheln ...«, was man heute in historischer Unkenntnis als Aufforderung zur Speichelleckerei verstehen könnte. Selbst der eher herbe Erzbischof von Salzburg »schmeichelt« seinen Musikern – das heißt, er ist liebenswürdig zu ihnen – er tut es nur zu selten, bemängelt Leopold Mozart.

Im 18. Jahrhundert, in dessen Bildern, Skulpturen, Schriften und Opern die Götter vom Olymp herabsteigen, um irgendeinem Fürsten zu huldigen; in dem Mitglieder der höchsten Aristokratie vor Ehrfurcht beben, wenn sie vor einer Majestät knien; in dem Staatskanzler Fürst Kaunitz weiß, was er tut, wenn er dem aufgeklärten, allem Schwülstigen abholden Kaiser Joseph II. mit hemmungslosen Vergötterungen schmeichelt – weil nämlich das Schmeicheln zu den Grundpfeilern der höfischen Gesellschaftsformen gehört –, in dieser Epoche bedeutet Leopold Mozarts Ermahnung an den Sohn, in unserer Sprache ausgedrückt: »Sei höflich, bemühe Dich um X. und Y., denn sie sind wichtig, und benimm Dich anständig.«

Aber sein unbesonnenes Kind tut genau das Gegenteil: Anstatt etwas für den Kurfürsten zu komponieren oder sich um die Organistenstelle zu bemühen, verfolgt er den Direktor der Kirchenmusik, Vize-Kapellmeister Abbé Vogler, einen der einflußreichsten Männer der Mannheimer Hofmusik, Monate hindurch mit Hohn und Diffamierungen.

Das Heruntermachen anderer hat er vom Vater übernommen, der diese Kleinbürgerei mit scharfer Zunge pflegt, das Suchen nach den Schwächen der anderen, das Richten über ihr Tun und Reden – freilich nur daheim, im engsten Kreise. Der Sohn erklärt das für »Intrigue und Betrug« und lästert lieber öffentlich. Das wird ihm in seinem Leben zahlreiche Feinde bringen und viele, viele Chancen verderben.

Bleibt der Vater bei aller beißenden Häme stets bei konkreten Fakten, so diffamiert sein Sohn mit frei erfundenen Geschichten, die ihm allerdings im Nachhinein oft so leid tun, daß er alles zurücknimmt.

Abbé Vogler mit den violetten Strümpfen ist nicht nur Berater des Kurfürsten Karl Theodor in der Kirchenmusik – er steht auch in Verbindung mit Padre Martini in Bologna, um dessen Empfehlungen Mozart sich vergebens bemüht hatte. Auch

Karl Theodor läßt sich von Padre Martini beraten bei der Vergabe seiner Musiker-Posten.

»Vernunft und Zurückhaltung« – wieder und wieder beschwört ihn der Vater, doch vergebens.

»... der h. Vogler hat halt absolument mit mir recht bekannt werden wollen. was er mich schon oft geplagt hat zu ihm zu kommen, das ist nicht zu beschreiben; Endlich hat er doch seinen hochmuth besiegt, und hat mir die erste visite gemacht; ...« triumphiert der Sohn, nachdem der angesehene, um sieben Jahre ältere Vize-Kapellmeister und Komponist, der sich vier Monate lang vergebens um ihn bemüht hat, am Ende über diese verletzende Brüskierung hinweggeht und Mozart von sich aus aufsucht.

Goethe sagt über seine Erziehung:

»... was wäre denn aus mir geworden, wenn ich nicht immer genötigt gewesen wäre, Respekt vor den anderen zu haben!«

»Respekt vor den anderen« – dieses Versäumnis in Mozarts Erziehung ist vermutlich das einzige, was Leopold Mozart anzulasten wäre – hätte man dazu ein Recht. Der weltläufige Rat Johann Caspar Goethe kann es sich leisten, andere Menschen grundsätzlich zu respektieren – er hat das Selbstbewußtsein, das dazu gehört.

»Ach mein lieber Wolfgang«, schreibt der Vater sorgenvoll, »ich darf auf das Ganze gar nicht denken.« Doch sein Sohn ist glücklich in Mannheim.

Es ist nicht allein die Befreiung aus dem verhaßten Hofdienst; mit der zunehmenden Entfernung schwand auch der Druck der väterlichen Autorität, und es wächst das Glück der Unabhängigkeit.

Dafür wird er es an Vernunft und Zurückhaltung mehr und mehr fehlen lassen und sich immer wieder durch allzu große Unbesonnenheit und Vertraulichkeit bloßstellen. In seinem neuen Mannheimer Freundeskreis allerdings schadet ihm das nicht. Hier wird der infantile Feuerkopf als Komponist vergöttert und im übrigen in seiner ganzen Unausgegorenheit unter die schützenden Fittiche der Familien um Cannabich und Wendling genommen.

Die Frauen und Töchter der Musiker, vor allem die bedeutenden Sängerinnen Dorothea Wendling und Elisabeth Wendling, die wunderschöne Auguste Wendling – eine frühere Mätresse des Kurfürsten –, die 13jährige Rose Cannabich und ihre Mutter Elisabeth scheinen allerhand Spaß gehabt zu haben an Mozarts verspätet aufbrechender Pubertät, die sich so drastisch äußert wie sonst bei Zehn- bis Vierzehnjährigen.

Im Hause Leopold Mozarts werden erotische Themen, gar Scherze oder Zoten, prinzipiell gemieden, vermutlich aus Sorge um die lebhafte Phantasie und Sinnlichkeit des Sohnes. Statt dessen pflegt man, unter der großzügigen väterlichen Observanz, saftige Fäkalscherze – Relikte aus früheren Jahrhunderten – ein Humor, der im Alpenraum noch bis Ende des 18. Jahrhunderts auch in der Oberschicht gebräuchlich bleibt. Vergessen wir nicht, daß auch Goethe außer seinem Götz-Zitat allerhand wüste Schweinereien geschrieben hat von der »Hochzeit Hanswurstens« bis zu Teilen der »Walpurgisnacht«, die er nicht zur Veröffentlichung freigab; denken wir an Charlotte von Steins Erstaunen über des 26jährigen »... unanständ'ges Betragen mit Fluchen, und mit pöbelhaften, niedern Ausdrücken...« – und doch spricht im Fall Goethe niemand von »Koprolalie«, »Skatologie« oder von »analen Obsessionen«.

Im Hause Mozart nennt man diese Art der Unterhaltung »Sauereyen«, die zwar »ein bischen schlimm«, aber jedenfalls nicht frivol und sittenverderbend sind und auch nicht gotteslästerlich.

Daheim beim Papa reimt man mit Maßen – ein Zeichen

zärtlicher familiärer Übereinkunft. Seit Augsburg schäumt der Sohn über. Sein Bäsle hat ihm wahrscheinlich die ersten erotischen Erfahrungen verschafft, die ersten intimen Berührungen, und damit eine wahre Flut von Fäkal-Scherzen ausgelöst; wir kennen sie aus den berühmt gewordenen »Bäsle-Briefen«.

Mannheim, das ist für Wolfgang Mozart Übermut, Befreiung, Euphorie, Verschwendung. Aber gleichzeitig Verwirrung, Sehnsucht, Verzweiflung. Er muß in diesen Wochen erotischen Erwachens eine Art Cherubino-Taumel erlebt haben, den er jetzt freilich auf ganz andere Weise ausdrückt:

»Ich johannes Chrisostomus Amadeus Wolfgangus sigismundus Mozart giebe mich schuldig, daß ich vorgestern, und gestern; auch schon öfters, erst bey der nacht um 12 uhr nach haus gekommen bin; und daß ich von 10 uhr an bis zur benennten stund beym Canabich, in gegenwart und en Compagnie des Canabich, seiner gemahlin und dochter, H. schatzmeister, Raam, und Lang, oft und – – nicht schweer, sondern ganz leichtweg gereimmet habe; und zwar lauter Sauereyen, nemmlich, vom Dreck, scheissen, und arschlecken, und zwar mit gedancken, worten und —— aber nicht mit wercken. ich hätte mich aber nicht so gottloß aufgeführt, wenn nicht die Rädlführerin, nemlich die sogenante lisel, Elisabetha Canabich mich gar so sehr darzu animiret und aufgehezt hätte; und ich muß bekennen daß ich ordentlich freude daran hatte; ich bekenne alle diese meine sünden und vergehungen von grund meines herzen, und in hofnung sie öfter bekennen zu därfen, nimm ich mir kräftig vor, mein angefangenes sündiges leben noch immer zu verbessern; darum bitte ich um die heilige dispensation, wenn es leicht seyn kann; wo nicht, so gilt es mir gleich, denn das spiell hat doch seinen fortgang...«

Diejenige, die diesen Zustand offenbar richtig erfaßt und sich daran ergötzt hat und sich das merken wird – »...denn das spiell hat doch seinen fortgang ...« – Elisabeth Cannabich, geborene de la Motte – ist Christian Cannabichs Frau. Die etwa 35jährige war vor ihrer Ehe Kammerzofe der Herzogin von Zweibrücken. Im Hause dieser temperamentvollen, warmherzigen Gastgeberin sind Mutter und Sohn Mozart immer willkommen. Sie hat wohl die unter des Vaters umklammernder Liebe unterdrückte Sexualität des jungen Wolfgang Amadé »Sauschwanz« erkannt, die sich endlich Bahn bricht. Und jetzt, nicht lange vor seinem 22. Geburtstag, beginnt auch sein Bart zu sprießen.

Es sind die letzten Wochen der goldenen Mannheimer Epoche. Noch ahnt niemand, daß bis zum Ende des Jahres alles erlöschen wird. Noch reiht sich eine Festivität an die andere; Geburts- und Namenstage der Durchlauchten Herrschaften werden mit jeweils dreitägigen Galas zelebriert; da braucht es viel Musik: Opern, Messen, Ballett, Sinfonien, Tänze, Serenaden, Tafelmusik, Konzerte ... Und Wolfgang Mozart ist fast immer dabei.

Also Aufträge, Einnahmen?

Leopold Mozart erfährt es nicht.

Seine Rolle als Schutzengel wird ihm sehr schwergemacht. Brachten die Briefe aus München und Augsburg dem auf jedes Detail gespannten Vater ausführliche Schilderungen, so werden die Nachrichten aus Mannheim immer dürftiger an Informationen, dafür um so reicher an »Mischmasch« und »Fexereyen«, wie er sich beklagt, und an Stimmungen, die zwischen Ausgelassenheit, Unruhe und freudiger Erwartung schwanken.

»Um des Himmels willen! – ihr müst nach geld trachten!« beschwört er die beiden. Umsonst – das Gegenteil geschieht: Bereits nach zwölf Tagen in Mannheim und trotz mehrerer Konzerte bei Hof braucht sein Sohn schon wieder raschen

Kredit: gleich hundertfünfzig Gulden – soviel wie sein Salzburger Jahresgehalt –, die der erschrockene Vater nicht ohne Mühe beschafft und natürlich in aller Heimlichkeit; denn die Salzburger dürfen auf gar keinen Fall davon erfahren, am allerwenigsten der Erzbischof! »... ich würde in einem solchen Falle des gähen Todes hinfallen!« beteuert er heftig.

Nach zwei Wochen im »kostbaren« Mannheim ohne irgendein positives Ergebnis – kein Dienst und kein Geld – steht es fest für Leopold Mozart: Sie müssen weiterreisen, und zwar sehr rasch, bevor der Winterfrost einsetzt.

Und so glaubt er die beiden unterwegs nach Mainz, womöglich bereits in Richtung Brüssel oder Paris, da überrascht ihn ein Brief voll der schönsten Aussichten, die seinen Sohn in Mannheim festhalten:

»... es wird sich alles geben«, versichert er, »vielleicht kann ich ihnen im zukünftigen brief etwas *sehr gutes* für ihnen, aber nur *gutes* für mich, oder etwas *sehr schlechtes* in ihren augen, aber etwas Paßables in meinen augen, vielleicht aber etwas *Paßables* für sie und aber *sehr gut, lieb* und *werth* für mich, schreiben! das ist ziemlich oracl-mässig, nicht wahr? – – es ist dunckl, aber doch zu verstehen.«

Der Vater versteht natürlich überhaupt nichts. »Potz oraclsprüche, und kein Ende!« wettert er, »... ich sagte es ja in meinem letzten Schreiben: es müssten Geheimnisse für mich vorgehen.« Später wird er erfahren, was sein Sohn sich erhoffte:

1. Eine über Christian Cannabich angebahnte Stelle als Hofkomponist;

2. Eine Stelle als Klavierlehrer der kurfürstlichen Bastarde; wobei Mozart mit »etwas sehr schlechtes« in seines Vaters Augen die Illegitimität der Prinzen meinte. Doch Leopold Mozart weiß wohl zu unterscheiden zwischen den Todsünden eines Bürgers und den Privilegien eines Fürsten.

3. Eine kleine Konzertreise mit Aloisia Weber in das nahe

Kirchheimbolanden, die Residenz der Prinzessin von Nassau-Weilburg.

Aber vorläufig bleibt alles im Dunkeln.

Manchmal reißt dem Vater die Geduld, er macht Vorhaltungen und verlangt energisch Auskünfte – um sich gleich darauf zu rechtfertigen für seinen Grimm und mit vernünftigen Darlegungen der prekären Situation seine Sorgen begreiflich zu machen, unermüdlich bestrebt, den Sohn »das Geld schätzen« zu lehren und ihn zur Selbständigkeit anzuleiten. Doch die sorgfältigen, anschaulichen Appelle Leopold Mozarts an die Vernunft seines Kindes bleiben Monologe – Wolfgang geht achtlos über alles hinweg, was ihn nicht interessiert, und überläßt die Verantwortung dem Papa.

Daß die Mutter in diese Vorwürfe gar nicht einbezogen wird, kann daran liegen, daß sie viel zu wenig Einfluß auf ihren Sohn hat. Den hat ihr Mann seit Jahren auf sich konzentriert, indem er seinen »Kronprinzen« verwöhnte, ausbildete, lenkte und sich stets auf seine Seite stellte, wenn es Schwierigkeiten gab, um nur die Übereinstimmung mit ihm nicht zu verlieren.

»Gestern« schreibt er jetzt unglücklich aus Salzburg, »habe bey der hl. Dreyfaltigkeit meine Beicht verrichtet und euch beyde mit weinenden Augen dem Schutz des allmächtigen Gottes empfohlen.« Doch erst drei Monate später, Mitte Februar 1778, wird Leopold Mozart erfahren, was seinem Sohn in Mannheim geschehen ist.

Die Ungereimtheiten begannen nach dem ersten Konzert bei Hof, das Wolfgang Mozart zwar die Bewunderung des Kurfürstlichen Paares bescherte, nicht aber das übliche Honorar – nach fürstlichem Brauch an allen Höfen Europas zwischen 100 und 1000 Gulden; man überreicht ihm lediglich eine »Gallanterie« – eine goldene Uhr – was den erfahrenen Leopold Mozart einigermaßen befremdet.

Auch die folgenden Konzerte im Schloß bringen offenbar nichts als Komplimente – wenn auch überschwengliche. Selbst die den kurfürstlichen Bastarden gewidmeten Kompositionen und die vielen mit ihnen am Klavier verbrachten Stunden scheinen unbelohnt geblieben zu sein. Und sollte die Kurfürstin Elisabeth Auguste, die ihn mindestens einmal zum Vorspielen bestellen ließ, es tatsächlich versäumt haben, ihn zu bezahlen? Das erstaunt um so mehr, als Mozart dieser Dame anschließend sechs Sonaten für Klavier und Violine (KV 301 – 306) widmen und sich ein Jahr später umständlich bemühen wird, ihr diese Noten persönlich zu überreichen.

Und was ist mit den vielen Schülern, die er in Mannheim hat? Allein vom Erlös der Lektionen in Komposition, »Gallanterie und Schlagen« (Improvisieren und Klavierspielen) müßten er und seine Mutter ihren teuren Mannheimer Aufenthalt bestreiten können.

Außerdem konzertiert er jede Woche in verschiedenen Häusern der Mannheimer Aristokratie und Diplomatie.

Unbegreiflich muß schließlich für Leopold Mozart die plötzliche Zurückhaltung der immens reichen Prinzessin von Nassau-Weilburg sein, der Schwester des Prinzen von Oranien. Diese hat vor zwölf Jahren die ganze Familie Mozart extra aus London zum Musizieren nach Den Haag einreisen lassen und sie dafür fürstlich honoriert. Jetzt unterhält sie in ihrem Schloß von Kirchheimbolanden, das in der Nähe von Mannheim liegt, ein exquisites Orchester; dahin fährt Wolfgang Mozart für mehrere Tage, spielt insgesamt zwölf Konzerte, »schlägt« die Orgel, überreicht ihr die Kopien von vier Sinfonien und einigen Arien – und erhält dafür so wenig, daß er nach Abzug der Reisekosten ganze 42 Gulden zurück nach Mannheim bringt.

Selbst wenn ihm Zweifel kommen sollten an der Aufrichtigkeit seines Kindes angesichts dieser langen Reihe von fürst-

lichen Geizhälsen, kann Leopold Mozart schwerlich protestie-
ren: Hat er selbst ihm nicht wieder und wieder eingeschärft,
daß alle Menschen »Bösewichter« sind und »ruchlose Spitz-
buben«, nur darauf aus, einen ehrlichen Mann um sein Geld
zu bringen?

Bisher scheint ihm aber noch kein Argwohn gekommen zu
sein, daß sein offenherziges Kind ihn täuschen und hinter-
gehen könnte. Bis er das ahnt, wird noch viel geschehen.

Nach dem Tod von Vater und Bruder wird Nannerl einmal
andeuten, daß Wolfgang sich manches Mal vor dem scharf-
blickenden Vater listig verstellt hat.

Zu dem finanziellen Debakel in Mannheim kommt schließlich die Ablehnung des Kurfürsten, Mozart in seinen Dienst
zu nehmen; nicht einmal vorübergehend für die Wintermonate
als Klavierlehrer für seinen Sohn will er ihn behalten. Und
auch zu dem ersehnten Opern-Auftrag kommt es nicht. Die
Katastrophe ist vollständig.

Aber Mozarts Optimismus bleibt ungebrochen:

»... und ich habe auch im Sinn, eine neue große Messe zu
machen und dem Kurfürsten zu präsentieren.«

Das hat sein Vater ihm schon vor fünf Wochen geraten.

Warum aber läßt sich Kurfürst Karl Theodor, dieser Musikliebhaber, bekannt für seine großzügige Förderung von Talenten, stolz auf seine in ganz Europa gerühmte Hofmusik, den
jungen Mozart entgehen? Das bleibt ein Rätsel ebenso wie die
Frage, weshalb Padre Martini in Bologna sich zu keinem
Empfehlungsschreiben für Mozart entschließen konnte.

Wenn die Kurfürstliche Entscheidung wirklich erst, wie
Mozart dem Vater schreibt, um den 8. Dezember gefallen
sein sollte, so hat sie sich erstaunlich in die Länge gezogen.
Den Unglücksbrief erhält Hiob Mozart in Salzburg erst am
16. Dezember, als der Winterfrost eingesetzt hat.

»... der schönste Herbst der bey Mannsgedenken gewesen, ist so dahingegangen ...«, klagt er. Jetzt ist es zu spät für Mutter und Sohn, weiterzureisen. Sie müssen den Winter über in Mannheim bleiben.

Und genau das ist es, was Mozart wollte: in Mannheim bleiben.

Denn er hat sich verliebt.

Im Brief vom 4. November rühmte Wolfgang Mozart begeistert das Mannheimer Orchester mit seinen hervorragenden Instrumentalisten, erwähnte aber zugleich die männlichen »Vocalstimmen«: »... die tenor und Baß wie bey uns die todtensinger ...«

Einer dieser »todtensinger« ist der Baß Fridolin Weber. Ungefähr am 10. November bringt Weber den berühmten jungen Musiker in seine Familie. Er hat vier Töchter zwischen 19 und 8 Jahren: Josepha, Konstanze, Luise und Sophie, und einen 17jährigen Sohn. Mozart ist fasziniert von der 14- oder 15jährigen Luise, genannt Aloisia, und ihrer »unvergleichlichen« Sopranstimme.

Angeblich ist der Abbé Vogler ihr Gesangslehrer, was Mozarts extreme Ausfälle gegen Vogler erklären könnte.

Alle Biographen erklären Aloisia für Konstanzes ältere Schwester und meinen, die Eltern Weber hätten sie dem fast 22jährigen Mozart gegenüber jünger gemacht. Es gibt hierfür keinen Grund und auch keinen Hinweis. Wahrscheinlich hat man sie sogar älter gemacht, als sie wirklich war, weil eine Sängerin unter 18 Jahren grundsätzlich zu jung ist, um als Primadonna in Betracht zu kommen. Öffentlich auftreten als Sängerin kann ein Mädchen ab 14 Jahren – wenn ihre Stimme geschult ist. Mozarts spätere Barbarina im »Figaro« ist sogar erst 12 Jahre alt, was Mozart allerdings auch in ihrer Arie berücksichtigen wird. Eine Primadonna jedoch muß eine »ausgewachsene« Stimme haben. Mozart selbst schreibt am 17. Januar 1778, als er dem Vater zum erstenmal von den Webers berichtet, sie »ist erst 16 jahr alt«. Das stimmt nicht, weil nachweislich zwölf Tage zuvor Konstanze 16 Jahre alt geworden ist.*

Konstanze ist es auch, die in der Nissen-Biographie beim Zitieren von Mozarts Brief sein »erst 16 jahr« korrigiert in »15 Jahre«. Welchen Grund sollte Konstanze haben, Aloisia jünger zu machen, wenn sie selbst die Jüngere wäre?**

Luise Weber, genannt Aloisia, wird die große, unerfüllte Leidenschaft Mozarts, die er sein ganzes Leben lang nicht überwinden wird. Jahrzehnte später wird Aloisia dem englischen Ehepaar Novello erzählen, daß Mozart sie immer geliebt habe und daß Konstanze deshalb stets etwas eifersüchtig gewesen sei.

Das stimmt sicher. Konstanzes Eifersucht dokumentiert sich in der Nissen-Biographie, in der sie Mozarts Liebe zu Aloisia verharmlost durch Fortlassen wichtiger Briefe und Daten; vor allem aber dadurch, daß sie Aloisias Biographie fälscht: Obwohl die Schwester ihre große Karriere als Primadonna in Wien exakt in den Jahren feierte, als Mozart dort lebte und mit Konstanze verheiratet war, verbannt Konstanze sie für diese Jahre ins unbekannte Ausland. Erst nach Mozarts Tod darf Aloisia endlich in Wien gelebt haben.

Im Laufe seines Lebens wird Mozart sieben Konzert-Arien für Aloisia komponieren (KV 294, 316, 383, 416, 418, 419, 538).

---

* Auf Konstanzes Grabstein in Salzburg ist ihr Geburtsjahr gefälscht in 1763. Aber es liegt ein gültiger Taufschein vom 5. Januar 1762 aus Zell bei Freiburg vor.
** Es gibt außerdem eine dokumentierte Niederkunft der Mutter Cäcilia Weber Ende August 1763, ferner die Zeitungsnachricht von Aloisias Tod am 8. Juni 1839, drei Monate vor ihrem »76. Geburtstag.« Und es gibt eine Beurteilung ihres Stimmvolumens von 1779 in Wien als »noch etwas dürftig«, was bei einer nun erst 16jährigen verständlich wäre.

Bei wie vielen Kompositionen seiner Opern-Rollen er an Aloisias Stimme gedacht haben mag, ist nicht zu ermessen.

Jetzt in Mannheim studiert er mit ihr einige Arien ein und komponiert für sie die erste Konzertarie: »Non so d'onde viene quel tenero affetto (KV 294).«

Die triebhafte Bohème-Wirtschaft der kinderreichen Webers zieht Mozart unwiderstehlich an. Hier geht es noch unbekümmerter zu als bei den bei allem Lebensgenuß diszipliniert arbeitenden Freunden. Das fehlende Niveau der »Weberischen«, ihre Liederlichkeit und Banalität, scheint Mozart nicht zu stören. Vielleicht gefällt ihm das sogar.

Ein größerer Kontrast zu seinem gesitteten Salzburger Elternhaus, in dem sich niemand gehenläßt, in welchem Müßiggang als Beginn der Verkommenheit gilt, ist schwer vorstellbar. Daß Fridolin Weber vor vierzehn Jahren wegen Unterschlagung aus seiner Amtmannstelle verjagt wurde, werden sie ihrem arglosen Gast wohl verschwiegen haben, ebenso die Strafe wegen unbefugten Führens des Doktortitels.

Mozart ist nicht nur verliebt in Aloisia, sondern er ist auch fasziniert von ihrem Vater, dem 44jährigen Sänger und Notenkopisten Fridolin Weber, der ihn gleich als »cher ami« anredet und bewundernd zu ihm aufzublicken scheint. Die Domina dieser Familie aber ist die Mutter, die 50jährige Cäcilia Weber: vulgär, schlau, dreist, dem Alkohol zugetan. Dennoch muß etwas Anziehendes an ihr gewesen sein, etwas, das den 6 Jahre jüngeren, musischen Fridolin Weber einst dazu brachte, die grobe, mittellose 30jährige zu heiraten; was Wolfgang Mozart dreieinhalb Jahre später in Wien sofort wieder in ihren Bann ziehen wird, als Fridolin Weber längst tot ist und Aloisia verheiratet; und was weitere vier Jahre später sogar Leopold Mozart, der die Weberin begreiflicherweise aus vollem Herzen verabscheut, zu einer Anerkennung ihrer Gastlichkeit veranlassen wird.

Das Genre der Weberischen ist für den hochgebildeten, rechtschaffenen Vater in Salzburg natürlich indiskutabel, und Mozart verschweigt sie über zwei Monate lang in seinen Briefen. Auch seine Mutter hält er vorsichtshalber aus dem Kreis der Weberischen heraus; selbst sie erfährt erst im Januar von dieser Freundschaft.

Waren Mutter und Sohn bisher immer zusammen eingeladen in den Familien der Mannheimer Freunde um Cannabich und Wendling, bei denen Marianna Mozart mit ihrem süddeutschen Charme sofort sehr beliebt wurde, so wird sie bald die meiste Zeit allein im Gasthaus auf ihn warten: »... denn der Wolfgang muß ausgehen.«

Die ersten Hinweise auf die Webers finden sich im Brief vom 13. November 1777. Außer der kaum glaubhaften Behauptung, er habe vom Kurfürsten kein Geld, sondern nur eine Uhr erhalten, findet sich darin eine Suada gegen den Abbé Vogler, die in ihrem üblen Ton die vorausgegangenen übertrifft, und in welcher Kurfürst Karl Theodor und Padre Martini die Rolle von ignoraten Trotteln spielen.*

---

* Nun seine histori ganz kurz, er kamm Miserable her; Producirte sich auf dem Clavier. machte einen Ballet, mann hatte mitleiden. der Churfürst schickte ihn in italien. als der Churfürst nach Bologna kam, fragte er den P: valoti wegen den Vogler. O altezza. questo é un grand uomo! Etcc: er fragte auch den P. martini. Altezza; é buono; ma à poco à poco. quando sarà un poco piú vecchio, più sodo. si farà, si farà. ma bisogna che si Cangi molto. als der vogler zurück kamm. wurde er geistlich und gleich Hofkaplan. Producirte eine Misere, welches, wie mir alles sagt, nicht zu hören ist. dann es geht alles falsch. er hörte daß mann es nicht viell lobte. er gieng also zum Churf. und beklagte sich daß das orchestre ihm zu fleis und zu troz schlecht spiellte; mit einem wort, er wuste es halt so gut herum zu drehen, (spiellte auch so kleine ihm nuzbare schlechtigkeiten mit weibern) daß er vice-kapellmeister geworden, er ist ein Narr, der sich einbildet, daß nichts besseres und vollkommeners seye als er. das ganze orchestre von oben bis unten mag ihn nicht. er hat dem Holzbauer viell verdruß gemacht. sein buch dienet mehr zum Rechnen-lernen, als zum Componiren lehrnen. er sagt, er macht in ... 6 Monath einen sänger. man hat es aber noch nicht gesehen ...«

Diese Sprache wird weder in den Familien um Christian Cannabich noch im Hause Leopold Mozarts gepflegt. Das ist Weberischer Klatsch, der immer von sexuellen Diffamierungen strotzt, die den unerfahrenen Mozart offensichtlich beeindruckt und animiert haben. Diese Sprache werden wir in seinen Briefen immer dann finden, wenn er unter Weberischem Einfluß andere Menschen heruntermacht.

Eindeutig für die Bekanntschaft mit den Webers spricht sein Brief vom 22. November 1777.

Außer dem krausen Orakel, das bereits die Fahrt mit Aloisia nach Kirchheimbolanden andeutet, steht unter der mit Dialogfetzen umschnörkelten Unterschrift etwas Neues:

»... oui, mon ami!«

Und das ist Fridolin Webers Text.

»Mon ami – mein Freund ...« nennt er den jungen Gast. Wolfgang Mozart, der außer in seiner musikalischen Genialität wohl als Mensch selten ernst genommen oder gar wie ein Erwachsener behandelt wurde, muß überwältigt gewesen sein, als der um 23 Jahre ältere Weber – noch dazu der Vater von Aloisia – mit ihm von Mann zu Mann redet, ihn als »Freund« anspricht, ihn um Rat bittet – ja, ihm sogar seine Geldsorgen anvertraut. So etwas, das weiß Mozart von seinem Vater, tut man nur bei seinem »wahren« Freund. In Salzburg ist es der Abbé Bullinger, dem sich der Vater anvertraut hat, der Freund, der auch das Geld für diese Reise geliehen hat.

Und, auch das weiß Mozart von daheim, darüber wird mit keiner Menschenseele gesprochen.

Die Webers aber lernen rasch sein liebevolles Herz schätzen – vor allem aber seine grenzenlose Freigiebigkeit. Um Aloisia werbend, stellt Mozart sich in seiner »Berauschung«, wie er später seinem Vater gestehen wird, als finanziell unabhängiger Kapellmeister aus Salzburg vor, der für den Unterhalt seiner ganzen Familie sorgt.

Daß die durchtriebenen Webers den treuherzigen Kavalier schnell durchschaut haben, läßt sich denken. Skrupellos spielen sie ihm die unschuldig in Not geratene Familie vor, vom Kurfürsten miserabel bezahlt: 200 Gulden Jahresbesoldung – in Wirklichkeit sind es 450, mehr als Vater und Sohn Mozart zusammen in Salzburg verdienen.* Gekrönt wird diese effektvolle Tragödie von der hochverschuldeten Familie, die unschuldig dem Elend preisgegeben ist, mit dem Schicksal der schönen Aloisia, die um ihrer Tugend willen verfolgt wird.

Daß der neue Freund mit dem weichen Herzen, erschüttert von ihrer Not, weiß, was er zu tun hat, das läßt sich auch denken.

Bei seinem wachen Sinn für Dramatik ist das eine ideale Situation. Wie vom Himmel geschickt kommt er im rechten Augenblick, und auch seine Einnahmen am Hof und in den Salons von Mannheim können zu keinem günstigeren Zeitpunkt sprudeln, um diese Aufgabe zu erfüllen: eine arme Familie vor dem Ruin zu erretten und um die schöne Tochter zu freien.

Wird das viele Geld, das er mit Konzerten verdiente, daheim beim Vater gespart, auf die Bank gebracht, eingeteilt – und damit zertrümmert –, so wird es bei den geliebten Webers zu dem, was es für Mozart immer sein wird: zur Euphorie, zum Feuerwerk. Eine Euphorie aber legt man nicht in die Bank.

»Ich habe diese bedrückte Familie so lieb, daß ich nichts

---

* »Herr Weber weiss nicht, wie wir stehen; ich sag es gewiss niemand; weil ich also gewünschet habe, insolchen Umständen zu sein, dass ich auf niemand zu denken hätte, dass wir alle recht gut stünden, so vergass ich in dieser Berauschung die gegenwärtige Unmöglichkeit ...«

Und an Fridolin Weber: »– wenn ich keinen vatter und schwester hätte, für welche ich mehr *leben* muss als für mich – für dessen Unterhalt ich sorgen muss ...«

mehr wünsche, als daß ich sie glücklich machen könnte ...«,
wird er später schreiben.

Glücklich heißt in dieser Epoche: finanziell gesichert. Daß
die Webers ihren Wohltäter, der mit Gold und Galanterien in
den Taschen zu ihnen kommt, wie einen Märchenprinzen
bewundern und zu ihm aufsehen, das läßt sich ebenfalls leicht
vorstellen. So sind beide Seiten »recht vergnügt«, und das
heißt heute: »sehr glücklich«.

»Ich darf nicht daran denken, daß ich nun 600 Gulden
schuldig bin ...«, schreibt der Vater, der zu ahnen beginnt, daß
es mit dieser Reise nicht gut gehen kann. »O ich kann manchmal euch den ganzen Tag nicht aus dem Kopf bringen ...«, und
noch einmal ermahnt er sein Kind, sich vor Schmeichlern und
falschen Freunden zu hüten.

Er grämt sich, daß sein Sohn keinen Dienst findet; daß er
mit der Mutter zusammen so glücklos in der Welt herum-
ziehen muß, ein armer Musiker ohne Empfehlungsschreiben,
den kein Hof will, und daß ihm, dem energischen, umsich-
tigen Vater, die Hände gebunden sind, seinem ungeschickten
Kind beizustehen. Sonst wäre alles ganz anders gelaufen.

Und wieder verwünscht er den Erzbischof, der an allem
schuld ist. Kann sein Sohn das alles vergessen, »die tyranni-
schen Umstände, die verfolgung und verachtung die wir vom
Erzbischof ausgestanden ...«?

So entwirft der Vater sorgfältig ausgearbeitete Reiserouten,
vermerkt die Poststationen, Wechselkurse, verweist auf Ge-
genden, in denen es genügend katholische Kirchen für die
regelmäßige Beichte und Messe auch unterwegs gibt, erinnert
an Aderlaß, Läusekämmen, Ordnung in den Notenstimmen,
erläutert präzise, wie behutsam der Geigenkasten verpackt
werden muß, und warnt vor falscher Nahrung und Geträn-
ken: »... alles hitzige ist ohne hin sein feind.«

Nacht für Nacht schreibt er seine Briefe, unermüdlich. Nicht nur nach Mannheim, sondern nach Wien, Prag, Leipzig, nach Frankfurt, Paris und London; nach München, Brixen, Verona, Neapel und nochmal nach Bologna an Padre Martini. Er schreibt überallhin, wo er jemanden weiß, der vielleicht etwas für seinen Sohn tun kann.

Marianna Mozart wartet im ungeheizten Gasthofzimmer den ganzen Tag, oft bis in den späten Abend hinein, auf ihren Sohn und spart sich die Seele aus dem Leib.

»... ich bin also allein zu haus wie es die meiste Zeit geschicht, und stehe eine Erschreckliche kälte aus, dan wan schon ein kleines feür gemacht würd, so bald es abgebronnen ist, so ist das Zimmer widerumb kald, es würd niemals nach gelegt, ein iedes solches Kleines feür kost 12 x, ich lasse also nur in der frueh zum aufstehen und auf den abend ein kleines machen, under tachs mus ich grosse kälte leiden, ich kan iezt wie ich schreibe, Vor frost kaum die feder erhalten.«

Leopold und Nannerl Mozart im fernen Salzburg beten, arbeiten und sparen. Abend für Abend spielen sie zu zweit einige Stunden lang Wolfgangs Kompositionen.

Dieser genießt in Mannheim seine Freiheit, komponiert wenig, vernachlässigt sogar den hochdotierten Kompositions-auftrag des »reichen Holländers« Dejean, konzertiert dafür um so mehr und kommt, sooft er kann, mit vollen Taschen zu den hocherfreuten Webers, unterrichtet Aloisia, betet sie an, gibt dem neuen »cher ami« Ratschläge und hilft ihm aus der Not. Die väterliche Autorität verblaßt im Schoße dieser Familie, die so dankbar zu ihm aufblickt.

Zum erstenmal in seinem Leben verfügt er frei über seine Gefühle, seine Zeit und sein Geld. Er ist jetzt erwachsen: ein Mann, der ans Heiraten denkt. Die Mama kann heimkehren nach Salzburg. Die Ratschläge des Papa braucht er auch nicht mehr, noch weniger seine Kontrolle, ja, nicht einmal mehr das väterliche Vorbild. Er, Wolfgang Mozart, braucht in Zukunft nur noch seines Vaters Liebe und sein Geld.

In diesem Rausch von Freiheit, Leidenschaft und Verschwendung zerschlägt sich die Hoffnung auf den Kurfürstlichen Dienst. Doch die Freunde Cannabich und Wendling sorgen dafür, daß er und seine Mutter bleiben können: Sie vermitteln hochbezahlte Lektionen und Kompositionsaufträge in der Mannheimer Gesellschaft, und für Mutter und Sohn ein behagliches warmes Zimmer im Hause eines Musikliebhabers, des Kammerherrn Serrarius, in dem Maria Anna Mozart sofort wieder so beliebt ist, daß man sie voll in das Familienleben einbezieht.

»Der Wolfgang hat so vill zu thuen, daß er nicht weiss, wo ihme der Kopf steht«, berichtet sie ihrem Mann, »... der Wolfgang würd überall hochgeschäzt, er spillet aber vill anderst als zu Salzburg, dan hier sind überall piano forte, und diese kan er so unvergleich tractieren, das man es noch niemals so gehört hat, mit einem worth iederman sagt der ihm hört, das seines gleichen nicht zu finden seye ... in der schönheit, und gusto, und feinigkeit, auch das er aus den Kopf spillet und was man ihme vorleget, das bewundern sie alles auf das höchste.«

Aber die Gelder, die er einnimmt, bringt er nicht zu ihr, auch nicht zur Bank. Es dürften in den viereinhalb Monaten in Mannheim wenigstens 1000 Gulden sein, rechnet man zu den Konzerten bei Hof und in Kirchheimbolanden die Kompositionsaufträge, die Lektionen, die Verkäufe von Notenabschriften hinzu und auch die Konzerte in den Privathäusern von Mannheim, für die man bei vorsichtiger Schätzung durchschnittlich jeweils 20 Gulden annehmen kann.

Leopold Mozarts Frage nach den Einnahmen wird vage beantwortet: Die müsse man aufheben für die Weiterreise. Als es aber dazu kommt, ist es wiederum der Papa, der die Mittel dafür auftreiben muß. Maria Anna Mozartin rechtfertigt sich:

»... ich habe in den würths haus niemahls keinen wein getruncken, ausgenommen der wolfgang hat da gespeist. da hatten wür einen schopen miteinander, und gleichwohl hat der Conto so vill gemacht, für das Zimmer, feür und lichter, macht es allein 30 f (Gulden) für die 6 wochen da wür hier wahren, und wahr ein zimmer undern dach mit 2 miserablen bettern, wo ich den ganzen tag keinen warmen fues gehabt habe, und in meinem belz, und filzschuehen gesessen bin, iezt kanst dir dencken wie wohl es mir thuet, das ich einmahl gueth lige, und ein schönes guethes warmmes zimmer habe, gott lob und danck.«

Und der Sohn wird schreiben: »... die deutschen fürsten sind alle knicker.« Damit ist für ihn dieses Thema erledigt.

In Mannheim macht Mozart noch eine bedeutende Bekanntschaft:

Christoph Martin Wieland aus Weimar ist zu den Proben seiner Oper »Rosamunde« mit der Musik von Schweitzer, seinem bevorzugten Komponisten, gekommen. Jetzt hört er zum erstenmal Werke von Mozart:

»... der h. wieland ist, nachdemme er mich nun 2 mahl gehört hat, ganz bezaubert. er sagte das leztemal nach allen möglichen lobsprüchen zu mir: es ist ein rechtes glück für mich, daß ich sie hier angetrofen habe, und druckte mich bey der hand ...«

Der tiefe Eindruck, den Mozarts Musik auf Wieland gemacht hat, äußert sich auch in andern Briefen. Nach Wien schreibt der Dichter selbst sofort von seinen neuen musikalischen Erlebnissen, und von dort wird es Leopold Mozart berichtet: »... er bekennt in Mannheim ein ganz anderes Licht, als er jemals gehabt, in der Musick erlangt zu haben ...«

Dennoch wird sich nichts ergeben aus dieser interessanten

Begegnung, obwohl Wieland noch weitere Texte zu Opern schreiben wird. Ganz bestimmt hat er in seinem Weimarer Freundeskreis, zu dem auch der 28-jährige Wolfgang Goethe gehört, von dem Zauber der Musik Mozarts geschwärmt. Aber Goethe hat seinen Lieblingskomponisten in Johann André, mit dem er seit Jahren befreundet ist und der seine Lieder und Operntexte vertont; der Offenbacher Komponist hat vor drei Jahren einen eigenen Musikverlag gegründet (und sein Sohn wird später von Konstanze den gesamten Mozart-Nachlaß erwerben).

Inzwischen haben die beiden Mannheimer Virtuosen Wendling und Ramm die Einwilligung Leopold Mozarts erhalten, seinen Sohn im kommenden Februar mitzunehmen auf ihre geplante Konzertreise nach Paris.

Die engen Beziehungen zwischen den Mannheimer und den Pariser Musikern sind seit Jahren überaus fruchtbar; der Bedarf an Kompositionen deutscher Musiker steigt von Jahr zu Jahr. Und Marianna Mozartin schreibt:

»... der herr wendling hat mich versichert, er will gewiß Vatter über ihm sein, liebt ihm wie seinen Sohn, und solle so gueth bey ihme aufgehoben sein wie bey mir ...«

So kann Leopold Mozart endlich seine Frau wieder heimkommen lassen. Daß der berühmte Flötist Wendling, früher der Musiklehrer des Kurfürsten, befreundet ist mit Friedrich Melchior Grimm, dem deutschen Gelehrten in Paris, das dürfte den Ausschlag gegeben haben.

Grimm ist ein »wahrer« Freund der Mozarts. Ihm verdanken sie die einzigartigen Erfolge der beiden Wunderkinder in Paris und Versailles vor vierzehn Jahren, als Grimm dafür sorgte, daß sie vor der höchsten Aristokratie und sogar vor König Ludwig XV., der Königin Maria Leszczynska und der Marquise de Pompadour konzertieren durften. Grimm hat den Kontakt zu Leopold Mozart nicht aufgegeben, hat sich noch im vergangenen Jahr auf einer Reise von Neapel nach St. Petersburg bei einem Umweg über Salzburg von der erstaunlichen Entwicklung beider Wunderkinder, besonders des Phänomens Wolfgang Amadé, überzeugen können. Und er hat, wieder auf einer Durchreise, noch vor wenigen Wochen Wolfgang Mozarts Konzert in Augsburg besucht. Grimm wird sich auch in Paris wieder seiner annehmen.

Leopold Mozarts Erleichterung ist groß. So haben seine unermüdlichen Gebete bei der Heiligen Dreifaltigkeit also doch geholfen, und er kann nach den schlimmen Sorgen der letzten drei Monate etwas ruhiger ins neue Jahr sehen.

Mit dem letzten Tag des Jahres 1777 erlischt Mannheims goldene Epoche durch den Blatterntod des kinderlosen bayerischen Kurfürsten Maximilian III. Joseph in München. Karl Theodor von der Pfalz ist der Erbe, was dem Überbringer der Todesnachricht 3000 Gulden einbringt, und begibt sich noch in der Nacht des 1. Januar 1778 als Kurfürst Karl Theodor von Bayern-Pfalz in seine neue Residenz München.

»... ach, wenn nur der Curfürst aus bayern nicht gestorben wäre, so hätte ich die Messe ausgemacht, und sie Producirt, das hätte ein grosses aufsehen hier gemacht. ich war just recht aufgelegt dazu ...« schreibt Wolfgang dem Vater.

Und die Mutter berichtet:

»... alles in dieffester thrauer, keine opera, welches mir sehr leid ist, comedi, ball, academie, schlittenfahren, Music, alles ist eingestellt worden ... hier ist es iezt so still und von herzen langweillig ... disen wintter würd es zu Salzburg lustiger sein ...«

Und sie freut sich auf ihre baldige Heimkehr. Für Nannerl hat sie eine »gustose« Haube nach der allerneuesten Mannheimer Mode gekauft, ihre einzige Extra-Ausgabe in den vergangenen harten Wochen.

»ich habe bey den hl kindl von loreto eine heillige Messe versprochen, wie auch zu Maria Plain, also bitte ich dich solche lesen zu lassen, bey den loreto kindl gleich, zu Maria Plain aber wan es wärmmer würdt das die nanerl hinaus gehen kan, dise beyde seind mein schuz auf unserer Reise, ich habe mein ganzes vertrauen darzue sie werden mich gewis nicht verlassen.« schreibt sie voll Zuversicht.

Da zerreißt Wolfgang Mozarts Brief vom 4. Februar 1778, kurz vor seiner Reise nach Paris, die ganzen sorgfältig vorbereiteten Zukunftspläne. Er will unbedingt in Mannheim bleiben.

Zwei Wochen zuvor hat er die Webers das erstemal bei seinem Vater erwähnt: »... ein gewisser H. weber ...« schrieb er am 17. Januar, werde mit ihm eine kleine Konzertreise nach Kirchheimbolanden machen. Aloisia, die natürlich mitfährt, wurde mit geheuchelter Beiläufigkeit erwähnt: »... ich weis nicht habe ich schon von seiner tochter geschrieben oder nicht – – sie singt halt recht vortrefflich ...« Doch von nun an wird Leopold Mozart kaum einen Brief mehr erhalten, in welchem Aloisia und ihre Familie ihm nicht angepriesen werden als »grund-ehrlich, ... redlich, ... christlich-katholisch ... der vatter wie meiner ..« Und stets wird der von Geldsorgen zermürbte Leopold Mozart auf die Schulden der Weberischen hingewiesen, aus denen man sie unbedingt erretten müsse.

Die kleine Reise von zehn Tagen zur Prinzessin von Nassau-Weilburg mit Aloisia und ihrem Vater hat Mozart mit Seligkeit erfüllt. Er will für immer mit ihnen zusammenbleiben. Er will auf gar keinen Fall mit Wendling und Ramm nach Paris reisen. Die Weberischen wollen dasselbe; offenbar sind die tatsächlichen Einnahmen von Kirchheimbolanden großartig gewesen, keineswegs der magere Erlös, den er seinem Vater mitteilte, und haben alle Erzählungen Mozarts von seinen goldgesäumten früheren Europa-Reisen bestätigt. Die neuen Freunde bearbeiten ihn so lange, bis er ihnen verspricht – sein »Ehrenwort« gibt –, mit Fridolin und Aloisia Weber und einer ihrer Schwestern, »welche die Älteste ist« – einer hausfraulichen Natur (vielleicht Konstanze? Cäcilia Webers Weitblick wäre es zuzutrauen) zusammen durch Europa zu ziehen und an allen Höfen zu konzertieren. »... ich glaube wir werden in die schweiz gehen, vielleicht auch nach holland ...«, auch Salzburg soll kurz gestreift werden. Fridolin Weber wird den Impresario machen.

»... da wollen wir miteinander Reisen. wenn ich mit ihm reise so ist es just so viel als wenn ich mit ihnen Reisete. deswegen habe ich ihn gar so lieb, weil er, das äusserliche ausgenommen, ganz ihnen gleicht, und ganz ihren Caractére und denckunsart hat ... ich habe diese bedruckte familie so lieb, daß ich nichts mehr wünsche, als daß ich sie glücklich machen könnte ... und vielleicht kann ich es auch.«

Freudig enthüllt er seinen Plan:

Das große Endziel der Reise ist Italien. Dort will er Aloisia als Primadonna an einer Oper lancieren. Der Papa, der für sein Kind doch alles tut, soll sofort noch einmal nach Verona und Venedig schreiben, um eine Opern-Scrittura mit der Hauptrolle für Aloisia zu bekommen. Die Komposition will Wolfgang Mozart gern um den halben Preis machen, »... nur damit sie sich ruhm macht ...«

Bis es soweit ist mit dem Opern-Auftrag und sie die große Reise antreten, muß der Sohn noch einleuchtende Gründe dafür finden, daß er jetzt in Mannheim bleibt und keinesfalls mit den Freunden Wendling und Ramm nach Paris reisen kann.

Doch so etwas ist für die Weberischen eine Kleinigkeit, und, beeinflußbar, wie er ist, schreibt Mozart dem Vater:

»Der Wendling ist ein grund Ehrlicher und sehr guter

Mann, aber leider ohne alle Religion, und so das ganze haus. Es ist ja genug gesagt daß seine tochter maitresse war. Der Ramm ist ein brafer Mensch, aber ein libertin. ich kenne mich, ich weis daß ich so viell Religion habe, dass ich gewis niemahl etwas thun werde, was ich nicht im stande wäre vor der ganzen welt zu thun; aber Nur der gedancke, nur allein auf der Reise, mit leüten in gesellschaft zu seyn, deren denckungs=art so sehr von der meinigen und aller ehrlichen leüte ihrer unterschieden ist, schreckt mich. übrigens können sie thun was sie wollen. ich habe das herz nicht mit ihnen zu reisen, ich hätte keine vergnügte stunde; ich wüste nicht was ich reden sollte. denn, mit einen wort, ich habe kein rechtes vertrauen auf sie. freunde die keine Religion haben, sind von keiner Dauer ... ich kann ohnmöglich mit leüte reisen, mit einem Mann der ein leben führt, dessen sich der jüngste Mensch schämen müste.«

Es ist die spießige Form, nicht der moralisierende Inhalt, die die Weberischen verrät. Leopold Mozart, dessen Sprache wir aus hunderten Briefen kennen, drückt seine sittlichen Prinzipien gewählter aus. Sein Sohn, der in Wahrheit überhaupt keine Prinzipien hat, benutzt immer dann, wenn es ihm geraten erscheint, fromme oder moralische Sprüche der anderen. Die Briefe seines Vaters sind ein wahrer Schatz an Maximen und Sentenzen, die man beim Sohn häufig wiederfindet, wenn er etwas vertuschen will.

Johann Baptist Wendling und Friedrich Ramm, die zu Mozarts besten Freunden zählen, haben ihm diese häßliche Entgleisung glücklicherweise nicht verübelt, sofern sie überhaupt davon erfahren haben. Sonst wäre »Idomeneo« kaum entstanden.

Dem verhängnisvollen Brief, der die partielle Einfalt des jetzt 22jährigen deutlich zeigt, ist ein heimliches Schreiben der Mutter beigefügt:

»... Mein lieber Man aus disen brief wirst du ersehen haben

das wan der Wolfgang eine Neue bekandschaft machet er gleich gueth und blueth für solche leuthe geben wolte...«

Das ist zuviel!

»Hast das Salzburger Kreuz, an dem ich hänge schon vergessen, hörst nicht als Lobe und schmeicheley ...«, grollt es verzweifelt aus der Ferne.

Erst jetzt wird dem bestürzten Vater klar, welche Gefahr hinter den ausweichenden Briefen der letzten Monate lauert: Sein Sohn ist verliebt. Und das nicht allein in ein armes Mädchen, sondern gleich in eine ganze Familie – und die will er auch noch aus ihren Schulden erlösen!

Die Folge ist ein weiterer Kreditbrief – diesmal werden des Nannerls Ersparnisse aufgeopfert –, verbunden mit dem Befehl, nach Paris weiterzureisen: ohne Ramm und Wendling, diese sittenlosen Virtuosen, die ohnehin inzwischen abgereist sind; dafür wieder in Begleitung der Mutter. Mit dem unbegrenzten Vertrauen Leopold Mozarts in die Aufrichtigkeit seines Sohnes ist es nun vorbei. Auch macht ihm die fremde Familie, die sein weichherziges Kind unentwegt mit ihren Geldsorgen belastet und auf seine Kosten Zukunftspläne schmiedet, keinen besonders »redlichen« Eindruck.

Selbst der gottlose Wendling hat ihm vernünftig und verantwortungsbewußt geschrieben, als er um die väterliche Einwilligung zu der Paris-Reise bat. Die Webers dagegen wenden sich direkt an sein naives Kind.

In Zukunft soll die Mutter aufpassen auf alle Einnahmen und darauf, daß er nicht doch noch mit den Weberischen durchgeht und von »einem Weibsbild etwa eingeschäfert, mit einer Stube voll nothleidenden Kindern auf einem Strohsack ... sterben« muß.

Für Wolfgang Mozart bricht eine Welt zusammen. Das hat er nicht bezweckt mit seinen Italien-Plänen. Er hat nichts anderes gewollt, als die Paris-Reise abzusagen und in Mannheim zu bleiben, bei seinen lieben Webers. Die Reisepläne mit Fridolin und Aloisia sind ferne Zukunft, falls die Webers darauf bestehen – das Wesentliche ist, daß er bei ihnen bleiben kann!

Es hilft nichts: Er muß nach Paris.

Noch einmal gehorcht Mozart seinem Vater, ist aber so verzweifelt, daß er an einer Fiebergrippe erkrankt. Derweil werden Mutter und Sohn an jedem Posttag überschwemmt mit einer Flut an väterlicher Vernunft, Sorge, Zärtlichkeit und grimmigen Vorwürfen. Und an neuen, sorgfältig ausgearbeiteten Plänen für Paris.

Auf das Thema Mannheim freilich geht der Vater nicht mehr ein.

»... ich habe viele gute Freunde zu Mannheim – und ansehnliche – vermögende – die sehr wünscheten, mich aldort zu haben ...«, fleht der Sohn.

Das interessiert den Vater nicht mehr. Daß die reichen »Cavalliere« in Mannheim, die jetzt »sehr unwillig und betrübt« über seines Sohnes Abreise sind, ihn von Anfang an großzügig honoriert haben, das kann er sich vorstellen – allein, wo ist das Geld geblieben? Ihm, dem Vater, hat Mannheim nichts als Sorgen und Schulden gebracht; und die ersten Anzeichen von Schadenfreude unter den Salzburgern, weil es mit dem Dienst am Hof Karl Theodors auch nichts geworden ist.

Über 700 Gulden ist er jetzt schuldig. Sogar ein Teil der Möbel und Instrumente mußte beliehen werden. Er hat weitere Musikschüler angenommen, um ein paar Kreuzer dazuzuverdienen.

»Ich sehe aus wie der arme Lazarus«, klagt Hiob Mozart dem Sohn, der genau wie er selbst eine Schwäche für reiche, elegante Kleidung hat, »... mein *schlafrock ist so voll der* fetzen, daß, wenn in der frühe iemand leutet, ich davon lauffen mus. mein *altes flannellenes Leibl*, das ich schon so viel jahr tag und nacht trage, ist *so zerrissen*, das es kaum mehr an *dem leib* bleibt, und ich kann mir weder einen andern *schlafrock* noch ein Leibl machen lassen ... ich habe *keinen schwarz seidenen strumpf mehr*. an den Sontagen, lege ich *weise alte strumpfe* an, und die ganze woche trage ich *schwarze wollene berliner strumpfe*, die ich um 1 f (Gulden) 12 X (Kreuzer) gekauft. wann man es mir vor etlichen jahren gesagt hätte, daß ich *wollene strumpf* werde tragen müssen, daß ich um deine alte *filz schue* werde frohe seyn ... an *Kommoedien* und *ball* wird gar nicht *gedacht*. das ist unser Leben, Sorgen von innen und Sorgen von aussen: und über alles dieses habe weder meine Frau noch meinen Sohn, und Gott weis – ob – oder wenn wir einander wiedersehen! meine ganze freude dich spielen und deine Compositionen zu hören sind dahin, alles um mich herum ist tod! deine Schwester allein ist nun meine Stütze ...«

Das macht Eindruck. Sein Sohn bricht in Tränen aus, als er das lesen muß. Was alle Appelle an Vernunft und Besonnenheit nicht schafften, das erreicht das Bild des zerlumpten Vaters, der jetzt schwarzwollene Berliner Strümpfe tragen muß.

Eine schwere Zeit für Nannerl Mozart. Zur Passivität verurteilt, wird sie jedem Posttag – das ist zweimal in der Woche – mit Angst und Grauen entgegengesehen haben. Wie soll man einen Vater trösten, den die Sorgen niederdrücken und der mit seinen düsteren Voraussagen fast immer recht behält? Nicht einmal genügend Raum für Berichte an die Mama bekommt sie auf den teuren Briefbögen, die der Vater aufs engste beschreibt, um zu sparen. Nur gelegentlich darf sie ein paar Zeilen anfügen. »... täglich steht sie um 6 uhr auf und geht zur heil. dreyfalltigkeit, und da bethet sie so eyferig, daß mich schon verschiedene Personen darüber angesprochen haben ...«, schreibt Leopold Mozart nach Mannheim.

Auch sie gibt jetzt Klavierunterricht für wenige Kreuzer, und ihre pädagogischen Fähigkeiten machen ihr ebensoviel Ehre wie ihre pianistischen: »... und noch heut zu Tag kennet man der Nannette Mozart Schülerinnen aus allen anderen heraus, an Nettigkeit, Präzision und wahrer Aplicatur im Spiel ...«, wird man später über sie schreiben.

In Mannheim gibt es derweil Abschiedsbesuche und Abschiedskonzerte; und am letzten Abend herzzerreißende Abschiedsszenen, bei denen auch die Weberischen Tränen sicher echt sind – einen so großzügigen und gleichzeitig so selbstlosen Verehrer läßt man ungern ziehen, der sich dankbar mit ein paar vagen Zukunftshoffnungen abspeisen läßt. Cäcilia Weber hat ihm zum Abschied Spitzenmanschetten gestrickt – »täzeln von Filét« – und Fridolin Weber klagt: »jetzt reist halt unser bester Freund weg, unser Wohltäter ...«, und schenkt ihm einen Band einer vierbändigen Molière-Ausgabe mit einer italienischen Widmung an den scheidenden »amico«, den Mozart sein Leben lang aufbewahren wird.

»... wie ich weg gieng, so weinten sie alle. ich bitte um verzeyhung, aber mir kommen die Tränen in die augen, wenn ich daran dencke. er gieng mit mir die treppe herab, blieb unter der hausthür stehen, bis ich ums Eck herum war, und rief mir noch nach. Addieu ...«

Mit welchen Empfindungen mag Leopold Mozart diese Zeilen tiefen Trennungsschmerzes gelesen haben. Der Abschied von Vater und Schwester vor einem halben Jahr hat seinen Sohn in Hochstimmung versetzt.

Noch jemand fällt der Abschied von Mannheim gar zu schwer: Kurfürst Karl Theodor, jetzt in München, will den bayerischen Thron vertauschen gegen eine Provinz im Westen, um in seine geliebte Residenz Mannheim zurückkehren zu können. Die Folge ist ein drohender Krieg zwischen Österreich und Preußen.

»Alles ist voll mit Soldaten, Pferdelieferungen und zufuhren der Lebensmittl, die Leute werden im Preußischen und Österreich. auf den Straßen und aus den Bettern zu Soldaten weggenommen...«, schreibt Leopold Mozart, »... Ihr seyd unterdessen an einem sichern Ort.«

Am 14. März 1778 fahren Mutter und Sohn in ihrer Kutsche weiter nach Paris.

V.

PARIS 1778

Wir machen uns heute kaum einen Begriff von den Strapazen einer Reise in der Kutsche, ohne Federung, ohne Heizung, über ungepflasterte steinige Wege. Nach zehn Tagen, zuletzt unter unablässigen Wolkenbrüchen in ihrer undichten Chaise durch Schlamm und Geröll gezogen von ausgehungerten Pferden, kommen die beiden am 23. März 1778 »waschnaß« in Paris an.

Hier wurden Wolfgang und Nannerl vor fünfzehn Jahren als Wunderkinder in der höchsten Gesellschaft herumgereicht. Diesmal ist die Ankunft kläglich: ungerufen, unspektakulär; ein armer Musiker, der Arbeit sucht in der Metropole Europas, einer riesigen Stadt mit etwa 600.000 Einwohnern, in der allein über 200 Komponisten ihr Auskommen suchen.

Mozart hat Glück.

Sie sind noch keine zwei Wochen in Paris, da kann die Mutter schon nach Hause melden:

»... der wolfgang ist hier wider so berühmt und beliebt das es nicht zu beschreiben. der herr wendling hat ihn in grossen

Credit schan ehe er ankomen gesezt, und iezt hat er im bey seinen freinden aufgefürt, er ist doch ein wahrer menschen freind ...«

Vergessen sind die sittlichen Bedenken wegen der schönen Tochter, die Mätresse war; man ist von Herzen dankbar für die wertvollen Verbindungen, die Wendling dem jungen Schützling in Paris verschafft. Gleich geht es los mit mehreren großen Kompositionsaufträgen für das berühmte Pariser Musik-Unternehmen »Concert Spirituel«. Dieses und die Konkurrenz, das »Concert des Amateurs«, veranstalten öffentliche Konzertreihen, in denen sich Adel und Bürgertum treffen und die bald in ganz Europa nachgeahmt werden. Für ihre regelmäßigen Konzerte engagieren sie die besten Komponisten und Virtuosen aus allen Ländern.

Auch an der Pariser Oper bekommt er zu tun: Ballettmusik für »Les petits riens« (KV Anhang 10); und schon plant man mit ihm die Komposition einer Oper: »Alexander und Roxane«. Der ersten Pariser Sinfonie (KV 297) folgt der Auftrag einer zweiten; für die Mannheimer Bläser-Virtuosen Wendling, Ramm, Ritter und Punto, die gerade alle vier in Paris sind, komponiert er eine Sinfonie concertante (KV 297b); und für den nächsten Winter soll er ein Oratorium schreiben.

Diesmal hat Mozart auch zwei Empfehlungsschreiben: von Christian Cannabich und vom Freiherrn von Gemmingen, in dessen Mannheimer Haus er viel konzertiert hatte.

So kommt er in die Residenz des Kurpfälzischen Botschafters Reichsgraf Sickingen, der »... ein charmanter herr, Paßionirter liebhaber, und wahrer kenner der Musique ist. da habe ich, ganz allein bey ihm, 8 stunde zugebracht, da waren wir vormittag und nachmittag bis 10 uhr abends immer beym clavier; allerley Musique durchgemacht – belobet, bewundert, Recensirt, raisonirt und criticirt. er hat so beyläufig gegen 30 Spartiti von opern.«

Der Graf ist so begeistert, daß er Mozart mindestens einmal jede Woche kommen läßt. Und ohne Zweifel weiß dieser Kenner und Liebhaber die vielen Stunden, die er mit Mozart über seinen Opern-Partituren verbringt, großzügig zu honorieren. Dafür, daß das immense Vermögen derer von Sickingen nicht ausgeht, haben der Graf und sein Bruder gesorgt; sie halten ihren Vater wegen dessen maßloser Vergeudung in alchimistischen Experimenten an einem unbekannten Ort über 20 Jahre lang gefangen; der alte Graf Sickingen wird das Urbild des Grafen Moor in Schillers »Räubern«.

Als Johann Baptist Wendling Ende Mai wieder nach Mannheim zurückreist, ist Mozart mit Kompositionen und Lektionen überhäuft.

Sein wichtigster Gönner in Paris ist der Enzyklopädist Friedrich Melchior Grimm, der soeben baronisierte Gesandte des Fürstentums Sachsen-Gotha.

Diesem »wahren, besten Freund« vertraut der sonst so zurückhaltende Leopold Mozart seine Sorgen um den Sohn an. Auf Grimms Autorität und Einfluß setzt er alle Hoffnungen.

Und tatsächlich kümmert sich Grimm eingehend um den jungen Mozart und verschafft ihm Entree in der Aristokratie.

Sogleich hat er Schüler, darunter die Tochter des unermeßlich reichen Herzogs de Guines, der er täglich zwei Stunden Kompositionsunterricht gibt.

»Der Duc ...«, schreibt die Mutter, »... bezahlt brav und ist der Könnigin ihr favorit. Der Duc liebt den Wolfgang über alles ...« Und vor allem: Er bestellt gleich eine Komposition für sich und seine Tochter: das Konzert für Flöte und Harfe (KV 299).

Und schon ist die Rede von einer Organistenstelle in der Schloßkirche von Versailles.

Der Vater horcht auf: Versailles, der glanzvollste Hof der Welt – das kann dem Sohn grandiose Aufträge bringen und die Aufmerksamkeit der Königin von Frankreich, deren Lieblingskomponisten Gluck und Grétry sind.

Noch weiß die 22jährige Königin Marie Antoinette, die berühmteste Verschwenderin ihres Zeitalters, nichts von Mozarts Ankunft in Paris. Nach 7jähriger Ehe zum erstenmal schwanger, lebt sie bis zum Winter abgeschirmt in Versailles. Von ihr kann der gleichaltrige Wolfgang Amadé Mozart, dem sie mit 6 Jahren vom glatten Schönbrunner Parkett aufgeholfen haben soll,* sich viel erwarten – man weiß, daß sie vor allem diejenigen, die aus ihrer Heimat kommen, mit wahrhaft königlicher Großzügigkeit begünstigt. Auch Gluck, einst Musiklehrer der kleinen Erzherzogin Maria Antonia in Wien, verdankt ihr viel. Jetzt arbeitet er bereits an der Fest-Oper zur Geburt des Königskindes. Noverre, ihr vormaliger Tanzlehrer in Schönbrunn, ist nun Ballettchef an der Oper von Paris.

Doch nicht allein der prunkvolle Hof von Versailles, sondern viele Fürsten unterhalten ihr eigenes Hoftheater und

---

* »Unter allen Erzherzoginnen nahm ihn Antoniette, die nachmalige Königin von Frankreich, am meisten ein, und er hatte eine besondere Zärtlichkeit für sie. Als er einst in den Zimmern der höchstseligen Kaiserin Maria Theresia war und von den kleinen Prinzen und Prinzessinnen herumgeführt wurde, hatte er das Unglück, des Gehens am geglätteten Fußboden ungewohnt, zu fallen. Niemand war geschäftiger, ihm beizuspringen und aufzuhelfen, als die kleine Erzherzogin Marie Antoinette; dies rührte sein kleines Herz so sehr, daß er gerade zu der Monarchin eilte und mit viel Begeisterung die Güte des Herzens dieser Prinzessin erhob.«

So berichtet Niemetschek, der es von einer Unbekannten hat. Auf dieser nicht gesicherten Geschichte basiert die Andekdote von dem Heiratsantrag, den das Kind Wolfgang der Erzherzogin Marie Antoinette gemacht haben soll. Er habe »sogar mit den kleinen, niedlichen Erzherzoginnen geschmust«, weiß Braunbehrens.

Leopold Mozart aber und auch Nannerl erwähnen den gesamten Ausrutscher samt Folgen mit keiner Silbe in ihren sehr genauen Schilderungen der Erlebnisse am Kaiserhof. Diese beiden aber waren wirklich dabei.

Orchester und, für die sie erstklassige Musiker aus ganz Europa engagieren – vorzugsweise Böhmen und Deutsche.

Denn zur aristokratischen Selbstdarstellung gehören nicht allein prächtige Schlösser, Parks, Statuen, Gemäldesammlungen und Reitställe, sondern auch eine erlesene Hofmusik. Und der hilfreiche Grimm hat überallhin gute Verbindungen.

»Nun habe ich schon so viell zu thun, wie wird es erst auf den winter gehen?« schreibt der Sohn nach Hause. Das alles klingt so rosig, daß Leopold und Nannerl Mozart sich darauf vorbereiten, ebenfalls nach Paris zu ziehen, damit die Familie endlich wieder beisammen ist. Dann braucht Wolfgang keine verhaßten Lektionen mehr zu geben und wird nur noch komponieren.

»Könntest du ...«, schreibt der Vater voll neuer Hoffnungen, »... von einem Prinzen in Paris einen monatl. Gehalt bekommen, – dann nebenbey fürs *Theater*, fürs *Concert Spirituel* und fürs *Concert des amateurs* zu zeiten etwas arbeiten, – und dann einige mahl par subscription etwas gravieren lassen – ich aber und deine *Schwester* Lection geben, und deine Schwester in Concerten und Accademien spielen, so würden wir gewiß recht gut zu leben haben ...«[*]

Man sieht hier die Objektivität des Pädagogen Leopold Mozart, der sich selbst nur als Musiklehrer einstuft:

»Recht gut« heißt in der Epoche »sehr gut«. Und das ist sicher, daß in Paris eine große Zukunft wartete auf die Familie

---

[*] Daß Nannerl Mozart eine hervorragende Pianistin war, sollten wir ihrem Vater, ihrem Bruder und anderen Zeitgenossen glauben. Auch wenn Annette Kolb 160 Jahre später es besser weiß: daß sie nichts als eine gute Klavierlehrerin gewesen sei. Annette Kolb korrigiert die Mozarts auch in bezug auf Nannerls Vornamen: Nandl nennt sie sie unablässig, obwohl Vater, Mutter, Bruder, Freunde, Zeitgenossen sie niemals so genannt haben.

Mozart mit ihren Fähigkeiten und ihrer Vielseitigkeit, gelenkt von der Umsicht des Vaters.

Nur bei demjenigen, um den sich für sie alles dreht, stoßen derartige Hoffnungen jetzt auf Zurückhaltung.

Wolfgang Mozart ist liebeskrank und wird zunehmend melancholisch. Er hat Heimweh, aber nicht nach Salzburg. Was soll er mit den Seinen in Paris, wenn Aloisia und ihre Familie in Mannheim sind?

Wieviel lieber würde er, und sei es am Ende der Welt, mit Aloisia auf einem Strohsack liegen, als sich im glanzvollen Paris »Ruhm, Ehre und Geld« zu erwerben.

Doch die schreibfaulen Webers lassen ihn schmachten. Geduld und Zähigkeit sind jetzt weniger denn je Mozarts Sache. Mit dem Aufstieg in Paris geht es nicht schnell genug – er braucht sofort eine blendende Position – er kann Aloisia nicht ewig warten lassen.

»wegen versailles war es nie mein Gedanke,« weist er die klugen Erwägungen des Vaters zurück, »... es ist wenig geld... und dan organist! – Ein guter dienst wäre mir sehr lieb, aber nicht anderst als kapellmeister, und gut bezahlt!«

In seinen Briefen aus Paris wird Aloisia und ihre Familie überhaupt nicht mehr erwähnt seit dem Schreiben vom 24. März, das den Abschied von Mannheim so bewegend schilderte.

Vielleicht hat die Mutter dazu geraten.

Ob der Vater deshalb glaubt, die Leidenschaft sei inzwischen erloschen wie alle früheren Verliebtheiten?

Verdrossen schnurrt der Sohn seine Sprüche von Pflicht und Gehorsam ab und läßt gern durchblicken, daß der Papa ihm zuviel zumutet:

»Nun bin ich hier. ich mus aushalten, und das ihnen zu lieb. ich danck gott dem allmächtigen wenn ich mit gesunden gusto davon komme. ich bette alle tag gott, daß er mir die gnade giebt, daß ich hier standhaft aushalten kan; daß ich mir und der gantzen teütschen Nation Ehre mache, indemme alles zu seiner grösten Ehr und gloyr ist, und das er zuläst daß ich mein glück mache, braf geld mache, damit ich im stande bin ihnen dadurch aus ihren dermalen betrübten umständen zu helfen, und zuwegen zu bringen daß wir bald zusammen kommen, und glücklich und vergnügt miteinander leben können. übrigens sein willen geschehe wie in himmel also auch auf Erden ...«

Auf den Willen Gottes weicht Mozart häufig aus, wenn er etwas verbergen oder über etwas hinweggleiten will (»... uns geht nichts ab als der Papa, je nu, gott wills so haben.«).

In Wahrheit will er gar nicht mehr mit seiner Familie zusammenkommen, sondern mit Aloisia und den Ihren. Auch die Schulden des Vaters – nicht etwa seine – sind ein lästiges Thema. Die Weberischen haben auch Schulden, sogar viel höhere als der Papa in Salzburg; und der ist stark und tüchtig, er kann sparen und Lektionen geben. Seine armen Webers aber sind verloren ohne ihren Freund und Retter, den »cher ami«.

Leopold Mozart weiß um die geringe Belastbarkeit seines Sohnes und versucht beständig, gegen dessen zunehmende Lustlosigkeit anzukämpfen, ihn aus der Ferne anzuregen und zu ermutigen. Noch wehrt er sich gegen die bittere Erkenntnis, daß auch die Paris-Reise kein Glück bringt, keine Befreiung aus der Salzburger »Sclaverey«.

»Und der *erzbischof*?« versucht er, den Sohn aufzurütteln, »sollte wohl dieser das vergnügen haben zu hören, daß unsere Sachen schlecht stünden, und darüber lachen? – darüber spotten können – – *Ich würde in einem solchen falle des gähen Todes hinfallen.*«

Seit mehr als acht Monaten spielt er in Miene und Haltung den stolzen Vater; alle Welt will immer wieder wissen, wie die Chancen stehen, ob der Wolfgang einen guten Dienst bekommen – erst in München, dann in Mannheim, jetzt in Paris ... Daheim wird jeder Kreuzer dreimal überdacht, bevor man ihn ausgibt; Theater, Bälle, Einladungen sind gestrichen, sogar am Essen wird gespart. Für die täglichen Klavierlektionen, die Vater und Tochter geben, erhalten sie pro Stunde 2 Kreuzer, also nicht einmal 10 Prozent von dem, was Wolfgang in Paris dafür bekommt.

In dieser Situation wagt man kaum an Nannerl zu denken, die weiterhin ergeben abzuwarten hat, wie sich die Dinge um den Bruder entwickeln.

Jetzt bekommt sie überhaupt keinen Raum mehr für ein paar Zeilen nach Paris, ihre Grüße werden ausschließlich durch den Papa übermittelt: »Wir küssen euch beyde Million mahl und ich bin der alte getreue Mzt.«

Und Wolfgang schreibt aus Paris:

»ihnen, liebster Papa bitte ich aber, sich zu impegnieren unterdessen, daß ich bald italien zu sehen bekomme. damit ich doch hernach wieder aufleben kan. machen sie doch die freüde, ich bitte sie darum.«

Man sieht, er hat viel Verständnis für sich selbst. Er, das verwöhnte Kind, der gefeierte Virtuose, ist tief gekränkt und mit ihm beinahe alle Biographen, daß der Herzog von Chabot ihn nicht umgehend, sondern erst acht Tage nach Überreichung eines Empfehlungsschreibens von Grimm zum Vorspielen bestellt, und dann auch noch unpünktlich ist und Mozart warten läßt; daß der Salon, in den die Herzogin Mozart »mit der größten Höflichkeit« zum Warten bittet, ihm zu kalt ist. Die Kavaliere, die hier um einen Tisch herum sitzen, frieren allerdings nicht. Die zeichnen eifrig in konzentrierter Stille. Der Cellist, den er im selben Salon trifft, scheint auch nicht zu frieren. »Ich hatte nicht allein in händen, sonder in ganzen leib und füsse kalt; und der kopf fieng mir auch gleich an wehe zu thun ...«, klagt das Kind dem Vater.

Um das Warten auf den Herzog abzukürzen, beginnt Mozart auf dem »elenden« Klavier zu spielen.

»... was aber das ärgste war, dass die Mad.^me und alle die herrn ihr zeichnen keinen augenblick unterliessen, sondern immer fortmachten, und ich also für die sessel, tisch und mäuern spiellen muste ... bey diesen so übel bewandten umständen vergieng mir die gedult – ... ich spiellte die hälfte und stund auf. da warn eine menge Eloges ...«

Endlich Beifall! Ist er es doch gewohnt, daß die Leute sich nicht sattsehen können am Zauberspiel seiner berühmt schönen Hände, umrahmt von ausgesucht feinen kurzgerüschten Spitzdatzln. In Mannheim sind der Kurfürst und die Kurfürstin von der Pfalz während des Gala-Konzertes aufgestanden und zu seinem Flügel gekommen, um ihm fasziniert zuzusehen, solange er spielte.

Als aber schließlich der verspätete Duc de Chabot kommt, ist sofort alles gut:

»... der aber setzte sich zu mir, und hörte mir mit aller aufmercksamkeit zu, und ich – ich vergaß darüber alle kälte, kopfwehe, und spiellte ungeachtet den Elenden clavier so – wie ich spielle wenn ich gut in laune bin. geben sie mir das beste Clavier von Europa, und aber leüt zu zuhörer die nichts verstehen, oder die nichts verstehen wollen, und die mit mir nicht Empfinden was ich spielle, so werde ich alle freude verlieren ...«

Wie oft der aufmerksame Herzog, der ihm seine Gesundheit und gute Laune wiedergegeben hat, ihn weiterhin zu sich bestellte und wie viele Louisdor er ihm für sein Spielen bezahlte – das schreibt er dem Vater nicht. Wäre es zu wenig gewesen, dann hätte er es geschrieben.

In der Pariser Hocharistokratie dieser Jahre gilt Geiz als Todsünde. Für ihre maßlose Verschwendung und Günstlingswirtschaft und die daraus resultierende Verelendung des

Volkes müssen sie später aufs Schafott, nicht aber für das Verhalten gegenüber Untergebenen, wie es Mozart »zugemutet«* wurde. Sonst müßten noch heute die meisten Chefs, Directricen und Präsidenten auf die Guillotine geschleppt werden.

Für Mozarts Melancholie und Apathie in der Paris-Epoche dem »Banausentum« der Franzosen die Schuld zu geben, ist ein weiterer Irrtum, der den Tatsachen nicht standhält. Paris ist ein Dorado für gute deutsche Musiker, und Mozarts Einführung in die wichtigsten Zirkel durch Grimm und Wendling brachte ihm seit seiner Ankunft reichlich Aufträge und Erfolge. Auch der von Biographen häufig angeführte, zu Mozarts Pariser Zeit aber schon ausklingende Streit zwischen den Anhängern der Oper Glucks, der auf Dramatik, und Piccinis, der auf Melodik setzte, hat weder das Pariser Musikleben paralysiert, noch hätte er Mozart an seinem Aufstieg hindern können. Er selbst schätzt im übrigen beide Komponisten sehr.

Die Schwierigkeiten liegen, wie fast immer in seinem Leben, bei Mozart selbst, in seiner persönlichen Situation. In Paris ist es die unerfüllte Leidenschaft zur fernen Aloisia, die ihn in eine Art Don-Ottavio-Zustand versetzt: den Zustand verzehrender Sehnsucht, der seine Impulsivität und Aktivität lähmt, ihn wie abwesend reagieren läßt auf die Geschehnisse um sich herum. Er selbst schimpft in überheblichster Weise auf die Franzosen – aber wann schimpft Mozart nicht, wenn ihm etwas nicht paßt? Er reagiert wie ein unwilliges Kind, bei dem stets die anderen schuld sind, und das seinen Zorn nach kürzester Zeit vergessen hat.

Auf dieser Reise waren es bisher außer dem Erzbischof von Salzburg »die deutschen Fürsten« überhaupt, sogar Kurfürst

---

* »Jedenfalls begann seine passive Auflehnung in Paris.. Die Demütigungen, denen er von dieser Seite ausgesetzt war, haben ihn empört, sie empören uns noch heute. Wir lesen über sie, als handle es sich um Beiträge einer Materialsammlung zur Rechtfertigung der Französischen Revolution.« (Hildesheimer)

Karl Theodor, die Welschen, die Reichen, die Franzosen. Es werden noch einige hinzukommen. Bei seiner Abreise von Paris wird er selbst zugeben, daß er hier viel gelernt habe in der Komposition und in feiner Lebensart.

Und vier Jahre später in Wien, gerade verheiratet mit Aloisias Schwester Konstanze, wird Mozart sich wieder bemühen, nach Paris zu kommen, weil er glaubt, dort mehr zu verdienen als in Wien, und zwar unmittelbar nach dem großen Erfolg der »Entführung aus dem Serail«, als Favorit-Musiker der Wiener Gesellschaft und hochgeschätzter Klavier-Virtuose des Kaisers.

»... nun wirst du den americaner Minister H. Dr. Francklin sehen. Frankreich erkennt die 13 Amerikanischen Provinzen für ohnabhängig und hat mit ihnen tracktaten geschlossen ...«, schreibt Leopold Mozart, der mit Interesse alle politischen Bewegungen verfolgt. Der Sohn geht darauf überhaupt nicht ein, ebensowenig wie er auf die klugen Berichte des Vaters über die Kriegsvorbereitungen in Europa einging, die in Mannheim unter den Freunden zirkulierten wegen der dortigen Pressezensur. Wolfgang Mozart interessiert sich nicht für Politik, und von Gesellschaftsordnungen hat er, wenn überhaupt, nur undeutliche Vorstellungen; etwa in dem Sinne: »... ich will dazugehören ...«, wenn er sich in glänzender Gesellschaft befindet. Das bezeugen viele Briefzitate.

In Paris hätte er sich bei dem Enzyklopädisten und Diplomaten Grimm politisch vorzüglich informieren können, denn Grimm ist vertrauter Korrespondent der Zarin Katharina und auch des Prinzen Heinrich von Preußen.

Mozart, der politisch »instinktsichere« Kopf, der Revolutionär, ist eine Erfindung von Biographen, die viel über modische Tendenzen ihrer eigenen Generation aussagt und überhaupt nichts über Mozart. Weder in seinen Briefen noch in den

Dokumenten seines Lebens findet sich eine Spur politischen Interesses, geschweige denn eine revolutionäre Haltung oder Auflehnung gegen die Aristokratie. Auch wenn es derzeit als Defekt gilt: Mozart war kein Intellektueller und auch kein politisch engagierter Mensch.

Am 3. Juli 1778 stirbt die Mutter. Die Strapazen der Reisen, die kalten und feuchten Unterkünfte, Einsamkeit und Heimweh haben wohl die zarte Gesundheit Maria Anna Mozarts zerbrochen; vielleicht spielte auch die verhängnisvolle Entwicklung des Sohnes eine Rolle, der dem väterlichen Einfluß entglitten, vollständig fixiert ist auf die Webers, deren durchtriebene Primitivität er nicht erkennen will, die aber sie selbst wohl gleich begriffen hat. Mit einer Lüge hat Cäcilia Weber sich bei ihr im Januar 1778 eingeführt;* nach Salzburg schrieb sie warnend, »Gut und Blut« wolle der Wolfgang »für solche Leute geben«.

Sie muß einen besonderen persönlichen Zauber besessen haben und war in Salzburg überaus beliebt. Auch in Paris bekam sie häufig Besuch von dort lebenden Deutschen. Selbst der Tenor Raaf aus Mannheim, einer der bedeutendsten Sänger seines Zeitalters und Mozarts zukünftiger »Idomeneo«, besuchte sie in Paris fast jeden Tag und sang ihr Arien vor.

Maria Anna Mozart fieberte drei Wochen lang, in den letzten drei Tagen delirierte sie und starb, ohne das Bewußtsein wiedererlangt zu haben. Wahrscheinlich war es Typhus. Der Sohn war die ganze Zeit bei ihr. Was sie phantasierte, hat niemand erfahren.

---

* Als Mozart mit Fridolin und Aloisia auf der Reise nach Kirchheimbolanden war, brachte ihr Cäcilia Weber die Nachricht, daß sie erst einige Tage später zurückkommen würden: »... der herr weber hat es seiner frau geschrieben, dass sie die fürstin nicht ender week lasset ...« (1.2.78) In Wahrheit waren sie längst in Worms bei Cäcilia Webers Bruder. »... Da waren wir lustig ...« wird Mozart später schreiben (4.2.78).

Bevor er es wagt, Vater und Schwester auf das Entsetzliche vorzubereiten – er versucht es in mehreren Ansätzen – und bevor er den Abbé Bullinger in seinem berühmt gewordenen Brief bittet, die Todesnachricht zu überbringen, schreibt Mozart drei Briefe an die Webers: am Krankenbett der Mutter, am Sterbebett und in der Todesnacht.

Die aber lassen sich Zeit mit der Antwort. Erst als sie mit seinem dritten Brief Gewißheit vom Tod der Mutter haben, schreibt Fridolin Weber dem »cher amy«.

Doch was ist das für eine Antwort – der verzweifelt ersehnte Trost ist von besonderer, von Weberischer Art: Er besteht aus einem Bettelbrief um Geld, dessen jammervoller Inhalt den ohnehin tief Getroffenen dermaßen verstört, daß er seinen Vater Leopold Mozart um 1000 Gulden »auf etliche Jahre« für die Webers anfleht, und zwar in demselben Brief, der die Todeskrankheit der Mutter ausführlich schildert.

Nachdem er es in Paris vier Monate lang fertiggebracht hat, sie seinem Vater gegenüber mit keinem Wort zu erwähnen, ist nun der Damm gebrochen; und Leopold Mozart muß erkennen, daß Aloisia und ihre Familie noch immer die Gefühle seines Sohnes beherrschen, daß sie nicht aufgehört haben, ihn mit ihren Geldsorgen um seine Ruhe zu bringen. Aloisia ist der Magnet, mit dem sie sein Kind erschüttern und zur Kasse bitten: wieder einmal ist sie das Opfer einer Intrige – natürlich der Welschen – geworden. Wer die »infami cujoni« sind, erfährt der Vater nicht und wir auch nicht, denn Fridolin Webers Brief ist vernichtet wie alle Briefe der Webers.

Wir haben nur Mozarts Reaktion auf diese Briefe, und sie verrät viel in ihrer Erregung. Die Weberischen Bettelbriefe scheinen die Vorläufer der Puchberg-Briefe zu sein, die Mozart selbst zehn, elf und zwölf Jahre später unter Konstanzes Einfluß schreiben wird, und die in ihrem effektvollen Gejammer den Bewunderer Michael Puchberg immer wieder dazu bringen, große Summen zu schicken, um Mozart und seine »bedrängte Familie« zu retten, trotz dessen überdurchschnittlichen Einnahmen.

Diesmal ist die Weberische Situation angeblich hoffnungslos, weil sie von ihren Gläubigern in Mannheim festgehalten werden, während der größte Teil der Hofmusik dem Kurfürsten Karl Theodor in die neue Residenz nach München folgt. Man sei gezwungen, Aloisia einer Wandertruppe von Komödianten mitzugeben.

Mozart ist außer sich.

Sofort antwortet er dem »Trés cher et plus cher amy« mit einem endlos langen Brief, in dem er den Webers exakt das anbietet, worauf Leopold und Nannerl Mozart so sehr gehofft hatten: nach Paris zu kommen. Die Reisekosten für die Webers sowie die Lebenshaltung in Paris will er übernehmen (»Reise, Tafel, logement, holz und licht«). Und er garantiert Aloisia ein Mindesteinkommen von 660 Gulden für die erste Wintersaison. Außerdem erteilt er höchst naive Ratschläge von Freund zu Freund, wie Aloisia sich verhalten müsse, um als Sängerin für die Hofmusik in München engagiert zu werden: mit der klassischen Primadonnen-Allüre schlechthin, die aus Beleidigtsein, Krankspielen, Absagen besteht – also alle zappeln zu lassen – die sich freilich eine Anfängerin wie Luise Weber wirklich nicht erlauben kann. Später in Wien als Aloisia Lange wird sie es ausgiebig tun.

»... bey meiner Ehre ...« beteuert er, daß ihn die trostlosen Umstände der Freunde mehr schmerzen als der Verlust der Mutter. Aber das wissen die Weberischen ohnehin.

Und dann kommt ein Satz, den man zweimal liest, und bei dem man dann wiederum stutzt: »– allein, wenn wir es recht betrachten wollen, wer macht die schulden? – sie? – Nein, der Churfürst; wenn sie heüte weg=gehen – aus=bleiben – die schulden nicht bezahlen – so können sie nichts billigers thun –«

73

Das schreibt Leopold Mozarts Sohn. Hier blitzt ganz kurz der Mozart der Wiener Zukunft auf – doch noch wirkt die väterliche Rechtschaffenheit: in den nächsten Sätzen nimmt er alles zurück und rät zur Geduld.

Und wie versprochen, setzt Mozart sogleich alle seine Kräfte in Bewegung, um die Freunde zu retten. Es beginnt mit dem Brief an den Vater um 1000 Gulden auf etliche Jahre, möglicherweise auch an den Abbé Bullinger, der ihm bereits die Reisekosten vorgestreckt hat – die Briefe Bullingers sind verschollen, doch aus einer erhaltenen Antwort Mozarts geht hervor, daß von den Weberischen die Rede war und daß der gute Freund ihm dringend ans Herz gelegt hat, er solle »... izt nur auf meinen vatter dencken, ihm aufrichtig meine gesinnungen entdecken ...«

Und wie es der Zufall will, setzt gleich nach dem Empfang von Fridolin Webers Brief auch Mozarts finanzielle Pechsträhne wieder ein, die seit seiner Abreise von Mannheim unterbrochen schien.

Diesmal ist es der unermeßlich reiche Herzog de Guines, der den Reigen der säumigen Schuldner eröffnet; derselbe, von dem die Mutter im Mai versichert hatte: »... er bezahlt brav ...«, der sich nun angeblich um die Bezahlung der Lektionen seiner Tochter drückt und nicht einmal das für ihn komponierte Konzert für Flöte und Harfe honoriert.

»Das Concert ist auch nicht bezahlt? – Das ist zu schmutzig.« Der empörte Leopold Mozart will den Baron Grimm einschalten, der diese Verbindung hergestellt hat. Aber prompt beginnt sein Sohn, und das wird er in seinen folgenden Briefen fortsetzen, Grimms Glaubwürdigkeit zunichte zu machen – ein gewonnenes Spiel bei dem grundsätzlichen Mißtrauen Leopold Mozarts.

Friedrich Melchior Grimm, dem Wolfgang Mozart in Paris so viel verdankt, der ihn auch gleich nach dem Tod der Mutter im Hause seiner Freundin, der bedeutenden Enzyklopädistin und Mäzenatin Marquise d'Epinay aufgenommen hat, der ihm 165 Gulden lieh – dieser »Menschenfreund« wird plötzlich als »falsch, von der welschen Partie, niederträchtig« dargestellt, der ihm absichtlich schaden will – »sucht mich selbst zu unterdrücken« –, und der sonst so kluge, vernünftige Leopold Mozart glaubt das seinem Sohn. Damit sind die langjährigen freundschaftlichen Beziehungen zwischen dem weltläufigen homme de lettre Friedrich Melchior Grimm und Leopold Mozart für immer zerstört.

Die 12 Ballettszenen, die er für die Pariser Oper komponierte, erklärt Mozart nun als »freundstück«, also eine unentgeltliche Arbeit für Operndirektor Noverre.

Gleichzeitig verschwinden drei goldene Uhren: die der verstorbenen Mutter und seine beiden, darunter auch die vom Kurfürsten in Mannheim, worüber er damals spottete, da er in Salzburg noch weitere Prunkuhren besaß:

»eine schöne goldene uhr ... welche man mit ketten und Devisen auf 20 Carlin (220 Gulden) schäzet ... ich habe auch kräftig im sinn mir an jeder hosen noch ein uhrtäschl machen zu lassen, und wenn ich zu einem großen herrn komme, beyde uhrn zu tragen wie es ohnehin iezt Mode ist, damit nur keinem mehr einfällt mir eine uhr zu verehren.«

Im Dezember 1778 wird der Vater beim Auspacken der Habseligkeiten seiner verstorbenen Frau mit erstaunlicher Milde das Fehlen verschiedener Wertsachen monieren:

»... nur mangelten – von Kleinigkeiten nichts zu sagen: *2 Brüssler neue Haubenspitz und ein Blondspitz, das kleine ammadistene Ringl*, welches ihr ehemals die Mme d'Epinay gab. – und wo ist denn ihre *goldene Uhr?* – – hat die uhr studiert?« Was mag Mozart wohl mit den Hauben aus Brüsseler Spitze und mit der Seidenspitze gemacht haben? Und wo ist die »gustose« Modehaube geblieben, die die Mama in Mannheim für Nannerl kaufte? »... wegen der uhr haben sie es errathen, die hat studirt«, antwortet er leichthin, er habe aber nicht mehr als 55 Gulden dafür bekommen ...

»– weil wir just von uhren reden, so will ich ihnen sagen, daß ich mir eine uhr mitbringe – eine wahre *Pariserin*; – sie wissen was an meiner steinerl=uhr war? – wie schlecht die steinerl waren, wie Plump und ungeschickt die facon – doch das würde ich alles noch nicht achten, wenn ich nur nicht so viell unnützes geld für repariren und richten hätte ausgeben müssen! – und doch gieng die uhr einen tag eine stunde auch 2 zu frühe, den andern tag so viell zu spätt; – die von kuhr-fürsten machte es just auch so, und war aber noch dabey so schlecht und gebrechlich gearbeitet, daß ich es ihnen nicht sagen kann – diese meine 2 uhren habe mit sammt den ketten für eine Pariserin von 20 louisd'or hergeben – ...«

Die wortreiche Erklärung geht noch weiter und läßt ahnen, daß es sich hier um eine Ausrede handelt, weil er in Wirklich-keit alle drei Uhren versetzt hat.

Leopold Mozart jedenfalls wird ihm das nicht geglaubt haben; zumal seine Frau ihm berichtet hatte:

»der wolfgang hat eine uhr von der schönsten arbeith von den Churfürsten bekommen ...« Und sein Sohn, der sich schon darüber mokierte, immer wieder goldene Uhren ge-schenkt zu bekommen, sollte sich dann noch selbst eine kaufen?

Die gutgehende »Pariserin« war vermutlich das Geschenk eines Aristokraten in Paris.

51 Jahre später bietet die Witwe Konstanze Nissen, vormals verwitwete Mozart, dem Mozart-Verehrer Vincent Novello eine kleine Uhr an:

»... Sie zeigte mir die Uhr, die ihm in Paris zum Geschenk gemacht worden war und die er ihr als Hochzeitsgeschenk gegeben – es ist eine kleine Golduhr, die sehr gut geht, und obwohl sie seither mehrere andere erhalten hat, trägt sie doch nur diese ...«

»Voulez-vous l'avoir?« bietet Konstanze dem Engländer diese Kostbarkeit an. Novello, der die Uhr leidenschaftlich gern besessen hätte als Mozart-Reliquie, lehnt das Angebot taktvoll ab, »..um sie nicht zu berauben«. Vielleicht dachte er gar, Konstanze wollte sie ihm schenken? Er kannte sie schlecht.

Eine weitere Herausforderung an das väterliche Vertrauen ist die nächste Begebenheit im August 1778 in Paris: Johann Christian Bach kommt aus London angereist in Begleitung des berühmten Kastraten Tenducci. Er soll eine Oper schreiben und ist Gast beim Marschall de Noailles, Herzog von Ayen, der auf seinem Schloß in St. Germain ein eigenes Hof-Orchester aus deutschen Musikern unterhält. Bach und Tenducci kennen Mozart seit 1764, als sie mit den beiden Wunderkindern Wolfgang und Nannerl am Königlichen Hof zu London musizierten, wobei Johann Christian Bach den winzigen Achtjährigen zum Konzertieren zwischen seine Beine setzte, und sie gemeinsam spielten. Jetzt führt er den jungen Mozart beim Herzog de Noailles ein, der einer der berühmtesten Familien der französischen Geschichte angehört, die sich auch in der Gnade des Hofes von Versailles sonnen darf. In freudiger Erregung schreibt Mozart seinem Vater aus dem Schloß von St. Germain, verschleiert aber die Dauer seines Aufenthaltes und dämpft im voraus alle väterlichen Erwartungen: »Gewinnen werde ich nichts hier ...«

Der Maréchale de France ist einer der Reichsten des Landes, zu dessen Einkünften aus seinen Besitzungen in Frankreich und den riesigen Gunstbeweisen aus der königlichen Schatulle noch die Erträge seiner Plantagen in Santo Domingo fließen. Er ist ein in vielen Dokumenten der Epoche gerühmter Gastgeber, der die Gesellschaft mit märchenhaften Festen verwöhnt. 1793 wird er mit drei Generationen seiner Familie auf dem Schafott enden.

Mindestens drei Wochen bleibt Mozart im Schloß von St. Germain mit seinem berühmten Park. Hier dürfte er die glücklichste Zeit seines Pariser Aufenthaltes verlebt haben, inspiriert von einem verfeinerten Lebensstil, der an Schönheit, Geist und Grazie die Sonnenseite des Ancien Régime in Vollendung darstellt. Hier hat er alles, was er braucht: Aristokratie, Künstler, ein gutes Orchester, Unterhaltung, Freunde; und ganz bestimmt auch persönliche Triumphe beim Musizieren vor dem Herzog und seinen illustren Gästen.

Wahrscheinlich hat man für die Hofmusik von St. Germain auch verschiedene Abschriften von Mozart-Partituren gekauft.

Für den Sopranisten Tenducci komponiert er eine große Szene (KV Anhang 3, verschollen).

Nach Hause schreibt er: »... franckreich ist auch wie teütschland – man speist die leüte mit lobs=erhebungen ab –.«

Ob ihm der Vater das geglaubt hat? Er kennt den berühmten Marschall de France von den früheren Reisen. Dessen Tochter Madame de Tessé beschenkte damals seine beiden Kinder auf das großzügigste, als sie in Versailles konzertierten und Wolfgang ihr zwei Klavier-Sonaten (KV 8 und 9) widmete.

Diese endlose Kette von Kränkungen – nein, schlimmer noch: Geschmacklosigkeiten – seitens der Aristokratie, von denen sein Sohn seit Mannheim immer wieder berichtet, hat Leopold Mozart auf seinen jahrelangen Europa-Reisen kein einziges mal erfahren, am allerwenigsten in Paris und Versailles, wo Verschwendung das Lebenselement der Noblesse ist und wo man Kunstgenüsse hoch belohnt.

Haben sich Johann Christian Bach und der teure Kastrat auch mit Lobsprüchen abspeisen lassen?

Die Frage bleibt offen, ob es an Mozarts Verhalten lag, daß der Marschall de Noailles ihn nicht für seine Hofmusik engagiert hat; Bach und Tenducci, schreibt er dem Vater, hätten sich in St. Germain sehr für ihn eingesetzt.

Am 8. September ist die Uraufführung von Mozarts 2. Pariser Sinfonie (KV Anhang 8) im »Concert Spirituel«, mit dem er sich, wie er schreibt, wiederum »sehr viel Ehre« macht. Wo bleibt das hierfür übliche Honorar von 275 Gulden? Wo die mehreren hundert Gulden vom Verleger für die drei Klavierkonzerte und die sechs Sonaten für Klavier und Violine?

Leopold Mozart sieht keine andere Möglichkeit mehr, als seinen Sohn behutsam nach Hause zurückzulocken.

Daß er seinen eigenen Stolz überwinden und sich vor dem Erzbischof erniedrigen muß, davon schreibt er nichts. Von »süßer Rache« ist jetzt keine Rede mehr; im Gegenteil, jetzt ist es an Wolfgang Mozart, dem Erzbischof zu verzeihen.

Waren alle Appelle an die Vernunft seines Sohnes vergebens, so benutzt Leopold Mozart nun diesen Mangel an Vernunft und zielt nur noch auf dessen Emotionen:

Nach seiner Darstellung bedauert der Erzbischof die Entlassung Mozarts und wünscht ihn zurück in seine Hofmusik. Leopold Mozart betont in jedem Brief seine eigene Reserviertheit gegenüber allen diesbezüglichen Anspielungen. Wortreich und liebreich überspielt er die dürren Fakten mit lockenden Visionen: Das Gehalt wird aufgebauscht auf 600 Gulden jährlich; die Stelle des Hofkapellmeisters ist für demnächst zugesagt mit umfangreichen Kompetenzen; hinzu kommt eine großzügige Urlaubsregelung – Italien-Reisen – und dafür sogar Empfehlungsschreiben.

Und: »die M.ssle Weber sticht den Fürsten und alle ganz erstaunlich, sie werden sie absolute hören wollen, da sollen sie bey uns wohnen...«

Mozart horcht auf. Seine Phantasie ist angeregt.

»... wenn ich mich darum (die Salzburger Hofmusik) annehmen müste, so müste ich ganz freyen willen haben –«,
schreibt er aus Paris, »der obersthofmeister müste mir in
Musique sachen, alles was die Musique betrifft, nichts zu sagen
haben. denn ein Cavalier kann keinen kapellmeister abgeben,
aber ein kapellmeister wohl einen Cavalier – .. sie wissen daß
ich mir nichts mehr wünsche, als einen guten dienst, gut in
caractére und gut in geld – es mag seyn wo es will – .. doch,
wenn mich die salzburger haben wollen, so müssen sie mich
und alle meine wünsche befriedigen – sonst bekommen sie
mich gewis nicht.«

Der Vater weiß: Er hat gewonnen.

Aber der Erzbischof denkt in Wirklichkeit gar nicht daran,
dem fernen Mozart irgendwelche Zugeständnisse zu machen.
Sein Angebot ist nicht nur kläglich, es ist schneidender Hohn
und zeigt, daß Colloredo genau weiß, daß kein Hof den
schwierigen Mozart haben will; vermutlich nimmt auch er ihn
nur so lange auf, wie der Vater es schafft, diesen »Brausekopf«
zu zügeln.

Er bietet die Organistenstelle mit ihren 450 Gulden Jahresbesoldung, wozu noch der Klavierunterricht der Edelknaben
gehört mit jährlich 50 Gulden; zusätzlich jedoch und vor
allem unentgeltlich soll Mozart den früheren Dienst als
Konzertmeister wieder übernehmen, also wiederum als erster
Geiger im Orchester mitspielen, was ihm verhaßt ist.

Das Ganze wirkt wie eine Züchtigung. Zwei volle Dienste
für ein Gehalt, beide tief unter seinen Fähigkeiten – eine
»Sclaverey«. Wann soll er komponieren?

Ein beschämendes Angebot – in keiner Weise vergleichbar
den 3000–4000 Gulden, die er bereits im ersten Halbjahr
in Paris eingenommen haben dürfte. Hat er nicht den weit
höher dotierten und aussichtsreicheren Organistenposten in
Versailles abschätzig von sich gewiesen?

Dennoch akzeptiert Mozart.

Über München wird er heimreisen; weiter denkt er nicht. Und nach München zieht Aloisia mit ihrer Familie – wer hat ihnen ihre Schulden bezahlt? – und mit dem größten Teil der Mannheimer Hofmusik, seinen Freunden. Denn auch diese Hoffnungen hat der Vater einfließen lassen in seine Honigbriefe, daß Kurfürst Karl Theodor ihn jetzt doch noch engagieren wird in seiner neuen Residenz.

Für Mozart ist das schon Gewißheit.

Und dann wird er Aloisia heiraten.

Bei der Abreise Ende September erwacht er plötzlich aus seinen Illusionen und begreift, wieviel er in Paris noch lernen könnte und welche enormen Aufstiegschancen er jetzt, nach nur sechs Monaten, aufgibt. Von einflußreichen Seiten kommen beschwörende Appelle, zu bleiben. Vergebens versucht Konzertunternehmer Le Gros, ihn mit weiteren Kompositionsaufträgen zu halten. Ballettdirektor Noverre winkt noch einmal mit der seit Monaten geplanten Oper. Einen lukrativen Auftrag für sechs Klavier-Trios hat er gerade angenommen; auch der Gesandte Graf Sickingen wünscht diesen phänomenalen Kenner der Komposition in seiner Nähe zu halten.

»... ja, wenn.. ich.. zeit gehabt hätte, die sache recht mit kaltem blut zu überlegen, – ich sie gewis recht gebeten haben würde, nur noch auf einige zeit gedult zu haben, um mich noch zu Paris zu lassen, ich versichere sie, ich würde Ehre, Ruhm, und geld erlanget haben – und sie ganz gewis aus ihren schulden gerissen haben; –«

Ähnliches hat er auch von Mannheim geschrieben. Den Vater, für den die Zukunft noch viele Versprechen dieser Art bereithält, hat das Pariser Abenteuer weitere 400 Gulden – auch die Kutsche wurde längst verkauft – gekostet. Darunter sind auch die 165 Gulden, die Mozart sich bei Grimm geliehen hat und die er nicht zurückzahlen wird, obgleich er jetzt dem

Vater entrüstet über Grimm schreibt: »... ist ihm etwa für diese bang? – wenn er da einen zweifel hat, so verdient er wahrhaftig einen fus – denn er sezt ein Misstrauen in meine Ehrlichkeit, welches das einzige ist, das mich in wuth zu bringen im stande ist!... die 15 louisd'or (165 Gulden) werde ich ihm beym abschied, mit etlichen sehr höflichen worten begleitet, mit danck zurückstellen; – ... bey meiner Ehre; ich bin schon einmahl so ein Mensch ...«

Mit derartigen Sprüchen ist er leicht bei der Hand. Wer Mozart nach ihnen beurteilt, wird Mühe haben, das Chaos zu erklären, das er überall hinterläßt.

Bei Friedrich Melchior Grimm, dessen Weltläufigkeit ihn offenbar beeindruckt, phantasiert er sich in die Rolle eines Kavaliers hinein, der nie die Fassung verliert im Gegensatz zu seinem zornsprühenden, »einfältigen«, »groben« Gastgeber – wahrscheinlich war es genau umgekehrt – der einen Fußtritt verdient, aber trotzdem sein geliehenes Geld von Mozart nicht wiederkriegt – der Papa muß auch das später regeln.

»... an der Ermangelung der wiederbezahlung ist er selbst schuld ...«, wird Mozart nach seiner Abreise dem Vater mitteilen – inwiefern, das erklärt er nicht.

In den Briefen an Aloisia und Fridolin Weber will er sich als vernünftiger Freund und Berater darstellen und kopiert seinen Papa:

»Carißima amica! – spero che lei starà d'ottima salute – la prego di averne sempre cura – eßendo questa la miglior cosa di questo mondo; io, grazie a Dio stò bene, toccante la mia salute, perchè ne hò cura ...«

Beim Abbé Bullinger sieht er sich als »wahren Freund« und legt einen ewigen Freundschaftsschwur ab: Und schon sprudeln die Lebensweisheiten:

»... sie wissen wohl, die besten und wahrsten freünde sind die arme – die Reiche wissen nichts von freündschaft! – besonders die darinnen gebohren werden; – und auch die-jenigen, die das schicksaal darzu macht, verlieren sich öfters in ihren glücks-umständen!«

Das schreibt er, der wochenlang als Gast im Hause der Marquise d'Epinay lebt, der von Grimm in die bedeutendsten musikalischen Zirkel von Paris empfohlen und der sein Leben lang von den Reichen beschenkt und verwöhnt wurde. Stammt das vielleicht aus einem Brief von Fridolin Weber?

»Mache mir keinen unhöflichen Streich ...«, bittet der Vater, beunruhigt über die Spannungen mit seinen Gastgebern. Das nützt auch nichts. Mozart macht wieder einmal tabula rasa. Vielleicht ist eine der im Hause der Madame d'Epinay komponierten Klavier-Sonaten, die a-Moll (KV 310), in seinem Zorn über den Baron Grimm entstanden.

Verwunderlich ist, daß Mozart es solange in diesem Hause aushält, obwohl Grimm ihm mehrmals deutlich macht, daß er ihn gern los wäre, und obwohl Mozart, wie er behauptet, vier andere Häuser hat, die ihn freudig als Gast aufnehmen würden.

Bevor er schließlich Paris verläßt, erhält der Vater einen Brief von Grimm, in dem dieser souverän über Schulden und Szenen hinweggeht, ihm aber dringend rät, dem Sohn detailliert vorzuschreiben, wie er heimfahren soll – bis Straßburg hat er selbst alles arrangiert, auch die Bezahlung –, als handle es sich um ein unselbständiges und unberechenbares Kind.

Das tut der Vater auch; aber auch das wird nichts nützen.

VI.

HEIMREISE ÜBER STRASSBURG, MANNHEIM, MÜNCHEN

»Du schreibst in deinem letzten Brief – *das Herz lacht mir,
wenn ich auf den glücklichen Tag denke, wo ich wieder das
vergnügen haben werde sie zu sehen und von ganzem herzen
zu umarmen.* Nun kommt der Tag, mein lieber Sohn, ich
wünsche daß Gott mich solchen erleben lässt, du wirst deinen
armen Vatter kaum kennen, der Erzbischof, als ich zu ihm
2 mahl geruffen wurde, erschrack so sehr an mir, daß er es
allen erzehlte.. – Meine Natur ist von Eisen, sonst wäre ich
schon tod, allein, wenn du nicht mit deiner Gegenwart mir
den schweren Stein vom Herzen hebst, so unterdrückt er
mich, alle Bruststerkende Kraftmittl sind vergebens eine
Gemüths Krankheit zu heilen. Niemand kann mich vom Tod
erretten als du – und niemand wird dir getreuer und mit aller
nur menschmöglichen Bemühung zu deinem vergnügen helfen,
als dein Vatter, der dich segnet, liebt, Küsst und von ganzem
Herzen zu umarmen wünscht –«
In Salzburg beginnen die freudigen Vorbereitungen zu
seinem Empfang bereits im September: man kauft Kapaune,
seine Lieblingsspeise; das Jahresfest der Bölzlschützen wird
bis zu seiner Ankunft aufgeschoben; er bekommt einen neuen
Schrank in sein Zimmer und ein anderes Klavier; der Obersthofmeister und der Arzt bieten ihm ihre Pferde an, denn
Mozart ist vernarrt in schöne Rösser; Nannerl ihre schwester-
liche »freundschaft, liebe und Bedienung«; der Papa verspricht, eine Kutsche anzuschaffen: »... vielleicht ein kleines
chaisl oder Würstel ...« und lockt: »und gestern hat die
Nannerl ein paar wunderschöne spitzdatzel für dich einge-
handelt ...«

84

Und sein Sohn schreibt von unterwegs: »... ich habe keine ruhige stunde, bis ich nicht alles wieder sehe, was ich liebe ...«, und man sieht ihn in fliegender Unruhe heimreisen.

Eine Schnecke wäre schneller in Salzburg.

Fast vier Monate braucht er, bleibt an verschiedenen Orten jeweils einige Wochen und verbraucht in dieser Zeit rund 800 Gulden, obwohl er wochenlang bei Freunden wohnt und den größten Teil der Fahrt umsonst macht.

Doch warum eilt Mozart nicht schnurgerade nach München zu Aloisia und ihrer Familie? Warum zögert er jetzt das Wiedersehen hinaus, dem er seit Monaten entgegenfieberte, um dessentwillen er seine verheißungsvolle Zukunft in Paris aufgab?

In Nancy macht er rund acht Tage Station, ohne zu begründen, weshalb, und schreibt dem Vater begeistert über die festliche Architektur der barocken Residenzstadt. Wahrscheinlich hat er Empfehlungsbriefe aus Paris bei sich und konzertiert in einigen Palais von Nancy.

In Straßburg bleibt er etwa drei Wochen.

»... hier geht es sehr pauvre zu. ...«, behauptet er seinem Vater gegenüber, dem allerdings der kulturelle und gesellschaftliche Rang des reichen Straßburg, Sitz des Kardinal Rohan, geläufig sein dürfte.

Mozart gibt drei öffentliche Konzerte, obschon das erste nach seinen Angaben vor fast leerem Saal stattfand und erstaunlich wenig eingebracht hat – nur 33 Gulden, schreibt er; was sehr verwunderlich ist, da auch der junge Prinz Max von Zweibrücken, der spätere erste König von Bayern, mit seinem Gefolge das Konzert besucht. Dieser Prinz führt in Straßburg ein bekannt aufwendiges Junggesellenleben als Kommandeur eines französischen Regiments; sein Interesse an Mozarts Werken ist vielfach dokumentiert.

Trotz des wortreich geschilderten Desinteresses konzertiert

Mozart ein zweites Mal, und wieder behauptet er, kaum Besucher gehabt zu haben.

»– da hatte ich die nemliche *einnahme*, zum erstaunen und verdruß und schande aller strasburger; der Directeur Mr. villeneuve fouterte über die einwohner dieser wircklich abscheulichen stadt, das es eine art hatte«.

Und das reicht ihm noch immer nicht?

Das dritte Konzert bringt, so schreibt er, bei gähnend leerem Saal nur 11 Gulden. Erstaunlicherweise aber schreibt er gleichzeitig, daß ihm die Ohren wehtun von dem ungeheuren Beifall. Und er meldet stolz: »… strassburg kann mich fast nicht entbehren! – sie können nicht glauben was ich hier in Ehren gehalten, und beliebt bin – … alles kennt mich … –«

Vielleicht war auch Goethes Lili, seit einem Jahr die Frau des maire von Straßburg, Baron von Türckheim, in einem der Konzerte Mozarts oder hörte ihn in einem der Straßburger Salons? Die 20jährige galt als exzellente Klavierspielerin.

Und trotz seines gefüllten Reisebeutels hebt er noch, »nur aus fürsorge«, wie er schreibt, 88 Gulden von dem väterlichen Notkredit ab – später kommt heraus, daß es in Wahrheit der gesamte Kreditbrief über 132 Gulden war.

Soviel Geld – man stutzt: was ist eigentlich mit den Webers? Tatsächlich, sie haben geschrieben.

»… Die armen leüte …«, berichtet er erschüttert, »… waren alle wegen meiner in der grösten angst – sie haben geglaubt ich seye gestorben, indemme sie ein ganzes Monath ohne brief von mir waren, weil der vorlezte von mir verloren gegangen – und sie wurden in ihrer Meynung noch mehr bestärckt, weil man in Manheimm sagte, Meine seelige Mutter wäre in einer erblichen krankheit gestorben; sie haben schon alle für meine Seele gebetet; – das arme Mädl ist alle Tage in die Capuciner= kirche gegangen; – sie werden lachen? – ich nicht; mich rührt es, ich kann nicht dafür;«

Doch anstatt in die Arme dieses Engels zu eilen, der da so unermüdlich für ihn betet – »das arme Mädl« – und ihn dennoch zwei Monate später abweisen wird –, bleibt Mozart wochenlang in Straßburg und verdient Geld. Wahrscheinlich haben die Webers auch diesmal nicht versäumt, ihrem Lamento um Seele und Leben ihres »trés cher amy« das unvermeidliche Gebettel um Geld anzufügen.

Sollte Leopold Mozart bisher noch Zweifel gehabt haben über den Charakter der Weberischen Bekanntschaft, so dürfte dieses peinliche Rührstück sie ihm gänzlich genommen haben. Doch ist er klug genug, das für sich zu behalten. Das gefährdete Kind muß erst wieder unter seinen schützenden Fittichen sein.

Eines haben die teuren Freunde ihrem Wohltäter bezeichnenderweise verschwiegen: die glückliche Wendung, daß Aloisia, die vom Intendanten Graf Seeau nach München engagiert wurde, das außerordentliche Anfangsgehalt von 1000 Gulden bekommt – was zusammen mit den 600 Gulden ihres Vaters als Sänger und Souffleur eine üppige finanzielle Situation genannt werden kann. Das erfährt Mozart erst in Mannheim, seiner nächsten Station, im Hause Cannabich. Christian Cannabich ist schon mit den Hofmusikern in der bayerischen Residenz, nur seine Familie noch in Mannheim. Auch die Webers sind längst nach München gezogen.

Dennoch hat Mozart diesen Umweg von mehreren Tagereisen nach Norden gemacht. Er wohnt bei »Madame Cannabich« und schreibt überglücklich nach Hause, daß er den Winter in Mannheim bleiben werde; er nimmt Schüler, komponiert, konzertiert. Vom Freiherrn von Gemmingen läßt er sich zu einer neuen Opernform inspirieren, mit deklamierten statt gesungenen Texten – alles in der wilden Hoffnung, der Salzburger Fron (und sicher auch der väterlichen Nähe) entgehen zu können:

»... ich empfinde alles vergnügen, wenn ich gedencke ihnen eine visite zu machen – aber lauter verdruß und angst, wenn ich mich wieder an diesen bettlhof sehe.« Er malt sich ernstlich aus, der Kurfürst werde die groben, unhöflichen Münchner verlassen und wieder in seine beschwingte Mannheimer Residenz zurückkehren. Mozarts Liebe zu Mannheim geht sogar so weit, daß er jetzt den Pfälzischen Dialekt dem Salzburger vorzieht.

Vergebens wartet Leopold Mozart auf die rasche Heimkehr seines Sohnes, und er wartet ebenso vergebens auf regelmäßige Nachrichten von dem Reisenden, um dessen Leben und Gesundheit er sich sorgt: »... indem erst 2 französ. Kaufleute vor 3 tägen hier waren, die bei Plattling in Bayern von 9 Räubern nachts beym hellen Mondschein angegriffen worden ...«

Schon seit dem Tod der Mutter schreibt Wolfgang Mozart immer seltener nach Hause. Bis zu drei Wochen müssen Vater und Schwester bangen, bevor sie wieder etwas von ihm erfahren.

»Nun kommt ein Herzensstoß! *Ein erschröcklicher Herzensstoss* ... ich erwarte mit Begierde einen Brief; – und doch zittere ich, und wir alle vor dem Briefträger, weil ich mir vor einer erschröcklichen Nachricht fürchte. So oft Bullinger eintritt, bedrachte ich seine Gesichtszüge mit der grösten Aufmerksamkeit, ob er nicht etwa mein Todesurtheil in Händen hat. Nun hatte ich 4 Schlaflose Nächte, – *die Nächte sind gar schwer, sehr schwer, mein Sohn! Ich förchte sie*, und bin frohe wenn der Tag, aber itzt leider sehr späth, anbricht.«

Als er von den Mannheimer Überwinterungsplänen erfährt, reißt ihm die Geduld. Zornig befiehlt er dem Sohn, umgehend abzureisen.

Seit Monaten wartet ganz Salzburg auf den jungen Mozart – allen voran der Erzbischof, der im August das Anstellungsdekret des dringend benötigten Organisten unterzeichnet hat

– jetzt schreibt man Dezember! Leopold Mozart muß befürchten, daß Colloredo kurzerhand einen anderen ernennt – es wimmelt von stellungslosen Musikern, die sich reißen um einen »gewissen Dienst« bei Hof um 450 Gulden!

Wolfgang Mozart aber gehorcht nicht mehr. Er antwortet nicht einmal.

Er gehorcht auch nicht dem zweiten väterlichen Abreisebefehl, sondern rennt dem Intendanten Baron Dalberg das Haus ein, um einen Opernauftrag zu bekommen, selbst um wenig Geld. Erst das endgültige Scheitern des Projektes zwingt ihn zur Weiterreise.

Intendant Dalberg aber entgeht der Verachtung der Biographen, weil er vier Jahre später Schillers »Räuber« uraufführen wird.

Mozarts Ignorieren des väterlichen Willens zur sofortigen Heimkehr bedeutet keinen »Bruch« zwischen Vater und Sohn, wie häufig behauptet wird, sondern die längst fällige Lösung aus der kindlichen Bindung an den Vater.

Leopold Mozart weiß das natürlich auch; deshalb bietet er sich seit einem Jahr in fast jedem Brief als »wahren Freund« an.

Am 9. Dezember endlich verläßt Mozart Mannheim, diesmal als Gast in einer Kutsche des prachtliebenden Reichsprälaten Coelestin Angelsprugger. Nachher schreibt er, der sich immerhin auf dem Weg zu Aloisia befindet, daß ihm »niemal etwas schmerzhafter gefallen ist, als diese abreise«.

Noch ein Geheimnis?

Vielleicht liegt seine Erklärung bei Elisabeth Cannabich, der Frau des bereits nach München übergesiedelten Orchester-Direktors, bei welcher Mozart in diesen fünf Mannheimer Wochen wohnte; »... die fast für freüde ausser sich kamm, als sie mich wieder sah ...« – die sich vor einem Jahr an der aufbrechenden Erotik des exzessiven Fäkal-Dichters ergötzte.

Mit der »sogenannten Lisel« stand Mozart auch in Korrespondenz während seiner Pariser Monate. Die wenigen Zeilen über das Zusammensein mit ihr verraten ein tiefes, staunendes Glück über die Freundschaft dieser warmherzigen, lebhaften Frau, eine Trunkenheit und Seligkeit – als wäre nun endlich alles, alles gut.

Vielleicht hat sie ihn in der Ahnung, daß er vor der größten Enttäuschung seines Lebens steht, besonders liebevoll getröstet. Man wünscht es ihm.

Und wieder gibt es eine bewegende Mannheimer Abschiedsszene. Diesmal schreibt er: »– wir glaubten es seye nicht möglich daß wir scheiden sollten; – ich gieng erst morgens um halbe 9 ab, und Mad.^{me} Cannabich stunde doch nicht auf – sie wollte – und konnte nicht abschied nehmen; – ich wollte ihr das herz auch nicht schwer machen, reisete also ab, ohne mich bey ihr sehen zu lassen – ...«[*]

Von der 14jährigen Rose, der ältesten Cannabich-Tochter, die im vergangenen Herbst und Winter seine Klavierschülerin war, ist keine Rede; ausschließlich die Mutter wird in seinen Briefen erwähnt.

Sie wird ihm nicht allein von dem glücklichen Aufstieg der Familie Weber erzählt haben; vielleicht auch von Aloisias mächtigem Gönner, dem Münchner Hoftheater-Intendanten Graf Seeau, bekannt für seine Frauengeschichten und manche Duelle.

---

[*] » – allerliebster vatter! – ich versichere sie, daß dies vielleicht eine meiner besten und wahrsten freündinen ist – denn ich nenne nur freünd und freündin eine Person die es in allen Situationen ist – die tag und nacht auf nichts sinnet, als das beste ihres freündes zu besorgen – alle vermögende freünde enspannet, selbst arbeitet, ihn glücklich zu machen; – sehen sie, dies ist das wahre Portrait der Mad.^{me} Cannabich – ... denn, wenn wir alleine beysamm sind, welches sich leider sehr selten ereignet, so reden wir ganz vertraut; – von allen guten freünden, die ihr haus frequentiren, bin ich der einzige der ihr ganzes vertrauen hat, der alle ihre haus=familien=verdruß, anliegen, geheimnüsse und umstände weiß; –«

Das in diesen Mannheimer Wochen im Hause Cannabich begonnene Konzert für Violine und Klavier (KV 315 f) für eine Akademie im Dezember gilt als Mirakel, »dessen erhaltene 120 Takte des ersten Satzes es als einen unersetzlichen Verlust für die Musikliteratur erscheinen lassen, daß Mozart dieses seinen Genius in seltener Reinheit widerspiegelnde Werk nicht zu Ende geführt hat« (Müller-Asow).

Die Phase der zwanghaften Fäkal-Reime scheint überwunden; vielleicht genügte in Paris eine erstaunt gehobene Braue des Baron von Grimm, um ihm den Spaß an derlei Dichtungen in Gesellschaft zu nehmen. Doch wenn er seinem Bäsle schreibt, was freilich nur mehr selten geschieht und nicht mehr in so großartigen Wortschöpfungen, so schreibt er doch noch immer »mit steifem Vorsatz« seine »Sauereyen«, und sein Leben lang wird er Freude daran haben.

Die nächste Station ist das berühmte Zisterzienser-Kloster Kaisheim, ein winziger, sehr reicher Klosterstaat mit fürstlicher Hofhaltung unter dem prachtliebenden Reichsprälaten Angelsprugger. Elf Tage ist Mozart hier Gast, und gewiß hat der mächtige Prälat, der von Leopold Mozart wiederholt als »großzügiger Liebhaber von Virtuosen« gerühmt wird, keinen dieser Tage vergehen lassen, ohne sich an dem Musikwunder zu entzücken.

Mozart triumphiert: »... daß ich mich aber unter die claße seiner favoriten zählen darf, wissen sie nicht ...« Von der Höhe der Honorierung schreibt er nichts. Das hat er sich schon lange abgewöhnt.

Aber von einer kleinen Nebensache erzählt er aus dem Klosterstaat: »... was mir am lächerlichsten vorkömmt, ist das *grausame* militaire – möchte doch wissen zu was? – nachts hör ich allzeit schreyen: wer da? – gieb aber allzeit fleissig antwort: schmecks!«

Und wieder einmal bringt er den Vater um seine Fassung, weil er ihm einen guten Organisten aus Augsburg empfiehlt für die Salzburger Hofmusik.

Ganz sicher üppig belohnt vom Reichsprälaten, kommt Wolfgang Mozart am 25. Dezember 1778 in München an, direkt aus Kaisheim, wieder im Gefolge des Kirchenfürsten und steigt ab »beym weberischen«, wo er wohnen wird.

Endlich ist er am Ziel.

In München zerbrechen alle Hoffnungen.

Kurfürst Karl Theodor will nichts von Mozart wissen, obwohl seine Freunde Cannabich und Raaf sich für ihn eingesetzt haben.

Aloisia weist ihn ab. Das hat ihr den Abscheu der Nachwelt eingetragen. Was ihre Eltern Mozart angetan haben, ist gar nicht zu ermessen.

Die Ankunft am Christabend wird ein Fest gewesen sein im Schoß der geliebten Familie Weber. Wie lange mag er sich am Ziel seiner Wünsche geglaubt haben?

Vom nächsten Tag an machen sie sich rar. Zwar wohnt er bei ihnen, doch scheint er im Wege zu sein; so verbringt er die meiste Zeit bei dem Flötisten Becke, wie dieser an Leopold Mozart schreibt.

Die grausame Wahrheit hat er wahrscheinlich erst am 29. Dezember erfahren. Die Folge ist ein Zusammenbruch bei Becke, der nach Salzburg schreibt: »... nur machte er mich selbst fast kleinmüthig: in den ich Ihme seit einer Stund kaum aus den Thränen bringen konnte ...«

»...denn heute kann ich nichts als weinen – ... ich habe ein gar zu empfindsames Herz;« schreibt Mozart dem Vater in seinem obligaten Neujahrsglückwunsch, und der Brief zeigt eine wirre, zerfetzte Schrift, Tränenspuren, heillose Verzweiflung:

»... habe mein lebetag niemal schlechter geschrieben als dießmal; denn ich kann nicht, – mein herz ist gar zu sehr zum weinen gestimmt! – ich hoffe sie werden mir bald schreiben und mich trösten .... glückseeliges neues Jahr! – mehr kann ich heute nicht zu wegen bringen!«

Der Salzburger Dienst – aus der Ferne ein Käfig zwar, doch ein heller Käfig mit offenen Türen nach München und Italien, ist nun zu einer eisernen Falle geworden.

Mozart will in München bleiben.

So wohnt er – erstaunlich genug – weiterhin bei den Webers. Für den Kurfürsten will er jetzt die längst geplante Messe komponieren, der Kurfürstin die ihr gewidmeten Sonaten überreichen und für Aloisia die in Paris begonnene Arie »Popoli di Tessaglia« fertigschreiben, sie mit ihr einstudieren und bei Hof damit brillieren.

Eines dürfte feststehen: Hätten die Webers ihn, wie Cäcilia Weber es zwei Jahre später in Wien tun wird, bei sich behalten, Mozart wäre in München geblieben.

Aber seine teuren Freunde können den armen Wicht, bei dem nichts mehr zu holen ist, diesen unansehnlichen Narren, der den Mund allzu voll genommen hat und nun froh sein muß, am glanzlosen Salzburger Hof unterzukommen, nicht gebrauchen. Sie schicken ihn nach Hause.

Am selben Tag, da die Arie (KV 316) für Aloisia fertig ist, kündigt Mozart dem Vater seine Heimkehr an.

An diesem Tiefpunkt seines Lebens erwähnt er die prachtvolle Rokoko-Suite der Kurfürstin in der Residenz, und selbstbewußt trumpft er auf:

»... sie ist hier logirt wie ich ganz gewis einmal logirt seyn werde – wie halt ein privat mensch recht hübsch und niedlich ...«, wobei unter »Privatmensch« ein vermögender, finanziell unabhängiger Mensch zu verstehen ist.

Ihm graut vor Salzburg.

Eine erbärmliche Heimkehr, wie sie erbärmlicher kaum vorstellbar ist.

Sämtliche Hoffnungen sind zu Staub geworden: Er hat keinen Dienst gefunden trotz großer Erfolge, hat enorme Schulden gemacht trotz hoher Einnahmen, er muß sich vor dem Erzbischof demütigen, anstatt sich an ihm zu rächen. Von der geliebten Aloisia und ihrer Familie ausgenutzt und dann fallengelassen, will niemand ihn mehr haben außer Vater und Schwester. Und die Mutter ist tot.

Leicht macht er es dem Vater nicht. Er kommt nicht als der verlorene Sohn, dem geholfen oder gar vergeben werden muß. Er, der weitgereiste, überlegene Kavalier, kommt aus der großen Welt herab in die Provinz – eine Gefälligkeit. Gereizt und unwirsch reagiert er auf des Vaters Drängen und spielt sich auf, nachdem er in München endgültig gescheitert ist und nachdem auch die Weberischen ihn lossein wollen:

»... mein intereße ... will ich ihnen aufopfern in der hofnung daß ich in Salzburg dopelt darfür werde belohnt werden.«

Verständnisvoller, zärtlicher, aufmerksamer kann man nicht empfangen werden als Wolfgang Mozart daheim von Vater und Schwester. Zur Sicherheit hat er sich noch geschwind sein Bäsle aus Augsburg als Begleitung eingeladen: bestimmt nicht nur, um aufgemuntert zu werden, sondern wohl aus dem instinktiven Wunsch, die endlich errungene Distanz zum Vater nicht zu gefährden durch das mit Wunden und Emotionen allzu belastete Wiedersehen.

»... du wirst deinen armen vatter kaum erkennen ...« Jetzt kann der Sohn sich davon überzeugen: Die vergangenen 16 Monate haben aus dem kraftvollen, stolzen Leopold Mozart einen verhärmten alten Mann gemacht. Wir kennen die beiden Portraits von 1765 und 1779.

Wird der Vater es fertigbringen, die schwierige Zukunft zu meistern – den Sohn trotz seiner partiellen Infantilität als erwachsenen Mann zu respektieren, ohne Bitterkeit, ohne Vorwürfe? Die fatale Reise hat das Ausmaß seiner Beeinflußbarkeit gezeigt, die Grenzen im Charakter seines Kindes, wo das Schwierige in das Zerstörerische übergeht. Wird es Leopold Mozart gelingen, ihn wieder einzugliedern in das geregelte Leben im engen Salzburg und ihm trotz aller Einschränkungen Unterhaltung, Glanz, Inspiration verschaffen können, die er so sehr braucht?

Etwa 1000 Gulden beträgt die Verschuldung; eine Summe, die Wolfgang Mozart auf seiner großen Reise mit wenigen Konzerten verdiente.

In Salzburg braucht es mehrere Jahre, um sie abzuarbeiten.

VII.

1779–81: SALZBURG UND »IDOMENEO« IN MÜNCHEN

Die 22 Monate zwischen Januar 1779 und November 1780, die Wolfgang Mozart noch in Salzburg leben wird, bevor er es für immer verläßt, sind wieder reich an Kompositionen, in denen er die Eindrücke der vergleichsweise ergebnisarmen Mannheim-Paris-Reise verarbeitet, unter der nicht nachlassenden Anregung und Bewunderung des Vaters, der dafür sorgt, daß die im Kopf fertigen Werke auch zu Papier gebracht werden.

»... komponirt ist schon alles – aber geschrieben noch nicht ...«, heißt es einmal in einem Brief. Mozarts Niederschreiben der Noten geschieht mit einer unfaßbaren Geschwindigkeit, es ist für ihn eine rein mechanische Tätigkeit, die ihn sein Leben lang entsetzlich langweilt und zu der er häufig gedrängt werden muß. Am einfachsten bringt man ihn dazu, wenn man sich in seiner Gegenwart über Belangloses unterhält, während er, aufmerksam zuhörend, seine Werke herunterschreibt. Dabei kann er sogar im Kopf ein neues Stück komponieren.

Nur lückenhaft erhaltene Tagebuchblätter der Nannerl Mozart mit häufig eingestreuten närrischen Eintragungen Wolfgangs zeigen in Umrissen, wie friedlich, gesellig und familiär erholsam – also ereignislos – diese Zeit fern der großen Welt verläuft. Sie können von ihren rund 1000 Gulden jährlich im bürgerlichen Rahmen sorglos leben – alle drei von außergewöhnlichem Fleiß – und brauchen sich kein Vergnügen, wie Maskenbälle, Redouten, Komödien zu versagen. Leopold Mozart sorgt durch bewußt langsames Abzahlen der Schulden dafür, daß sein Sohn, dieses Mann gewordene Kind, auf keine Geselligkeit verzichten muß.

Nannerl, inzwischen 28 Jahre alt, gilt als »regelmäßige Schönheit« und hat mehrere Verehrer. Einen liebt sie: den Hofkriegsrat und Direktor der Pagerie Franz Armand d'Ippold; und der Vater schickt ihn nicht fort, wie er es mit unerwünschten Freiern macht.

Der verliebte d'Ippold ist vermutlich der »fuchsschwanz«, von dem ihr Bruder Wolfgang an ihrer Stelle in ihr Tagebuch schreibt, daß er sich mit ihr in der Kirche trifft und daß er häufig zu Besuch ins Tanzmeisterhaus kommt: »...der fuchsschwanz von einem esel, den ich ganz abgegriffen hab und der Esel der mich geleckt hat...«

Zwei berühmte Schauspieltruppen gastieren nacheinander monatelang im Theater am Hannibalplatz, schräg gegenüber der Mozart-Wohnung, mit Aufführungen von Shakespeare, Lessing, Molière, Diderot, Goldoni und werden von drei theaterbesessenen Mozarts nahezu allabendlich besucht; für Wolfgang Mozart eine prägende Bühnenerfahrung. Sie haben freien Eintritt zu allen Vorstellungen, denn beide Theater-Direktoren, Johann Böhm und Emanuel Schikaneder, gehören zum Freundeskreis der Mozarts, bekommen von Wolfgang Kompositionen und werden von Leopold sogar in die Gesell-schaft der Bölzl-Schützen aufgenommen.

Johann Böhm ist der erste Theaterleiter, der eine Mozart-Oper, »La finta giardiniera«, mit seiner Wandertruppe überall aufführen und sein Leben lang verschiedene Mozart-Werke in seinem Repertoire haben wird.

Aus späteren Briefen geht hervor, daß einige der Mannheimer Freunde aus München zu Besuch gekommen sind. Leopold Mozart hat dazugelernt: hatte er es 1778 noch »erschröcklich« gefunden, daß Frau und Sohn unbefangen mit gottlosen Musikern verkehrten, so lädt er solche jetzt seinem Sohn zuliebe nach Salzburg ein; das sind gleichzeitig gute Gelegen-heiten für Akademien im Tanzmeistersaal.

Auch Elisabeth Cannabich ist mit ihren Kindern gekom-men; das war vielleicht im August 1779. Die Posthorn-Serenade (KV 320) könnte zu diesem Ereignis entstanden sein; erst recht aber die Sinfonia concertante (KV 364).

Der Kontakt zu den Webers ist offenbar abgebrochen. Nur einmal, unter dem Datum vom 12. September 1780, liest man in Nannerls Tagebuch eine von Wolfgangs Notizen: »... abend spatzieren. in der frühe geregnet. hüpsch wetter. Mon trés cher amy!« Da ist Fridolin Weber bereits seit zehn Monaten tot, am »stickfluss« (Schlaganfall) gestorben in Wien. Denn dort leben die Webers seit August 1779, weil Aloisia bereits nach einer Saison in München an die Deutsche Oper nach Wien engagiert wurde mit einem Jahresgehalt von 1.700 Gulden. Der einstige Baß, Notenkopist und Souffleur Fridolin Weber war nur mehr als Billettverkäufer unterzubringen, was er ohne Zweifel der Zielstrebigkeit seiner Frau Cäcilia verdankte, die stets und mit allen Mitteln dafür gesorgt hat, daß die Ihren unterkamen.

Seit Aloisias Fortgang ist der Weg frei für Mozarts Freunde in München, den Intendanten Graf Seeau erneut für den jungen Salzburger zu interessieren; doch dauert es noch bis zum Sommer 1780, bis sie ihn »wie Wax zusamm geschmolzen« haben und Wolfgang Amadé Mozart den Auftrag bekommt, für den nächsten Karneval in München die Festoper zu schreiben. Wie aus einigen Briefen hervorgeht, mußte er von dem üblichen Honorar von 450 Gulden erheblich heruntergehen.

Doch es war allerhöchste Zeit. Mozarts Ungeduld ist kaum mehr zu zügeln, seine Notizen in Nannerls Tagebuch werden immer verdrossener und entsprechen wohl seiner häufigsten Stimmung: »... das abscheulichste Wetter, nichts als gieß, gieß, gieß et caetera ...«

Und am Fronleichnamstag 1780:

»... den 25 ten um halb acht uhr zum Hagenauer die Pferde scheißen zu sehen ...«, wobei er einen zinnernen Kerzenleuchter aus dem Fenster auf die Prozession herabwirft und auch das im Tagebuch vermerkt.

Leopold Mozart wird die Entwicklung mit wachsender Sorge und Ratlosigkeit beobachtet haben. Die Salzburger Idylle ist auf Dauer unzumutbar für seinen Sohn. Auf ein Avancement zum Hofkapellmeister besteht keine Hoffnung, dafür ist sein launenhaftes Kind zu wenig geeignet. Von Italien kommt trotz vieler Bemühungen kein Opern-Auftrag, und kein Fürst beruft Wolfgang Amadé Mozart als Hof-Komponisten. Die Mannheim-Paris-Reise hat auch in dieser Hinsicht keine Früchte getragen.

Da kommt endlich der glühend ersehnte Opernauftrag: »Idomeneo«, und selig reist Mozart am 5. November mit der begonnenen Partitur nach München, um dort in einem intensiven Schaffensrausch die erste seiner Meisteropern zu komponieren und seine geliebten Mannheimer mit einer »Fülle von Mirakeln herauszufordern und zu verwöhnen« (Werner Burkhardt).

Der Enthusiasmus der Musiker für sein Werk, Mozarts Beliebtheit in der Münchner Gesellschaft, dazu die an diese Oper geknüpfte Hoffnung, doch noch in München angestellt zu werden – das alles versetzt ihn in eine fast permanente Hochstimmung. Er bewohnt anderthalb Zimmer in einem Privathaus nicht weit vom Cuvilliéstheater und hat »freie Tafel« in verschiedenen Häusern, offenbar ein Arrangement des Intendanten Graf Seeau als Ausgleich für das dürre Honorar.

Von Elisabeth Cannabich wird dem Vater wieder häufig und beinahe überschwenglich berichtet. Diese Monate in München nennt er später die glücklichste Zeit seines Lebens.

Der Briefwechsel zwischen Leopold und Wolfgang Mozart ist nicht nur eine bedeutende Dokumentation zur Entstehung des »Idomeneo«; er zeigt außerdem, daß es dem Vater tatsächlich gelungen ist, eine gute Beziehung zu seinem Sohn herzustellen: als sein Freund, Betreuer und bewundernder Kollege.

Es liegt eine Klarheit und Reife in diesen Briefen Wolfgang Mozarts, eine Konzentration auf Wesentliches, wie sie weder in seinen vorherigen Briefen noch in denen der Wiener Jahre zu finden ist. Die Verwirrung und der Übermut der Mannheimer Epoche sind vorbei wie auch die Verzagtheit und Sehnsucht seiner Briefe aus Paris. Und es ist bemerkenswert, wie wenig Geld er jetzt verbraucht: 15 Gulden reichen ihm wochenlang. Leopold Mozart bietet ihm sogar an, Geld zu schicken – allein, der Sohn braucht es nicht. Hier ist er unter »wahren« Freunden.

»... gehe ich ihnen nicht ab?« will er einmal vom Vater wissen.

Mit Graf Seeau hat er manche Zusammenstöße während der Opernproben, bei denen er, wie er schreibt, heftig und grob werden mußte, was wahrscheinlich seine Chancen, hier engagiert zu werden, nicht fördert – falls überhaupt Chancen bestanden.

An seinem 25. Geburtstag findet die Generalprobe des »Idomeneo« (KV 366) statt, und am 29. Januar 1781 ist Premiere.

Aus Salzburg kommen der Vater, die Schwester und verschiedene Freunde zu diesem Ereignis.

Die Kenner sind hingerissen von der Oper. Der Kurfürst, der schon bei einigen Proben zugehört hat, zeigt sich »ganz surpreniert« und lobt überall: »... noch hat mir keine Musick den Effect gemacht; – das ist eine Magnifique Musick. – –«

Als würde »Idomeneo« noch nicht ausreichen zum Beweis für den Kurfürsten, komponiert Mozart noch ein »Kyrie« (KV 341), das den Liebhaber von Kirchenmusik überwältigt haben müßte.

Die ersehnte Anstellung erfolgt dennoch nicht. Statt Wolfgang Mozart nimmt man den unbedeutenden Francesco Grua zum Vize-Kapellmeister, einen Schüler des Padre Martini aus Bologna, dieses einflußreichen Ratgebers vieler Hofkapellen, auf dessen Empfehlungen die Mozarts so lange und doch umsonst gehofft hatten.

Es wird ohnehin bald offenbar, daß die goldene Mannheimer Epoche sich in München nicht fortsetzen läßt. Hatte die verschwenderische Großzügigkeit des Kurfürsten Karl Theodor das kleine Mannheim in eine blühende Residenz für Künste und Wissenschaften verwandelt, so gedeiht in München außer der Musik in der Hauptsache die Maitressenwirtschaft, während das Volk wieder verelendet. Von 50 Bastarden Karl Theodors berichtet die Chronik.

Konstanze wird Jahrzehnte später dem Ehepaar Novello eine Begebenheit aus dem Sommer 1783 erzählen, als Mozart mit ihr in Salzburg zu Besuch war:

Sie sangen zusammen mit Leopold und Nannerl Mozart das Quartett ›Andrò Ramingo‹ aus »Idomeneo«.

»... Da wurde er von einer Gemütsbewegung so übermannt, dass er in Tränen ausbrach und das Zimmer verlassen mußte und es dauerte lange, ehe sie ihn beruhigen konnte ... er habe vielleicht das meiste aus »Idomeneo« geliebt, weil er mit letztem schöne Erinnerungen an die Zeit und die Umstände verband, unter denen er die Oper geschrieben hatte.«

Mozart weinte sehr leicht, wie wir aus vielen Briefen feststellen können, in dieser Epoche ohnehin nichts Außergewöhnliches bei Männern. Er weint aus Rührung, Mitleid, aus Wut und Erschütterung, Trauer und Freude und aus künstlerischer Begeisterung.

Eine Sängerin auf der Bühne »lockte mir öfters eine Zähre ab ...«; beim Lesen der väterlichen Schreiben bekennt er: »... das erste preßte mir thränen des schmerzens aus ...«; ein anderes »Thränen der freude ...«; auch später in Wien gibt es immer wieder Tränen.

Aber der Zusammenbruch 1783 in Salzburg, von dem Konstanze berichtet: »... und es dauerte lange, ehe sie ihn beruhigen konnte ...«, dürfte in seiner Gewalt dem Verzweiflungsausbruch entsprechen, den er nach Aloisias Abweisung erlitt (»... denn heute kann ich nichts als weinen ...«). Um Aloisia aber kann es sich im Zusammenhang mit »Idomeneo« und seiner glücklichen Münchner Zeit nicht handeln.*

---

*»Die Erschütterung ... entsprang ... vielleicht einer Erinnerung an bestimmte Umstände jener Zeit; weniger vielleicht eine Enttäuschung als ein Augenblick des Glückes, dem die Gegenwart oder die erahnte Zukunft nicht standhielt?« (Hildesheimer)

Für seine geliebten Freunde komponiert Mozart die »Gran Partita« (KV 361) für Bläser, bei deren Kantilene man wiederum an eine besondere Inspiration glauben möchte.

Das Kapitel Weber scheint abgeschlossen. Einmal noch ist von Aloisias beseelter Stimme die Rede im Vergleich mit einer Sängerin. Ob er weiß, daß sie im Herbst den berühmten Wiener Schauspieler Joseph Lange geheiratet hat?

Leopold Mozart muß darüber erleichtert gewesen sein. Aus Musikerkreisen dürfte er inzwischen so manches über diese Familie erfahren und überdies verschiedene Einzelheiten aus dem enttäuschten Heimkehrer herausbekommen haben, die ihm seine Ahnungen bestätigten über das erbarmungslose Spiel, das diese Leute mit seinem arglosen Sohn getrieben haben.

Doch das Verhängnis ist nicht aufzuhalten: Ausgerechnet nach Wien reist der Erzbischof von Salzburg für einige Monate mit großem Gefolge und bestellt Wolfgang Mozart direkt dorthin, um mit ihm zu glänzen in der musikbegeisterten Kaiserstadt. Seinen tüchtigen Vize-Kapellmeister Leopold Mozart aber läßt er zurück in Salzburg – vielleicht als eine Art Pfand, welches ihm die Rückkehr des genialen, aber schwierigen Sohnes garantieren soll.

VIII.

WIEN 1781/82: BRUCH MIT DEM ERZBISCHOF UND HOCHZEIT MIT KONSTANZE WEBER

Kaum angekommen in Wien, ist Mozart auch schon bei den Webers.

»Mon trés cher amy!« schreibt er am Tag nach seiner Ankunft nach Hause. Es ist das einzigemal, daß er seinen Vater so anredet, sonst schreibt er immer: »Mon trés cher Pére«.

Die Vermutung einiger Biographen, es handle sich um einen Wink an den Vater, daß er sich nun von ihm emanzipiert habe, scheint eher eine Frucht unserer Epoche als der Mozartschen zu sein.

Fridolin Weber ist tot, Aloisia verheiratet und bereits hochschwanger. Die Witwe Cäcilia Weber lebt mit ihren drei Töchtern Josepha, Konstanze und Sophie im 2. Stock des Hauses »Zum Auge Gottes«; vom Sohn ist keine Rede mehr.

Ihr Einfluß auf Wolfgang Mozart verrät sich zunächst in der typischen pfälzischen Anwendung von »als« in seinen Briefen: »... das ding ist ihm halt als zu Nobel«, spottet er über den Salzburger Geiger Brunetti, der sich nicht so selbstsicher auf dem Parkett der Wiener Aristokratie bewegt wie er; und ausweichend: »... ich habe izt als andere Gedancken ...«, denn der Vater hat ihn als erstes vor der Nähe der Weberischen gewarnt. Und wie damals in Mannheim erwähnt Mozart seinen Kontakt zu den Webers erst fast zwei Monate später, als es nicht mehr zu vermeiden ist: nachdem er, nicht zuletzt unter dem Einfluß der Witwe, seinen Salzburger Dienst aufgekündigt hat und als Untermieter in Kost und Logis bei ihnen wohnt.

Denn für Cäcilia Weber ist der arme Tropf, den sie vor zwei Jahren in München fortgeschickt haben, jetzt wieder attraktiv geworden: Wolfgang Amadé Mozart ist der aufsteigende Stern im Wiener Musikleben. Und die Weberin hat noch drei unverheiratete Töchter.

Gleich zu Beginn seines Wiener Aufenthaltes konzertiert der Hoforganist aus Salzburg, den die Wiener noch aus seinen früheren Jahren als Wunderkind kennen, beim russischen Botschafter Fürst Galitzin, beim Vize-Staatskanzler Graf Cobenzl, bei der Gräfin Rumbeke, die auch sofort seine Schülerin wird, beim Hofrat von Braun, dem alten Fürsten Colloredo und im Palais Schönborn.

Ebenfalls schon in der ersten Woche hat er eine der bedeutendsten Frauen des Wiener Musik- und Gesellschaftslebens kennengelernt, die bis zu seinem Tod seine Gönnerin bleiben wird: Gräfin Wilhelmine Thun, berühmt für ihren weiten und freien Geist, ihre Warmherzigkeit und ihren persönlichen Zauber; und für ihr – allen Großen der Epoche – offenes Haus.

Ihr gelingt es, »... alles Spiel und alles Geschnatter über Wetter, Comoedien und den lieben Nächsten von ihrer Unterhaltung zu verbannen«, so berichtet der junge Graf Stadion nach Hause.

Und Mozart schreibt dem Vater:

»...bey der gräfin Thun habe schon 2 mal gespeist, und komme fast alle tage hin – das ist die scharmanteste, liebste Damme die ich in meinem leben gesehen; und ich gelte auch sehr viel bey ihr – ...«

Bereits nach vier Wochen bespricht der Textdichter Stephanie von der Direktion des National-Theaters mit Mozart ein Projekt für eine Oper in deutscher Sprache: »Die Entführung aus dem Serail«.

In Wien, der prächtigen Kaiserstadt mit etwa 250.000 Einwohnern und rund 300 Adelshäusern, herrscht ein reiches, vielfältiges Musikleben. Etwa 50 Palais haben ein eigenes

Orchester, einige auch Privat-Theater. Hinzu kommt die Kaiserliche Hofmusik und die berühmte Oper im Burgtheater.

Das »Josephinische Jahrzehnt« hat,nach dem Tod von Maria Theresia, vor wenigen Monaten begonnen.

Zwar hat Joseph II. zum Wohl seiner Völker neben vielen Maßnahmen auch sein riesiges Privatvermögen der Staatskasse übergeben und drastische Sparsamkeit – »Ökonomie« – in der Hofhaltung eingeführt – nicht aber die Wiener Aristokratie, deren Interessen weiterhin fern vom sozialen Engagement in prunkvollen Festen, Jagdveranstaltungen, Feuerwerk und Schlittenfahrten und neben öffentlichen Opern- und Theaterbesuchen in einem exklusiven Musikleben mit privaten Soireen in ihren Palais liegen. Man wetteifert um die illustren Virtuosen, die Wien besuchen, und man liebt es, sie generös zu honorieren. Hier bieten sich dem jungen Mozart auch die größten Chancen, neben seinen Konzert- Auftritten einen festen Dienst für immer zu finden, in einer der zahlreichen prinzlichen oder gräflichen Kapellen oder in der Kaiserlichen Hofmusik.

»... ich versichere sie, daß hier ein Herrlicher ort ist – und für *mein Metier* der beste ort von der Welt«,

schreibt er begeistert nach Hause und versucht, den Vater allmählich für den Schritt zu gewinnen, den er in Wahrheit längst beschlossen hat – in Wien zu bleiben. Schon in München während der Schöpfung seines »Idomeneo« hatte er mit dem Gedanken gespielt, nicht mehr nach Salzburg zurückzukehren, auch dann nicht, wenn der Kurfürst ihm keinen Dienst anbieten sollte.

In Wien wird daraus sofort der feste Entschluß zu bleiben. Die Wiener Gesellschaft ist auf dem Gebiet der Musik so verwöhnt und anspruchsvoll wie keine auf der Welt – hier wirken Joseph Haydn, Gluck, Salieri, Bonno, Dittersdorf, Righini, Pleyel, Starzer, Vanhall, Koželuch, Mederitsch, Umlauf –

hinzu kommen die ständig durchreisenden zahllosen Komponisten und Virtuosen. Alles ist von hohem Rang: Theater, Oper, Konzerte – für Wolfgang Amadé Mozart Inspiration und Herausforderung zugleich. Brief für Brief versucht er seinen Vater zu überzeugen. Es gelingt nicht. Leopold Mozart bleibt ablehnend. So vernachlässigt Mozart seinen Dienst in der Wiener Residenz des Erzbischofs, ist unpünktlich, ungehorsam, läßt es auf einen Hinauswurf ankommen – vergeblich. Er wird gemaßregelt, aber nicht entlassen.

Er bestürmt den Vater:

»... ich habe die schönsten und nützlichsten Connaißancen von der Welt – bin in den grösten Häusern beliebt und angesehen – man erzeugt mir alle mögliche Ehre – und bin noch dafür bezahlt ...«

Das stimmt alles. Dennoch läßt Leopold Mozart sich nicht umstimmen. Das einzige, was ihn überzeugen und eine Kündigung rechtfertigen würde, ist eine feste Anstellung. Und damit kann sein Sohn auch in Wien nicht aufwarten. Will er sich etwa der Schande aussetzen, in dieser blühenden Kultur-Metropole als stellungsloser Musiker herumzulaufen?

Es ist nun einmal eine bittere Tatsache, daß außer dem Erzbischof von Salzburg noch keiner dem berühmten Wolfgang Amadé Mozart einen Dienst angeboten hat – und auch Colloredo scheint sich dabei mehr auf den Einfluß seines soliden Elternhauses zu verlassen. Leopold Mozart wird es auch nicht mehr erleben in den sechs Jahren bis zu seinem Tod, daß sein Sohn ein Engagement findet, obwohl er sich unablässig darum bemüht.

Aber Mozart will in Wien bleiben.

Anfang Mai wird die Rückkehr des Erzbischöflichen Gefolges befohlen. Die Karawane der Salzburger Hofkutschen reist in mehreren Etappen.

Mozart, der bereits bei den Weberischen wohnt – seinem

Vater gegenüber hat er noch nicht einmal den Kontakt zugegeben –, versäumt mehrere Abreisetermine, sträubt sich mit Ausreden, wird zum Erzbischof zitiert.

Es kommt zu einer heftigen Auseinandersetzung, in deren Verlauf Mozarts »geblüt zu starck in Wallung gebracht wurde ...«, wie er dem Vater berichtet. Der wird sich die Szene vorstellen können, er kennt seinen Sohn, wenn er vor Zorn außer sich ist, »in raserey« gerät, mit den Füßen stampft, sich auf dem Boden wälzt und tobt und schreit (»ich war so in Wuth daß ich mich nicht kannte...«)

Wir erfahren nur, wie der sonst kühle, beherrschte Erzbischof reagiert, der ihn als liederlich, verkommen, kindisch, verrückt und arrogant beschimpft (»... der liederlichste bursch, den er kenne...lumpen...lausbub...fex...Erz-hofärtig...«), was Mozart flugs zum Anlaß nimmt, sich gekränkt zu fühlen und den Dienst zu kündigen: »...ich – litte alles, empfand daß nicht allein meine Ehre sondern auch die ihrige dadurch angegriffen wurde – ..meine Ehre ist mir über alles, und ich weis, das es ihnen auch so ist. – «

Vor der fatalen Mannheim-Paris-Reise hat der Vater das genau wie sein Liebling empfunden, ihm stets recht gegeben, mit ihm gelitten und sich aufgeregt über die impertinente Welt, die seinem genialen Sohn zu nahe trat.

Jetzt nicht mehr.

Vor allem ein Satz wird ihn um seine Fassung gebracht haben:

»... – die alte Mad.^{me} Weber war so gütig mir ihr haus zu offriren – da habe ich mein hüpsches Zimmer; bin bey dienstfertigen leuten, die mir in allen was man oft geschwind braucht, und, wenn man allein ist nicht haben kann, an die Hand gehen ...«

Und nun beginnt ein intensiver, erbitterter Kampf zwischen Leopold Mozart und Cäcilia Weber um den Einfluß auf seinen

Sohn, den die Weberin Schritt für Schritt gewinnen wird. Wie viele schlaflose Nächte, vergebliche Briefe nach Wien dieser Kampf Leopold Mozart gekostet hat, ist kaum vorstellbar.

Als erstes schreibt er dem Grafen Arco, einem langjährigen Freund der Familie, der Wolfgang Mozart seit seiner Kindheit kennt, und der jetzt ebenfalls im Gefolge des Erzbischofs in Wien ist. Die Beziehungen zwischen beiden Familien sind herzlich und haben den Mozarts auf ihren früheren Europa-Reisen viele Kontakte vermittelt.

Graf Arco hat diese Vermittlung ungern übernommen, »... er versicherte mich aber, daß es ihm zu trauerig wäre, sich in diese Sache zu mischen«, bemüht sich aber Leopold Mozart zuliebe. Doch auch ihm gelingt es nicht, Mozart zur Heimkehr zu bewegen, auch mit ihm kommt es zu erregten Szenen, die damit enden, daß Graf Arco ihn einen Flegel nennt und mit Gewalt daran hindert, spontan, d.h. unangemeldet, zum Erzbischof hineinzulaufen, um sein Kündigungsschreiben endlich loszuwerden. So lautet Mozarts Darstellung – und dabei, behauptet er von Graf Arco einen Fußtritt bekommen zu haben.

»... mithin war kein ander Mittel als sich losreissen und lauffen – dann ich wollte für die fürstlichen Zimmer den Respeckt nicht verlieren ...«

Ob es ein wirklicher Fußtritt war, aus dem Mozart sich »losreissen« mußte oder ob es sich hier nicht um eine gängige Redensart handelt – erinnern wir uns an den Baron Grimm in Paris, der laut Mozart einen Fußtritt verdiente – jedenfalls beschwört er jetzt seinen Vater, nichts von dem zu glauben, was andere ihm über diesen Vorfall berichten, »... es sind schlangen, wippern ...«

Was Colloredo und Arco in Wien und Salzburg, Seeau in München, Grimm in Paris nach ihren jeweiligen Auftritten mit Mozart erzählten, ist nicht überliefert.* Doch Szenen hin, Auftritte her – der Erzbischof weigert sich bemerkenswerterweise, Mozarts Kündigung anzunehmen.

Nun setzt Leopold Mozart Brief für Brief seine ganze Überzeugungskraft und Autorität ein, um den Sohn von diesem Entschluß abzubringen, ihn aus dem Bann der Weberischen herauszuholen, zurück nach Salzburg unter seinen Schutz.

Er erinnert an deren Machenschaften in Mannheim und das böse Ende in München – doch alles ist vergebens. Die alte Faszination wirkt wieder wie damals, trotz aller Wunden, aller Scham und aller väterlichen Warnungen.

»... – was sie wegen den Weberischen schreiben, kann ich sie versichern, daß es nicht so ist ... glauben sie mir sicher, daß die alte Mad.ᵐᵉ Weber eine sehr dienstfertige Frau ist, und, daß ich ihr á proportion ihrer dienstfertigkeit nicht genug entgegen erweisen kann ...«

Bald wird er sie ganz ganz anders beurteilen und sich immer wieder empört bei seinem Vater über ihre Bosheit und Berechnung beklagen.

Daß der väterliche Einfluß rasch abnimmt, zeigt auch die veränderte Stimmung in seinen Wiener Briefen. In der Münchner »Idomeneo«-Zeit schrieb er ausgeglichen, das Verhältnis zum Vater zeigte zwanglose, freundschaftliche Offenheit.

Die Veränderung in Wien ist auffallend: Er schreibt oft fahrig, launenhaft, unaufrichtig, dünkelhaft, und er lästert viel über andere. »... sie wollen wissen, was in Wienn mit uns – aber hofentlich Eigentlich – mit mir vorgehet – denn die beyden andern zähle ich nicht zu mir.«

---

*Dieser unbewiesene »Fußtritt des Grafen Arco« hat den Ruf nach Sippenhaft derer von Arco zur Folge: »Für solche Handlungen sollte es eine Art negativen Adel geben, sichtbar wie ein Kainszeichen, das von Nachkommen nur durch gezieltes gegensätzliches Verhalten zu löschen wäre ...« (Hildesheimer).

Die »beyden andern« sind der Violin-Solist Brunetti, »der grobe und schmutzige Brunetti«, und der Castrat Ceccarelli aus der Salzburger Hofmusik. In München schrieb er nicht so anmaßend.

Und das egozentrische Kind tröstet seinen Vater: »... wenn sie wissen, das es mir gut geht, so können sie ia leicht den erzbischof seine Gnade entbehren; –«

Kam er in München wochenlang aus mit einem Minimum an Geld – es interessierte ihn überhaupt nicht –, so reichen in Wien die mindestens 1500 Gulden nicht, die er außer den wertvollen Galanterien in den ersten fünf Monaten eingenommen haben dürfte.

Im Kreise der Witwe Weber und ihrer drei Töchter fühlt er sich wohl. Ob sie, wie es in der Epoche in vielen Familien und in einfachen Gasthäusern noch üblich ist, alle zusammen aus einer großen Schüssel gespeist haben? Offensichtlich herrschen bei ihnen wieder die bewährten Mannheimer Zustände, bei denen man dem »cher amy« durch Bewunderung und muntere Geselligkeit, gewürzt mit sexuellen Anzüglichkeiten, durchzogen vom Gejammer über drängende Schulden und impertinente Gläubiger, die Gelder und Präsente aus den Taschen lockt.

In Wirklichkeit jedoch sind die Weberischen Finanzen recht stabil:

Sie leben nicht allein von ihrem Untermieter, auch Sophie verdient mit Kinderrollen am Burgtheater etwas Geld zur bescheidenen Witwenrente Cäcilias. Vor allem aber hat sich Joseph Lange vor seiner Heirat mit Aloisia vertraglich verpflichtet, seiner Schwiegermutter lebenslänglich eine Jahresrente von 700 Gulden zu zahlen, und er übernahm zusätzlich die Begleichung ihrer schon wieder erheblichen Schulden.

Das aber erzählen sie ihrem neuen Untermieter nicht: Dem

Vater berichtet Mozart über Aloisia, und am Jargon erkennen wir die Souffleuse:

»... – dieses Mädchen sass ihren Eltern auf dem hals als sie sich noch nichts verdienen konnte – kaum kamm die Zeit wo sie sich gegen ihre Eltern dankbar bezeugen konnte – der vatter starb noch Ehe sie einen kreutzer hier eingenommen – so verliess sie ihre arme Mutter, henkte sich an einen Comoedianten, heurathet ihn – und ihre Mutter hat nicht – *so viel* – von ihr. gott! – meine einzige absicht ist weis gott ihnen und uns allen zu helfen ...«

Wie sich die Texte gleichen! Schon wieder, wie in Mannheim, haben sie ihn mit ihrem Gejammer im Griff.

Grimmig verlangt der Vater von seinem Sohn die Begleichung der alten Schulden in Salzburg, bevor dieser erneut beginnt, die Webers zu retten.

Das alles wissen wir nur aus dessen Antworten, denn sämtliche Briefe Leopold Mozarts seit Wolfgangs Ankunft in Wien bis zu seinem Tod sind verschollen, ebenso eine erhebliche Anzahl von Briefen Wolfgangs an den Vater. Leopolds Briefe müssen konkrete Einzelheiten über die Niedertracht der Webers enthalten haben, präzise Summen, an denen man in Salzburg noch immer abzahlt. Konstanze Mozart hätte diese Briefe bestimmt nicht vernichtet, wenn sich Leopold Mozart in ihnen nur als eifersüchtiger Vater oder als grundlos schimpfender Griesgram gezeigt hätte; das wäre im Gegenteil eine Entlastung für sie selbst und ihre Familie gewesen.

Trotz aller Beteuerungen, dem Vater regelmäßig Geld von seinen stattlichen Verdiensten in Wien zu überweisen, wird Wolfgang Mozart es niemals schaffen, auch nicht bei seinen immens steigenden Einnahmen, auch nur den ersten großartig angekündigten Teilbetrag nach Salzburg zu schicken.

Bereits in der dritten Woche schrieb er aus Wien:

4.4.81:	»... bleib ich hier, so versichere ich sie, daß ich ihnen bald werde geld nach hause schicken können. – ich rede im ernst, und wo nicht, so komme ich zurück.« Danach:
9.5.81:	»... ich werde ihnen mit künftigem Postwagen etwas weniges von Geld überschicken, um sie zu überweisen, daß ich hier nicht darbe.«
19.5.81:	»Ich werde ihnen mit nächster gelegenheit ... etwas schicken um das bewuste zu bezahlen –«
2.6.81:	» – mit h. v.: zetti, mit demm ich schon gesprochen, werde ihnen *etwas* übermachen – für diesmal müssen sie schon mit wenigen Verlieb nehmen – ich kann ihnen nicht mehr als 30 dukaten (135 Gulden) schicken.«
9.6.81:	»der H.v: Zetti ist wieder vermuthen aus befehl so in aller frühe abgereist, daß ich ... das *bewuste* erst Morgen 8 tag mit dem Postwagen abschikken kann.«
16.6.81:	» – das Geld werde ich, wie sie mir geschrieben, übermachen .... – .... damit sie nicht glauben möchten, ich schickte ihnen vielleicht aus eigenutz nicht mehr als 30 dukaten (135 Gulden).«
4.7.81:	»wenn sie mir meine favorit uhr schicken, auch die kleine, ...«
25.7.81:	»... und die ausgaben gingen aber immer fort. – mithin konnte ich ihnen nicht mehr 30 dukaten schicken – aber 20 – weil ich mir aber hofnung gemacht wegen der souscriptions, so wollte ich warten, um ihnen die versprochene Summa schicken zu können.«
5.9.81:	»... daß sie, mein liebster vatter, noch kein geld von mir bekommen, ist gewis meine schuld nicht, sondern die dermalige üble Saison. – haben

sie nur gedult. – ich muß sie ja auch haben. – ich
werde sie bey gott nicht vergessen! – ...«

Und schon sind die Umstände schuld: die Sommersaison,
in der die vornehmen Wiener auf ihre Landsitze fahren.
Freilich: Konzerte, Opern, Theater gehen den ganzen Sommer
hindurch weiter; die Theaterferien sind im Winter, in der
Fastenzeit zwischen Aschermittwoch und Ostern. Und zu
den bedeutenden gesellschaftlichen Ereignissen wie Soupers,
Serenaden, Akademien oder Opern-Premieren fährt man
selbstverständlich hinein in die Stadt. Denn die meisten
Sommersitze der Noblesse befinden sich nicht am Comer See,
in Ungarn oder Tirol, sondern in unmittelbarer Nähe Wiens,
also wie der Prater mit der Kutsche in 20 Minuten erreichbar.
Die Fürsten Schwarzenberg, Lichnowsky, Liechtenstein, Dietrichstein und viele andere haben ihre »Gartenhäuser« am
Rennweg, in der Ungargasse, auf der Landstraße, in der Rossau
und an anderen Straßen, die heute mitten in Wien liegen.
Häufig wird Mozart zum Musizieren hinausbestellt auf die
verschiedenen Sommersitze, allein im Juli 1781 einige Male auf
den Reisenberg zum Grafen Cobenzl. Eine der Ausnahmen
ist Fürst Nikolaus Esterházy »der Prachtliebende«, Joseph
Haydns Dienstherr, dessen Sommerresidenz Schloß Esterháza
in Ungarn liegt.
»... für diesmal müssen sie schon mit wenigen Verlieb
nehmen – ...« diese 135 Gulden, die er als »wenig« bezeichnet,
auch wenn sie nie nach Salzburg gelangen, werfen ein deutli-
ches Licht auf seine Einnahmen in Wien schon in den ersten
Wochen. An fehlenden Überbringern kann der Geldtransfer
wahrhaftig nicht gescheitert sein, denn die zahlreichen Salzburger Freunde und Bekannten, die ihn ständig in Wien besuchen oder die er in den Wiener Salons trifft, besorgen allerlei
Sendungen zwischen Vater und Sohn.

Als die erwähnten Subskriptionen seiner sechs Sonaten für Klavier und Violine (KV 296, 376-380) im November anstatt bei ihm selbst beim Verleger Artaria erscheinen, hat der nachsichtige Vater offenbar längst aufgehört, seinen Sohn mit diesem peinlichen Thema weiter zu quälen.

Aber Leopold Mozart will schuldenfrei sterben. Er ist jetzt 62 Jahre alt. Viel mehr als die Hälfte der Mannheim-Paris-Kredite wird er bisher kaum abgezahlt haben. Für Nannerl ist auch nicht gesorgt – in ihrer Epoche die Pflicht der Männer – also des Bruders, wenn kein Vater und kein Gatte da sind. So nimmt Leopold Mozart zahlende Musikschüler aus München in Kost und Logis bei sich auf: Sohn und Tochter des hochangesehenen Theaterdirektors Marchand. Die Webers kennen die Familie aus Mannheim und München. So verrät sich auch hier wiederum Cäcilia Webers Einfluß, als Wolfgang dem Vater schreibt:

»Nun muß ich nur noch geschwind vom Marchand schreiben, so viel ich weis; – der kleinere hat wenn ihn sein vatter bey tisch Corrigirt hat, ein Messer genohmen und gesagt; hier sehen sie, Papa; wenn sie nur ein wort sagen, so schneid ich mir den finger wurz ab, und da haben sie mich als einen krippel und müssen mir zu fressen geben. – und beyde haben öfters schlecht von ihren vattern bey den leuten gesprochen. sie werden sich wohl der Mad.selle Boudet erinnern die im hause ist – Nu die sieht der alte gern. – und da sprachen die 2 Buben infam davon. – dieser Hennerle als er 8 Jahre alt war sagte er zu einem gewissen Mädchen – in ihren Armen würde ich freylich besser schlafen, als wenn ich wach werde, und habe dafür das kopfkiss. – er machte ihr auch eine förmliche liebes erklärung und heyrathsantrage mit dem beysatz,; itzt kann ich sie freylich nicht heyrathen, aber wenn mein vatter tod seyn wird, da bekomme ich geld, denn er ist nicht leer, und da wollen wir recht gut zusamm leben. unterdessen wollen wir uns lieben, und ganz unsere liebe genüssen; denn, was sie mir izt erlauben, dürfen sie mir hernach nicht erlauben. – ich weis auch daß in Mannheim kein Mensch mehr seine buben hingelassen hat, wo des Marchands seine warn – denn sie sind erwischt worden wie sie sich selbst aneinander – – – geholfen haben. übrigens ist es sehr schade um den Burschen – und sie mein vatter glaube ich werden ihn ganz umwenden können. denn – der vatter und Mutter Comoediant – den ganzen tag hören sie nichts als von liebe, verzweiflung, Mord und tot reden, und laut lesen: der vatter ist dann auch für sein alter ein wenig zu schwach – mithin ist kein gutes Exempl da.«

Eine scharfe Reaktion Leopold Mozarts scheint die Folge zu sein – in Zukunft jedenfalls erwähnt sein Sohn die Marchands stets mit Freundlichkeit und Achtung.

Leopold Mozart weiß, daß sein Sohn nicht allein leben kann, daß er ein geselliges, familiäres Zuhause braucht. Aber seine Bemühungen, ihn unter gebildete, angesehene Menschen zu bringen, wie die Familien v. Heufeld, die des berühmten Arztes Dr. Mesmer, mit denen die Mozarts seit ihren frühen Wien-Reisen befreundet sind, oder die des Hofbeamten Dr. v. Auernhammer, scheitern.

Der Ton, in dem sein Sohn über die Familie Auernhammer herfällt, vor allem über die 23jährige Tochter, seine Klavierschülerin, läßt keinen Zweifel über das Niveau der Fröhlichkeit im Hause Weber:

»– und habe noch keine einzige Person dort angetrofen, die so viel Werth wäre, daß ich sie auf dieses Papier hersetzte. – übrigens gute leute, und sonst weiter nichts; – leute die vernunft genug haben einzusehen wie nützlich ihnen meine bekantschaft für die tochter ist ... von der Tochter also; wenn ein Maler den Teufel recht natürlich Malen wollte, so müste er zu ihrem gesicht zuflucht nehmen. – sie ist dick wie eine bauerdirne, schwizt also daß man speien möchte; und geht so bloß

– daß man ordentlich lesen kann. – *ich bitte euch schauet hier her*; das ist wahr, zu sehen ist genug daß man blind werden möchte; aber – man ist auf den ganzen tag gestraft genug wenn sich unglückseeligerweise die augen darauf wenden – da braucht man Weinstein! – so abscheulig, schmutzig, und grauslich! – pfui Teufel! – Nun, ich habe ihnen geschrieben, wie sie clavier spiellt. – ich habe ihnen geschrieben, warum sie mich gebeten, ihr beyzustehen. – mit viellen vergnügen thue ich leuten gefälligkeiten, aber nur nicht Secchiren. – sie ist nicht zufrieden wenn ich 2 stund alle tage mit ihr zubringe; ich soll den ganzen tage dort sitzen. – und da will sie die artige machen! – aber wohl noch mehr; sie ist serieusement in mich verliebt – ich hielte es für spass, aber nun weis ich es gewis; – als ich es merkte – denn, sie namm sich freyheiten heraus – zum beyspielle. – mir zärtliche vorwürfe zu machen, wenn ich etwas spätter kamm als gewöhnlich, oder mich nicht lange aufhalten konnte, und dergleichen sachen mehr, – .... sie wurde aber noch immer verliebter ...«

Ob Aloisia Weber sich in gleicher Weise über Mozart mokiert hat, als er in Mannheim und München um sie warb? Hier offenbart sich auch, wie sehr den 25jährigen seine mangelnde erotische Attraktivität beklemmen muß, daß er es fertigbringt, wie ein 13jähriger Flegel eine Frau zu verhöhnen. Wie man sieht, ist es noch weit zum Kavalier.

Im übrigen widmet Mozart dieser Josepha v. Auernhammer seine in wenigen Wochen bei Artaria erscheinenden Sonaten; er konzertiert sehr häufig öffentlich mir ihr, und die musikalische Freundschaft hält bis zu seinem Lebensende. Denn Josepha v. Auernhammer ist trotz ihres Übergewichtes eine hervorragende Konzertpianistin.

Lockere Geselligkeit, Freiheit, Triumphe, Glanz und Inspiration in Wien, aber Kummer, Zorn und schlaflose Nächte in Salzburg.

In der Heiligen Dreifaltigkeitskirche liegen Leopold und Nannerl Mozart wieder auf den Knien und erflehen die Hilfe des Allmächtigen. Nannerl ist wie immer zur Passivität verurteilt, obwohl es diesmal nicht allein um die finstere Stimmung daheim und um ihre Versorgung geht; sondern jetzt geht es um ihr Liebesglück.

Sie ist dreißig Jahre alt. Franz Armand d'Ippold, der seit Jahren um sie wirbt, will endlich heiraten. Die Zustimmung ihres Vaters hat sie – eine unverzichtbare Voraussetzung in einem Zeitalter, in welchem die Ehen von den Eltern arrangiert werden. Das magere Gehalt des Salzburger Hofmeisters der Edelknaben reicht nicht hin, um Frau, Kinder und Dienstboten standesgemäß zu erhalten. Nannerl hat keine Mitgift, vorläufig, weil erst einmal die Schulden der Mannheim-Paris-Reise abgezahlt werden müssen.

Franz Armand d'Ippold schreibt an Mozart nach Wien. Der Brief ist verschollen.

Nannerl Mozart erkrankt.

Der Bruder in Wien kann ihr jetzt nicht helfen:

»... weil die zeit noch nicht da ist, wo ich dich mit *mehrer Gewisheit* trösten konnte – doch – ich hoffe sie wird gewis kommen ...« schreibt er.

Einige Monate später, im Februar 1782, bittet sie noch einmal, sie nicht zu vergessen, und der Bruder, der in diesem Winter schon riesige Einnahmen hat – jede Woche wenigstens 200 Gulden –, antwortet emphatisch:

»... liebste schwester! – wenn du glaubst daß ich Jemals meinen liebsten, besten vatter und dich vergessen könne, so – – doch still! gott weis es, und das ist mir beruhigung genug; – der soll mich straffen, wenn ich es kann! ...«

Daß ihr Bruder sie im Stich läßt, ist grausam, undankbar, lieblos – aber niemals hat seine Schwester ihm das verübelt. Sie kennt seine Herzensgüte, seine Anhänglichkeit und seine

Hilfsbereitschaft. Aber sie weiß auch, daß er vollständig unter der Kontrolle der Weberischen ist.

Daß aber Cäcilia Weber ihren »Retter« nicht mehr auslassen wird, solange der so prächtig Geld verdient und einiges vom Glanz der vornehmen Welt in ihr Quartier bringt, das können Nannerl und Leopold Mozart sich vorstellen.

Der nächste Schritt, die Verkuppelung mit der 19jährigen Konstanze, gleicht einer Wilhelm-Busch-Farce. Geschichten von Wilhelm Busch sind niemals komisch. Wenn aber Wolfgang Amadé Mozart der Tölpel ist, der von den anderen hereingelegt wird, dann ist es fürchterlich.

Als er, auf unablässiges Drängen seines Vaters, nach vier Monaten bei den Webers ausgezogen ist und auf dem Graben wohnt – in Wahrheit bleibt er im selben Haus mit ihnen, einem Eckhaus mit zwei verschiedenen Adressen, womit der Vater abermals getäuscht wird –, da ist er mit Aloisias älterer Schwester fester verbunden, als er selbst ahnt oder gar wünscht.

Den kursierenden Gerüchten, er werde Konstanze Weber heiraten, die, vermutlich von der zielstrebigen Mutter ausgestreut, bereits im Juli bis Salzburg gelangt sind und den Vater alarmieren, begegnet Mozart mit Unwillen und Herablassung:

»... wenn ich mein lebetag nicht aufs heyrathen gedacht habe, so ist es gewis izt! ... ich will auch nicht sagen daß ich im hause mit der mir schon verheyratheten Mademoiselle trotzig seye, und nichts rede – aber verliebt auch nicht; – ich Narrire und mache spaß mit ihr, wenn es mir die zeit zuläst – und das ist nur abends wenn ich zu hauß soupire – ... und also – sonst weiter nichts; wenn ich die alle heyrathen müsste, mit denen ich gespasst habe, so müsste ich leicht 200 frauen haben. –«

Das klingt glaubhaft. Noch ist ihm, wie er kurz zuvor seinem Vater schrieb, Aloisia nicht gleichgültig; gerade hat er drei Konzertarien für Sopran komponiert. Er fühlt sich sicher bei den vier Weberinnen, weil lustige Tändeleien und Neckereien noch keinen Mann zur Ehe gezwungen haben – das hat er in Salzburg unter seines Vaters wachsamen Blicken oft genug gemacht, erst recht aber in Mannheim im Kreise der Musiker um Cannabich und Wendling – ohne daß er gerüchteweise verheiratet wurde. Mit Aloisia Weber jedoch hat er damals weitaus intensiver getändelt und sie so stürmisch umworben, daß ganz Mannheim über seine Leidenschaft redete – ohne daß Cäcilia Weber sich um den Ruf dieser Tochter gesorgt hätte –, ganz zu schweigen von seiner deftigen Affäre mit dem Bäsle, die bis Salzburg gedrungen ist und keinerlei Sorgen um eine Eheverpflichtung auslöste. Und da soll er sich jetzt in acht nehmen, bloß weil er mit Konstanze Weber scherzt, und auch das ausschließlich in der Weberischen Wohnung?

Ausgerechnet Konstanze, die den Haushalt besorgt – die beiden anderen Schwestern haben Gesangunterricht – die banale Konstanze, die ohne Geist und Phantasie, sich in keiner Weise mit ihrer schönen, berühmten Schwester messen kann, weder so reizvoll noch so begabt wie diese? Was an ihr könnte Mozart inspirieren?

Schon vor vier Jahren schrieb Leopold Mozart nach Mannheim, als er seinen Sohn vor schlechter Gesellschaft warnte und von den Weberischen noch keine Ahnung hatte:

»Vom Frauenzimmer will ich gar nicht einmal sprechen, denn da braucht es die grösste Zurückhaltung und alle Vernunft, da die Natur selbst unser feind ist, und wer da zur nötigen Zurückhaltung nicht aller seiner Vernunft aufbiethet, wird sie alsdann umsonst anstrengen sich aus dem Labyrinth herauszuhelfen; *ein Unglück, das sich meistens erst mit dem Todt endet.* Wie Blind man aber oft durch anfangs nichts zu bedeuten habende Scherze, Schmeicheleyen, Spasse elcelc:

anlauffen kann, darüber sich die nach der Hand erwachende vernunft schämt, magst Du vielleicht selbst schon ein wenig erfahren haben ...«

Leopold Mozart ist stets davon ausgegangen, daß sein Sohn – wie er selbst, wie jedermann in der Epoche – gesellschaftlich aufsteigen will; nicht allein des Geldes wegen, sondern weil jede höhere gesellschaftliche Stellung automatisch mehr Freiheit und mehr Schutz bietet. Die geltende Rechtsprechung unterscheidet scharf zwischen den Vergehen eines gemeinen Soldaten oder Hofbediensteten und denen eines Kavaliers. Deshalb hat Leopold Mozart sich bemüht, seinen Sohn so zu erziehen, daß er eines Tages als Hofkapellmeister – fern vom untergeordneten, dienenden Künstlertum – in der Schicht der einflußreichen, gebildeten Menschen lebt, die Geist haben oder zumindest Stil.

Hierfür scheint der im gesamten europäischen Musikleben angesehene Christoph Willibald Gluck, von dem es heißt, er besäße »Welt und Lektüre«, das häufig in den Briefen erwähnte Vorbild zu sein. Auch den Kreis der Münchner Musiker um Cannabich mit ihren guten Kontakten zum Hof hätte Leopold Mozart gern für seinen Sohn akzeptiert.

Im Josephinischen Wien kann ein Musiker bereits in die Aristokratie hineinheiraten. Mozarts Kollege, der böhmische Komponist und Klaviervirtuose Koželuch, seit zwei Jahren Musiklehrer am Kaiserhof, heiratet 1782 eine reiche Adelige.

Sollte nicht seinem Sohn, der in den ersten Häusern von Wien konzertiert, der so empfänglich ist für Schönheit, Geist und Grazie, der krasse Kontrast zu den ordinären Webers die Augen öffnen?

Genau dasselbe denkt vermutlich auch Cäcilia Weber. Als der von ihr mütterlich umsorgte »cher amy« auch nach sechs Monaten nichts als vergnügt mit ihrer Tochter weiterscherzt und man trotz der ständigen Anspielungen und rundherum ausgestreuten Gerüchte nicht weitergekommen ist, endet ihre Geduld.

So kommt es, daß der hellsichtige Vater aus der Ferne die Situation überschaut, ohne die Weberischen überhaupt zu kennen, während das Opfer wieder einmal alles besser weiß und prompt in die aufgestellte Falle läuft.

»... haben sie immer vertrauen auf mich, denn ich verdiene es ...«, antwortet er im September auf seines Vaters Warnungen. Zwei Monate später ist er überrumpelt. Die bisher »gütige, dienstfertige« Madame Weber hat Daumenschrauben angesetzt. Dabei ist sie schlau genug, nicht Mozart direkt zu bearbeiten; Konstanze, die den Haushalt führt, wird in seiner Gegenwart von Mutter und Schwestern schikaniert, so daß das weiche Herz des Freundes erschrocken höher schlägt, bis er aus Mitleid und Rührung zum Liebenden wird.

»... die Marterin ...« nennt er sie und bittet den Vater um seine Zustimmung, »... daß ich diese arme erretten darf ...«

Auch der Drang zum »Helfen« und »Retten« bei der Partnerwahl ist bekanntlich ein Ersatz für fehlendes erotisches Selbstbewußtsein, und was der lustigen, koketten, ihn so fürsorglich bedienenden Konstanze in einem halben Jahr nicht gelang, das schafft das weinende, geschundene Aschenputtel in wenigen Wochen. Und schon steht der Vormund da mit einem Vertrag – »... weil ich mich nicht so deutlich explicirte, als er es gewollt ...« – der Mozart zwingt, sie binnen drei Jahren zu heiraten oder ihr eine lebenslange Jahresrente von 300 Gulden zu zahlen. Man sieht, bei den Weberischen wird in jeder Lebenslage an Geld gedacht.

Eine Rente – wofür?

Keine Verführung, sondern nichts anderes als Konstanzes durch den Umgang mit Mozart angeblich lädierter Ruf soll ihr die Lebensrente bringen.

»... mein ganzer umgang bestund darinn, daß ich – dort

wohnte – und nachhero alle tage ins hauß kamm. ausser dem hause sah mich kein Mensch mit ihr. –«, schreibt er selbst.

Und doch unterschreibt Wolfgang Mozart. Vor der Unterschrift hat er sich noch »Parole d' honneur« geben lassen, daß sie nichts von diesem beschämenden Kontrakt weitererzählen – vor allem sein Vater darf auf gar keinen Fall davon erfahren –, für Menschen von Distinktion ohnehin eine Selbstverständlichkeit.

Und wieder zeigt sich die niedrige Gesinnung dieser Leute, zeigt, wie wenig sie Wolfgang Mozart achten; rücksichtslos setzen sie sich über ihn hinweg – Ehrenwort hin, Ehrenwort her – und sorgen für rasche Verbreitung dieses »Antrags« –, und schon weiß es Leopold Mozart in Salzburg.

Der verlangt Auskunft. Sein Sohn leugnet zunächst, dann kommt alles heraus: »… indemm niemand mehr dabey gequält war als ich selbst …«

Seine Absicht, Konstanze Weber zu heiraten, unterbreitet er als eine unumgängliche Entscheidung, die jedoch nicht ohne Vorteil sei:

»Mon Trés cher Pére … es ist wahr, sie werden es mir selbst gestehen, dass es kein grosses glück ist, was ich da mache, aber …«

Das schrieb Mozart vor vier Jahren aus Paris, als er sich bereit erklärte, in Salzburger Dienste zurückzukehren. Und dasselbe Resignieren, Sich-in-die-Umstände-Fügen atmet dieser Brief vom 15. Dezember 1781, in dem er seinem Vater mitteilt, daß er heiraten will. Es ist ein langer Brief voll Vernunft, voller wohlerwogener Argumente für den Ehestand. Keine selige Verliebtheit, kein Feuer der Leidenschaft drückt sich hier aus, so wie in seinen früheren Briefen mit den überwältigten Passagen über Aloisia und über Elisabeth Cannabich – hier beschreibt ein Beschützer voll Rührung sein armes, eher unansehnliches Mündel.

»... sie ist nicht hässlich, aber auch nichts weniger als schön. – ihre ganze schönheit besteht, in zwey kleinen schwarzen augen, und in einen schönen Wachsthum. sie hat keinen Witz, aber gesunden Menschenverstand genug, um ihre Pflichten als eine frau und Mutter erfüllen zu können. sie ist nicht zum aufwand geneigt, das ist grundfalsch. – imgegentheil ist sie gewohnt schlecht gekleidet zu seyn. – denn, das wenige was die Mutter ihren kindern hat thun können, hat sie den zwey andern gethan, ihr aber niemalen. – das ist wahr daß sie gern Nett und reinlich, aber nicht propre gekleidet wäre. – und das Meiste was ein frauenzimmer braucht, kann sie sich selbst machen, und sie frisirt sich auch alle Tage selbst. – versteht die hauswirthschaft, hat das beste herz von der Welt – ich liebe sie, und sie liebt mich vom herzen? – sagen sie mir ob ich mir eine bessere frau wünschen könnte? – ... denn so wie ich sie ihnen beschrieben, so ist sie – um kein haar besser, noch schlechter ...«

Und drei Tage nach der Hochzeit: »... ein gutdenkendes, rechtschaffenes, tugendhaftes, und gefälliges Weib ...«

Leopold Mozarts Bestürzung kann man sich vorstellen. »... ökonomisch, reinlich ...«, derartige Trivialtugenden, die sich im Zeugnis einer Dienstmagd gut machen, haben seinen Sohn Wolfgang noch niemals hingerissen; und die vernünftelnden Argumente zu diesem Schritt, mit denen er sich selbst überzeugen muß, verraten den Zwang, unter dem er gehandelt hat.

Wieder einmal beteuert er, »wirklich hofnung« auf eine feste Anstellung zu haben, und wieder einmal macht er die Rechnung ohne Frau Weber, als er versichert, daß »... ich in meinem 26ten Jahre nicht so dumm seyn werde so im tage hinein zu heyrathen, ohne etwas gewisses zu haben«.

Bereits einen Monat später drängt er selbst auf schnellste Heirat und bittet den Vater um seine Einwilligung – keine juristische, aber eine gesellschaftliche Notwendigkeit in einem

Zeitalter, in dem man nicht ohne den kirchlichen wie auch den elterlichen Segen heiratet, will man nicht als ausgestoßen gelten.

»... ich muß sie sobald als möglich erretten ...«

Leopold Mozart im fernen Salzburg ist außer sich über den Mißbrauch seines Sohnes und nennt die Sache bei ihrem Namen: Kuppelei.

»Liebreich und wohlmeinend« beklagt er sein einfältiges, in die Enge getriebenes Kind und verlangt den Namen des Vormundes. Und selbstverständlich verweigert er die Zustimmung zu dieser erpreßten Verbindung.

Der Vormund heißt Johann Thorwart und ist Leiter der Theater- und Opernkassen am Burgtheater. Eine zwielichtige Figur, die wegen »sonderbarer Gepflogenheiten« (Da Ponte) bei den Abrechnungen der Theater-Einnahmen von Joseph II. entlassen wird, dann wieder eingestellt, weil unentbehrlich in der Administration, später, als die Delikte weitergehen, für immer davongejagt. Dieser Mann ist Cäcilia Webers Berater und Vormund ihrer Töchter.

Leopold Mozart rüstet zu einer Reise. Aber er fährt nicht nach Wien, um die unpassende Braut dazu zu überreden, freiwillig auf den Geliebten zu verzichten. Denn die Braut ist nicht die Kameliendame und lebt auch nicht in deren Sphären, sondern sie heißt Konstanze Weber und ist eher auf dem Boden von Johann Nestroy zu Hause.

Leopold Mozart reist nach München. Man kann annehmen, daß die unseligen Verstrickungen seines Sohnes in die Weberischen Pläne der Anlaß sind, um mit dessen Mannheimer Freunden über einen Ausweg zu beraten oder deren Einflußnahme zu erbitten. Jedenfalls scheint er in München peinliche Details über die Familie Weber oder auch Konstanze selbst erfahren zu haben – jetzt fehlen auch die Antwortbriefe des Sohnes an den Vater: zwischen 30. Januar und 23. März 1782.

Doch was auch immer in den vernichteten Briefen gestanden haben mag, Mozart will seine Konstanze rasch »... befreyen ... denn das arme mädchen wird sammt meiner zu tode gequält ...«

Man kann sich vorstellen, daß dieses geschilderte Martyrium, das die jetzt bösartige, keifende, ständig alkoholisierte Weberin ihrer Tochter bereitet, keineswegs Leopold Mozarts Abscheu gegen eine Verbindung lindert.

Cäcilia Weber aber hat allen Grund zur Verschärfung ihrer Maßnahmen, damit Konstanze rasch unter die Haube kommt: Ab 30. August 1782 wird ein neues Gesetz gültig, das Joseph II. erlassen hat, das »Verlöbnispatent«, in welchem Eheversprechen als »Gänzlich aufgehoben« erklärt werden.

Und eines hat die Alte erkennen müssen:

Der kleine Mozart ist zwar Wachs in ihren Händen, läßt sich aufstacheln gegen alle möglichen Leute, läßt sich die Gelder aus den Taschen ziehen, läßt sich erpressen und sogar verloben – aber heiraten ohne den väterlichen Segen, das tut er nicht.

Nicht einmal Konstanzes Krankheit hat ihn dazu vermocht – sie hat ihn lediglich veranlaßt, ein Gelübde zu tun, daß er im Falle der Heiratserlaubnis seines Vaters eine Messe (die spätere unvollendete c-Moll-Messe KV 427) komponieren und diese in Salzburg aufführen werde.

So eskalieren die Szenen im Hause Weber im Laufe des Sommers 1782 zum Skandal. Als keine Tränen, Schikanen, Krankheiten zum Ziel führen, muß zum Äußersten geschritten werden: Die Braut wird in sein Bett getrieben.

Das geht ganz einfach: Mozart darf das Weberische Haus nicht mehr betreten, Konstanze flüchtet vor der Wut der Mutter direkt in seine Wohnung – geschafft. Cäcilia Weber droht zwar, sie mit der Polizei herausholen zu lassen – indessen bestellt der Vormund schon das Aufgebot.

Mozart schreibt noch einen verschreckten Hilferuf an seine Gönnerin und Klavierschülerin, die Baronin Waldstätten, »... uns armen geschöpfen an die hand zu gehen ...« – dann wird geheiratet: am 4. August 1782 im Dom zu St. Stephan.

Aloisia und Joseph Lange sind nicht dabei. Den nun umgehend erfolgten väterlichen Segen hat Mozart erzwungen mit der Nachricht von der vollzogenen Vereinigung, er kommt jedoch infolge der überstürzten Hochzeit einen Tag zu spät an.

In Nissens Mozart-Biographie macht die Witwe Konstanze daraus eine Entführung und eine heimliche Hochzeit gegen den Willen ihrer Mutter.

Wieder einmal tabula rasa?

Nicht bei Leopold und Nannerl Mozart.

Sie werden ihn weiter lieben und bewundern und nichts auf ihn kommen lassen. Sie werden weiterhin alles für ihn tun, was im Rahmen ihrer Möglichkeiten liegt: ihm immer Briefe schreiben, Pakete schicken, die gewünschten Noten, Salzburger Leckerbissen, des Papas Faschingsdomino; Leopold Mozart wird Partituren für ihn kopieren lassen und beständig wichtige Kontakte für ihn pflegen mit Verlegern, Auftraggebern, Theaterdirektoren.

Nur eines scheint der Vater im klargemacht zu haben: Für seine finanziellen Eskapaden und Schulden kommt er in Zukunft nicht mehr auf.

Das sollen von nun an die Webers tun.

IX

In diesem an persönlichen Spannungen überreichen ersten Wiener Jahr hat sich Mozarts Aufstieg zu »Ruhm, Ehre und Geld« vollzogen. Wie fast überall, wo er bisher angekommen war, eröffnen sich ihm auch in Wien sogleich außerordentliche Chancen.

An Kompositionen ist das erste Wiener Jahr für seine Verhältnisse arm – abgesehen von den beiden ersten Akten der »Entführung« schreibt er nichts als einige Sonaten, Arien, eine Serenade.

Dafür macht er Furore als Klavier-Virtuose, so daß er wegen der blendenden Einnahmen jede Gelegenheit wahrnimmt, zu der man in ruft. Bereits in den ersten fünf Monaten konzertiert er in etwa 20 verschiedenen Adelspalais, Ambassaden und reichen Bürgersalons. Mozarts »Delicatesse im Schlagen des Fortepiano« spricht sich rasch herum und wird überall enthusiastisch gefeiert.

Kaiser Joseph II., seit September wieder zurück von seinen monatelangen Auslandsreisen, ist geradezu vernarrt in Mozarts Klavierspiel und beschenkt ihn jedesmal mit Beträgen zwischen 112 und 450 Gulden. Mozart, der verwöhnte Virtuose, findet das zwar »knickerig« und denkt bereits nach einem halben Jahr daran, nach Paris zu gehen wegen der dortigen höheren Verdienste; aber der Kaiser versäumt, wenn er in Wien ist, wenige Gelegenheiten, Mozart zu hören, besucht die Salons, in denen er spielt, und seine öffentlichen Akademien, und bestellt ihn manchmal in die Hofburg zum Konzertieren, so daß Mozart allein aus der kaiserlichen Schatulle jährlich wenigstens 1500 Gulden Einnahmen hat.

Berichte, daß Joseph II., der mit seinem Kammer-Ensemble nachmittags selbst zu musizieren pflegte, selten Mozart gespielt habe, weil sein Erster Violinist, ein »Feind« Mozarts, ihm bewußt dessen Noten nicht aufs Pult gelegt habe, wirken unglaubhaft. Bei dem Eigensinn des Kaisers hätte man damit eher das Gegenteil erreicht. Glaubhafter ist, daß Mozarts Kammermusik für Joseph II. zu schwer zu spielen war.

Nicht belegt ist, wie oft Mozart bei dem jüngsten Bruder des Kaisers, Erzherzog Maximilian Franz, musiziert; für ihn wird er zeitlebens der bevorzugte Komponist bleiben. Die Beziehungen dieses fast gleichaltrigen Habsburger Prinzen zu Mozart begannen bereits in beider Kindheit: als die Kaiserin Maria Theresia dem Wunderkind ein lila Galakleid ihres 5jährigen Sohnes zum Geschenk machte, in dem der stolze Leopold Mozart ihn sogleich »abmahlen« ließ.

Nach Mozarts Tod wird Maximilian Franz der Witwe sofort eine Geldsumme schicken.

Jetzt, 1781, macht Mozart sich große Hoffnungen, in seine Dienste zu kommen, weil der Erzherzog zum Nachfolger des Kurfürsten von Köln gewählt worden ist und eines Tages in Schloß Brühl residieren wird.

»... der Erzherzog Maximilian.. bey diesem kann ich sagen daß ich alles gelte – er streicht mich bey allen gelegenheiten hervor – und ich wollte fast gewis sagen können, daß wenn er schon Churfürst von kölln wäre, ich auch schon sein kapellmeister wäre. – Nur schade das solche herrn nichts im voraus thun wollen. – das simple versprechen getrauete ich mir schon heraus zu locken. –«

Auch das wird ein Wunschtraum bleiben. Der Erzherzog bleibt aber noch bis 1784 in Wien, besucht Mozarts Konzerte, kauft Abschriften seiner Kompositionen und läßt ihn bei sich in der Hofburg musizieren.

Die Behauptung vieler Biographen, Mozart habe in Wien

bewußt den Status des freien Berufsmusikers gewählt, um aller »Fesseln« ledig zu sein, ist tendenziöse Erfindung. In Mozarts Briefen finden sich die ganzen Jahre hindurch immer wieder Hoffnungen auf einen Dienst »irgend an einem Hof«.

Schon im ersten Wiener Herbst spielt er mehrere Male vor illustren Gästen des Kaisers: dem Herzogspaar von Württemberg, dessen Tochter Elisabeth als zukünftige Braut des Thronfolgers in Wien bleibt – Mozart rechnet fest damit, zu ihrem Musiklehrer bestellt zu werden – und vor dem russischen Zarewitsch Paul, dem Sohn Katharinas der Großen, und seiner württembergischen Gemahlin.

Die überschwengliche Begeisterung des Kaisers aber holt er sich bei einem Wettspiel mit dem italienischen Klavier-Virtuosen Muzio Clementi Weihnachten 1781. Immerhin ist Mozart schon jetzt, in seinem ersten Wiener Jahr, so reich gekleidet und mit Edelsteinen geschmückt, daß Clementi ihn für einen hohen Aristokraten und nicht für einen Musiker hält. Joseph II. selbst dürfte in seiner berühmten »imitatio Friderici« wie stets einen einfachen Soldatenrock getragen haben.

Eine weitere Einnahmequelle sind die regelmäßigen Sonntagskonzerte beim Baron van Swieten, dem angesehenen Präfekten der Hofbibliothek, einem eifrigen Betreiber der Josephinischen Erziehungsreformen. Auch der reiche Gottfried van Swieten wird Mozarts Gönner bleiben bis zu seinem Tod.

In seinen eleganten Prunkräumen läßt er jeden Sonntag barocke Kirchenmusik aufführen, vorzugsweise Bach und Händel, zu denen Mozart oft die Partituren »modernisieren« muß – für uns ein bizarres Ansinnen, das ihm aber offensichtlich gefallen hat, sonst hätte er es nicht bis an sein Lebensende getan.

Der junge Komponist und Schüler Salieris, Joseph Weigl,

berichtet über die Konzerte beim Baron van Swieten in der Hofbibliothek: »Alle Sonntage um 12 Uhr Mittags war bei ihm Musik. Nur Bachische, Händlische, und Graunische Compositionen und jene der ältesten und berühmtesten Meister wurden gemacht. Mozart accompagnierte auf dem Fortepiano. Salieri, Starzer, Teiber und der Baron sangen. Diesen Genuss kann sich niemand vorstellen. Einen Mozart die schwersten .. (16 und mehrzeilige Händelsche Partituren) .. mit der ihm eigenen Fertigkeit spielen, zugleich singen und die Fehler der Anderen corrigieren zu hören, mußte die größte Bewunderung erregen ..«

Er hat Schülerinnen, die ihm jede 27 Gulden für 12 Lektionen bezahlen und denen er manche Kompositionen widmet – und Widmungen sind sehr einträglich. Da Ponte bekam vom Grafen Cobenzl für eine Widmung in Gedichtform 100 Gulden und von einem Kavalier für ein Sonett, das er innerhalb von einer halben Stunde verfaßte, eine goldene Uhr, die er für 200 Gulden verkaufte. Wieviel Mozart für seine Widmungen erhielt, kann nur geschätzt werden.

Auch Mozarts Mannheimer Gönner, der Freiherr von Gemmingen, lebt jetzt in Wien. Er wird ihn 1784 in die Freimaurer-Loge einführen.

Im März 1782 kommt Papst Pius VI., berühmt für seine beeindruckende Schönheit und Selbstdarstellung, nach Wien gereist, um den Kaiser umzustimmen, der gerade mit Vehemenz begonnen hat, in seinen Ländern die Macht der Kirche zu brechen – und die höchste Gesellschaft des katholischen Reiches strömt nach Wien. Nicht allein die Wirte, auch die Künstler haben viel zu tun.

In dieser Zeit beginnen Mozarts öffentliche Akademien in Wien, die ihm die höchsten Einnahmen bringen und seinen Ruhm rasch ausbreiten als »einer der größten Virtuosen Europens«, wie eine Zeitung schreibt.

Die beiden bedeutendsten Ereignisse des ersten Wiener Jahres aber dürften der Opernauftrag sein und die Bekanntschaft mit Joseph Haydn.

Der jetzt 50jährige Hofkapellmeister verbringt jeden Herbst und Winter im Gefolge des Fürsten Esterházy in Wien. Vielleicht haben die beiden einander im Salon der Gräfin Thun kennengelernt, deren Musiklehrer Joseph Haydn war.

Die Freundschaft, die zwischen Haydn und Mozart entsteht, ist für beide von größter Fruchtbarkeit. Mozart nennt ihn seinen »Papa«, was Haydn mit Stolz erfüllt. In den Briefen an Leopold Mozart wird diese Bekanntschaft niemals erwähnt – vielleicht, um den Vater zu schonen; denn von nun an ist Joseph Haydn Mozarts kritischer und gleichzeitig bewundernder Fachkollege.

Die sechs Russischen Streichquartette, die Haydn gerade komponiert und dem russischen Thronfolger gewidmet hat, inspirieren Wolfgang Mozart zu seinen sechs Haydn-Quartetten (KV 387, 421, 428, 458, 464, 465), die er dem Freund mit einer liebevollen Widmung verehren wird; und dieser wird sich wiederum mit seinen nächsten sechs Quartetten auf Mozarts Werke beziehen.

Der zweite Höhepunkt in Mozarts erstem Wiener Jahr ist der Auftrag für »Die Entführung aus dem Serail« – eine deutsche Oper für das von Joseph II. vor drei Jahren gegründete Nationaltheater; und ein halbes Jahr nach der Münchner Premiere seines »Idomeneo« beginnt er mit der Komposition des deutschen Singspiels.

Die Freude über diesen Auftrag und die damit verbundenen Zukunftshoffnungen inspirieren ihn – »... und überhaubts –, ... erheitern meinen Geist dergestalten, dass ich mit der grösten Begierde zu meinem schriebtisch eile, und mit gröster Freude dabei sitzen bleibe«.

»Die Entführung aus dem Serail« (KV 384) wird aber trotz seiner Begeisterung erst im nächsten Jahr fertig. Das mag mit dem vielen Konzertieren zu tun haben und auch mit den Strapazen seiner Verlobungszeit.

Am 16. Juli 1782 ist die Uraufführung. Der Erfolg ist ungeheuer, das Stück wird in Wien jahrelang gespielt und bringt volle Häuser.

»Die Entführung aus dem Serail« ist Mozarts erfolgreichste Oper zu seinen Lebzeiten. Er selbst wird sie später, nach seinem »Figaro«, »eine Kleinigkeit« nennen. Das Nationaltheater in Wien, vom Kaiser hoch subventioniert, erlebt endlich einen durchschlagenden Erfolg und volle Kassen.

»Sie übertraf die Erwartung des Publicums, und des Verfassers Geschmack und neue Ideen die hinreißend waren, erhielten den lautesten und allgemeinsten Beyfall.« schreibt eine Zeitung.

Bald wird die »Entführung« im ganzen Reich gespielt und Wolfgang Amadeus Mozart als Schöpfer der deutschsprachigen Operntradition gefeiert. Schon zwei Monate nach der Wiener Uraufführung spielt man diese Oper im »Katzentheater« in Prag, wo sie Mozarts Ruhm bei den Böhmen begründet.

Der Kaiser schickt häufig nach der Partitur, um Stücke daraus in seinen Hofkonzerten spielen zu lassen; Kronprinz Friedrich Wilhelm von Preußen wünscht eine Kopie der Partitur zu kaufen; Staatskanzler Fürst Kaunitz läßt Mozart herausbitten nach Schloß Laxenburg; Christoph Willibald Gluck ist sehr beeindruckt und lädt Mozart zu sich ein. Die Intendanz aber und alle Freunde des Nationaltheaters, das bislang nur laues Interesse mit seinen deutschen Stücken fand, versprechen sich durch Mozart die Rettung: in Zukunft soll er jedes Jahr eine neue deutschsprachige Oper schreiben.

Auch die Einkünfte aus der »Entführung« sind beachtlich:

Außer dem Honorar von 450 Gulden gibt es eine Abendeinnahme für den Komponisten – bei Mozarts »Entführung«,
die immer vor vollem Haus gespielt wird, rund 600 Gulden;
wenn er dirigiert, ein Zusatzhonorar; außerdem schickt
der Kaiser jedesmal, wenn er eine Vorstellung besucht, 225 bis
450 Gulden, und wenn seine Begeisterung ihn hinreißt, bis zu
1350 Gulden.

Aber: »Die Entführung aus dem Serail« ist Mozarts erste
Oper, bei deren Uraufführung der Vater fehlt.

Leopold Mozart war bei sämtlichen bisherigen elf Opern-
Premieren seines Sohnes anwesend. Die Gründe lassen sich
ahnen:

Am Reisegeld kann es nicht gelegen haben, das hat der sparsame Vater nie gescheut; denn so wichtige Ereignisse im Leben
seines Sohnes wie eine Opern-Uraufführung gingen stets
allem anderen vor. Leider klafft in der Korrespondenz gerade
jetzt eine Riesenlücke. Mehr als sieben Wochen lang – vom
29. Mai bis zum 20. Juli 1782 – sind auch Wolfgang Mozarts
Briefe vernichtet.

Das ist der Zeitraum vom Beginn der Proben bis nach der
Premiere am 16. Juli; es bedeutet auch hinsichtlich der In-
szenierungsberichte an den Vater einen großen Verlust.

Vor Mozarts privatem Hintergrund aber mit seinen immer
dringlicher gewordenen Bitten um den väterlichen Segen zur
Heirat, der seit Dezember beharrlich verweigert wird, nimmt
diese Brieflücke biographische Gestalt an; man denkt an
Cäcilia Webers Regie:

Wenn schon die Macht des fernen Vaters alle Heiratspläne
ins Stocken bringt, dann muß unbedingt verhindert werden,
daß er nach Wien kommt. Denn daß sie und die Ihren für
Leopold Mozart »Geschlamp« sind, ein Schlangennest, aus
dem er womöglich seinen Sohn wieder herausholt, das ist der
Alten klar. Für sie und Konstanze ist es sicherer, den bedräng-

ten Bräutigam dazu zu bringen, seines Vaters Besuch zur Premiere in Wien von der Heiratserlaubnis abhängig zu machen.

So würde sich die Verletztheit Leopold Mozarts erklären, der nach Erhalt der Opern-Partitur und den ausführlichen Berichten über die Uraufführung schroff reagiert und damit seinen euphorischen Sohn bitter kränkt, der ihm vorwirft:

»... ein so gleichgültiges, kaltes schreiben, welches ich in der that auf die ihnen überschriebene Nachricht wegen der guten aufnahme meiner oper niemalen vermuthen konnte. – ich glaubte, nach meiner empfindung zu schliessen, sie würden vor begierde kaum das Pacquet eröfnen können, um nur geschwind das Werk ihres Sohnes besehen zu können, welches in Wienn nicht Platterdings gefallen, sondern so lärm macht, dass mann gar nichts anders hören will, und das Theater allzeit von Menschen wimmelt. – Allein – sie hatten nicht soviel Zeit – – –«

»Alles unserer Bemühen daher, uns im Einfachen und Beschränkten abzuschließen, ging verloren, als Mozart auftrat. Die ›Entführung aus dem Serail‹ schlug alles nieder, und es ist auf dem Theater von unserm so sorgsam gearbeiteten Stück niemals die Rede gewesen.«

Das schreibt Goethe nicht nach den Aufführungen von Mozarts Oper in Weimar durch eine Theatergruppe im Jahr 1785, sondern etwa 40 Jahre später, als er seine »Italienische Reise« vollendet. Dennoch feiert die Nachwelt mit diesem Zitat Goethe als frühen Mozart-Entdecker.

Goethe kennt Bretzners Libretto von »Belmonte und Constanze oder die Entführung aus dem Serail«, das schon mehrfach vertont wurde, auch von der Herzogin Anna Amalia und von Goethes Freund Johann André in Offenbach.

Aber Goethes bevorzugter Komponist ist inzwischen

Philipp Christoph Kayser. Und diesem schreibt er 1785 aus Weimar:

»Neulich ward die Entführung aus dem Serail, componirt von Mozart gegeben. Jedermann erklärte sich für die Musick. Das erstemal spielten sich mittelmäßig, der Text selbst ist sehr schlecht und auch die Musick wollte mir nicht ein. Das zweitemal wurde es schlecht gespielt und ich ging gar hinaus. Doch das Stück erhielt sich und jedermann lobte die Musick. Als sie es zum fünftenmal geben, ging ich wieder hinein. Sie agirten und sangen besser als jemals, ich abstrahirte vom Text und begreiffe nun die Differenz meines Urtheils und des Eindrucks aufs Publikum und weiß woran ich bin.«

Dieser Text wirft gleichzeitig ein Licht auf den Aufführungsstandard der Wandertruppen, der an die Vorstellungskraft des Publikums erhebliche Ansprüche stellt im großen Gegensatz zu unseren heutigen ausgefeilten Luxusproduktionen. Wir haben eine Tagebucheintragung des Grafen Bentheim-Steinfurt von 1784 über eine Vorstellung von Mozarts »Entführung aus dem Serail« durch die Böhmsche Wandertruppe in Köln:

»... die Acteurs mußten so laud sufflirt werden, dass es ein greul war, auch waren die decorations gantz gegen alles costum indem es Europaeisch anstad Turchisch war welches mir sehr repulirte. Auch ist das Orgester sehr miserabel und der erste Violinist ein grobes sujet gab sich solche Mühe dass er gantz in Schweiss war und fluchte und schalt auf die so mannigfaltige Fehler besonders die blasenden Instrumenten. Unter den Acteurs war mir keiner auszeignend und keiner über das Mittelmässige ...«

Der Mozart-Entdecker in Weimar ist Christoph Martin Wieland, der ihn 1777 in Mannheim kennenlernte. Und 1787 ist es nicht Wolfgang Amadeus Mozart, den Goethe nach Rom einlädt, um sein Libretto »Erwin und Elmire« zu vertonen und Musik zum »Egmont« zu komponieren, sondern Philipp Christoph Kayser aus Zürich.

»Musik kann ich nicht beurteilen ...«, schreibt Goethe selbst 1796 freimütig, obwohl er Klavier, Cello und Flöte spielt, und 1820 bezeichnet er sich in einem Brief an den Komponisten Zelter als »Ton- und Gehörlosen«.

Es macht Goethe nicht kleiner, wenn man diese Tatsachen festhält.

X.

1783: VIRTUOSEN-TRIUMPHE; REISE NACH SALZBURG

Seit der Hochzeit am 4. August 1782 ist Konstanze das Zentrum seines Lebens, die Zuflucht, bei der der unter extremen Spannungen stehende liebebedürftige Wolfgang Mozart Halt suchen wird, Wärme, Trost und Ermutigung für die restlichen neun Jahre seines Lebens.

Sie wird sein zärtlich geliebtes »Herzensweibchen«, »Stanzerl«, »Mauserl«, seine »stanzi-marini«.

Von ihr wird er sich in Zukunft lenken lassen, so wie er sich früher von seinem Vater lenken ließ. Sie hat mehr Einfluß auf ihn, als jeder andere Mensch in der so bedeutenden Wiener Szene.

Alles wird er ihr zu Füßen legen, immer bemüht, sie »vergnügt« zu machen: seine Liebe, seine gesellschaftlichen Kontakte als Lieblingsmusiker der herrschenden Schicht und seine Einnahmen. Und das ist viel.

Es ist märchenhaft. Ihre Rolle als Aschenputtel ist beendet;

jetzt werden die Weberinnen sich um sie bemühen müssen. Denn wie das Mädchen mit den Sterntalern wird Konstanze überschüttet mit immer neuen Herrlichkeiten, die Mozart Woche für Woche als Präsente erhält: Golddukaten, Gulden, goldene Uhren und Uhrketten, goldene Tabatieren, juwelenbesetzte Dosen, Ringe und Schuhschnallen.

War Wolfgang Mozart bisher das verwöhnte Geschöpf seines Vaters, so verwöhnt er nun seinerseits Konstanze. Daß seine Überraschungen zu Gewohnheiten werden und diese schließlich zu Rechten, das ahnt er nicht. Konstanzes Ansprüche wachsen mit seinen immer höheren Einnahmen.

Beinahe alles, was Leopold Mozart für seinen Sohn erhoffte – Ruhm, Ehre und Geld – jetzt strömt es ihm zu. Mit der Ehre hapert es allerdings noch ein wenig, denkt man an die peinliche Tatsache, daß ihn bisher noch kein Fürst in seine Dienste nehmen wollte.

Dem über die Eheschließung verzweifelten Leopold Mozart versichert die Baronin Waldstätten, Konstanze sei nicht so schlimm wie die restliche Familie Weber – ein finsteres Urteil über »M.me Weber und ihre ganze Razza«, wie Joseph II. einmal schrieb, als er sich mit einer Primadonnenlaune Aloisia Langes auseinandersetzen mußte.

Auch Aloisias Mann hat nur herbe Worte für die Familie seiner Frau, nimmt freilich Aloisia aus.

Konstanze ist nicht nur ohne Geist und Phantasie, wie wir aus Mozarts Schilderungen wissen, außerdem miserabel erzogen, sondern sie ist – und das geben sogar ihre Ehrenretter zu – egoistisch, geizig, habgierig, nachtragend, kleinlich. Was dann noch übrigbleiben mag, um diese Eigenschaften auszugleichen, ist eine ungeklärte Frage. Wir wissen, daß sie vor ihrer Verlobung den Ruf hatte, ein »Luder« zu sein und putzsüchtig. Aus ihrer Brautzeit haben wir ein paar in ihrer Unbeholfenheit rührende Briefe Konstanzes an Leopold und

Nannerl Mozart, in denen sie sich bemüht, von ihnen akzeptiert zu werden, und die sehr für sie einnehmen.

Suchen wir aber nach Briefen und Notizen ihrer Hand oder irgendeine Aussage von Zeitgenossen aus den Jahren ihrer Ehe, so fällt das vollständige Vakuum auf. Hätte Mozart sie nicht immer wieder in seinen Briefen erwähnt, könnte man an ihrer Existenz zweifeln, jedenfalls an ihrer Zugehörigkeit zu seinem Leben. Es gibt keine einzige charakterisierende Bemerkung von Zeitgenossen über die Frau des berühmten, vergötterten Mozart.

1788 notiert ein dänischer Bewunderer nach einem Besuch in Mozarts Garten: »... Seine Frau schnitt Kielfedern für den Notenschreiber ...«. Und vier Jahrzehnte später erwähnt der irische Tenor O'Kelly sie in seinen Memoiren: »... his wife .. of whom he was passionately fond ...« Das war auf einer Einladung bei Koželuch. Mozart aber war mit Konstanze in hunderten Gesellschaften. Selbst Joseph Lange, der Schwager, schreibt in seiner Autobiographie zwar über Mozart, aber kein Wort über Konstanze.

Ihre Musikalität wird von einigen Biographen gerühmt. Daß sie Melodien leicht nachsingen kann, ist eine Grundstufe der Musikalität. Ein tieferes Verständnis oder Bedürfnis ist damit nicht automatisch verbunden. Die Geschichten der in ihrem Auftrag gefälschten Komposition des von Mozart begonnenen Requiems nach seinem Tod sowie ihre Versuche, Werke à la Mozart bei anderen Musikern zu bestellen, um sie als Kompositionen ihres Mannes teuer zu verkaufen, sprechen nicht für musikalische Erkenntnisfähigkeit oder Sensibilität, und auch nicht dafür, daß sie ihn geachtet hätte. Sie selbst wird allerdings später sagen, daß sie »vielleicht mehr für sein Talent als für seine Person fühlte.«

»... *fühlen sie – haben sie gefühl* – ...«, fleht Mozart einmal nach einem Streit seine Braut an.

Konstanzes Ambitionen sind in der Hauptsache offensichtlich Geld und die gesellschaftliche Stellung der Gnädigen Frau. Eine Gnädige aber braucht Konventionen. Und die wird sie bei allen Zärtlichkeiten und allem Gold, mit denen Mozart sie verwöhnt, an seiner Seite nie bekommen. Erst ihr zweiter Mann, der dänische Staatsrat Nissen, kann ihr die erstrebte Reputation bieten, und ihn wird sie dafür achten, mehr als ihren ersten Mann.

Sucht man Konstanze in Mozarts Operngestalten, erkennt man sie vielleicht in einer einzigen Rolle: der Marcellina in »Figaros Hochzeit«.

Das aber ist die späte Konstanze, die sich nach Mozarts Tod in hunderten Briefen, Verträgen, Rechnungen, Mahnungen und in Nissens Versuch einer Mozart-Biographie so deutlich offenbart.

Doch als sie Mozart heiratet, ist sie noch jung, erst 20, »... nicht hässlich, aber auch nichts weniger als schön ... von schönem Wuchs«, sinnlich (hoffentlich) und ganz bestimmt lustig.

Denn das einzige, mit dem sich Konstanze von Anfang an über Jahrzehnte hinweg angenehm bemerkbar macht, ist ihre lustige Plauderei.

»... ich Narrire und mache spaß mit ihr ...« schreibt Mozart dem Vater 1781; Späße und Wortspiele finden sich auch in vielen seiner Briefe an sie. Und die kranke Baronin Waldstätten dürfte Mozarts Braut wegen ihrer munteren Unterhaltungen für einige Wochen zu sich eingeladen haben. Bei Nissen berichtet sie, daß sie Mozart in der Nacht vor der Uraufführung des »Don Giovanni« mit lustigen Geschichten wachhalten mußte, während er die Ouvertüre niederschrieb.

Ende des Jahrhunderts findet der schwedische Legationsrat Silverstolpe die Konversation der Witwe Mozart angenehm, und 1829 das Ehepaar Novello, als es die 67-jährige Witwe

Nissen in Salzburg aufsucht. Novellos rühmen auch ihre geschmackvolle Wohnungseinrichtung. Ihre Beiträge in Nissens Mozart-Biographie freilich lassen den munteren Plauderton vermissen, sie sind fast ausnahmslos vorwurfsvolles Genörgel.

Warum aber der Staatsrat Nissen – mit dem »von« wird Konstanze ihn und sich unbefugt adeln – erst nach 11jährigem Zusammenleben mit der Witwe Mozarts seine Bedenken aufgab, sie zu heiraten, ist unbekannt. Der äußere Anlaß war Napoleons Kriegsheer vor Wien, das die beiden 1809 zur Flucht nach Preßburg zwang, wo sie sich trauen ließen.

Man kann es Konstanze nicht vorwerfen, daß sie so ist, wie sie ist, denn sie hat sich ihr Aussehen, ihre Gefühlsarmut und begrenzte Liebesfähigkeit nicht ausgesucht, ebensowenig ihr Elternhaus. Wir können nur beklagen, daß ausgerechnet Wolfgang Mozart ihr Ehemann werden mußte. Deshalb sollte man auch die Frage, ob sie ihn geliebt hat oder wegen seiner hohen Einnahmen heiratete, gar nicht stellen. In der Epoche heiraten die Frauen, um frei zu werden. Und Konstanzes Aussichten, einen Ehemann zu kriegen, scheinen bei ihrem schlechten Ruf gering gewesen zu sein.

Vincent Novello notiert 1829 in Salzburg: »Sie sprach von ihrem illustren Mann mit Zärtlichkeit und Liebe (obzwar nicht mit der Begeisterung, die ich von der Frau erwartet hätte, die ihm so nahe und so teuer war).«

Auch in Wien muß Novello von alten Freunden Mozarts Ungutes über Konstanzes Verhalten in ihrer ersten Ehe hören – was, verschweigt er leider.

Gleich nach der Hochzeit geht es weiter auf der Leiter der Erfolge, noch im August mit vier öffentlichen Konzerten im Augarten. Seit seiner »Entführung aus dem Serail« ist Mozart der spektakulärste Musiker von Wien. Und ganz allmählich beginnt, neben den vielen Einnahmen aus Konzerten, van

Swietens Sonntagen, den Lektionen und Widmungen eine weitere Einnahmequelle immer kräftiger zu sprudeln: das Geschäft mit seinen Noten. Manche Musikalienhändler erwerben beim Komponisten die Rechte, seine Werke in Handkopien zu vertreiben, andere, wie Torricella, Artaria, Hoffmeister, lassen sie in Kupferplatten gravieren und drucken höhere Auflagen.

»... er hätte den wert des Geldes besser schätzen sollen ... kannte seinen Wert gar nicht ...« wird Konstanze bei Nissen berichten.

Das bestätigen Vater und Schwester, sowie übereinstimmend viele Zeitgenossen. Eine Zeitung erwähnt: »... die grossen Geistern so oft anklebende Sorglosigkeit für seine häuslichen Umstände«.

Wahrscheinlich hat Mozart seiner Frau, die so gut wirtschaften kann, von Anfang der Ehe an die Finanzen überlassen.

Über Mozarts Privatleben in den Wiener Jahren gibt es kaum Einzelheiten; in Umrissen läßt sich feststellen, daß er gern frühmorgens zwischen 6 und 7 Uhr ausreitet, wobei er, vor sich hin brummend komponiert, und von 9 bis 2 Uhr mittags Lektionen in verschiedenen Häusern gibt. Um 7 Uhr abends beginnen die Akademien, die Soireen in den Palais, die Opern- und Theatervorstellungen. Mozart musiziert viel zusammen mit Freunden, kegelt gern, liebt das Billardspiel; er trinkt gern Bier und Punsch und raucht Pfeife. Die beiden sind viel eingeladen, sie haben eine Vorliebe für Maskenbälle, und Mozart ist ein leidenschaftlicher, und, wie Konstanze schreibt, ausgezeichneter Tänzer.

Und sie fahren gern hinaus in die Natur: in den Augarten, Prater oder nach Dornbach in den berühmten Park des Grafen Lacy, wo sich »grand monde« trifft.

Er verbringt halbe Nächte, oft die ganze Nacht am Klavier.

Im Dezember 1782 regt ihn der Opern-Intendant Graf Rosenberg-Orsini an, eine italienische Opera buffa zu komponieren. Nun hat er alles, was er sich immer erträumte: Er kann eine Oper nach der anderen schreiben, italienische und deutsche.

Um so heftiger nagt es an ihm, daß er noch immer »nichts Gewisses« hat, keinen Dienst in irgendeiner Hofmusik. Er denkt daran, nach Paris zu gehen oder nach London. Johann Christian Bach ist am 1.Januar 1782 in London gestorben, seine Stelle als Hofkapellmeister freigeworden. Doch niemand beruft Mozart. Der Prince of Wales hat gerade den Pianisten Johann Samuel Schröter, Bruder der Weimarer Schauspielerin Corona Schröter, als Kammer-Virtuosen engagiert.

Joseph II. jedoch ist viel zu sparsam, sich einen eigenen Hof-Virtuosen zu leisten.

»Ich glaube so viel imstande zu seyn, daß ich jedem Hofe Ehre machen werde –«, schreibt Mozart gekränkt an den Vater. Das weiß auch Christoph Willibald Gluck, der seine überragende Bedeutung als Komponist erkannt hat und der dennoch Salieri empfiehlt, als er einen Opernauftrag der Pariser Opera für sich selbst ablehnen muß.

Mozart schreibt an Le Gros in Paris, den Direktor des »Concert Spirituel« – aber eine Antwort ist nicht überliefert. Statt dessen bestellt dieser bei Joseph Haydn sechs Sinfonien für seine Pariser Konzertreihen.

Und Joseph Haydn ist es auch, der jetzt vom Kaiser als Klavierlehrer der Frau des russischen Thronfolgers ausgewählt wird. Auch Mozarts Gewißheit, Gesanglehrer der Prinzessin von Württemberg zu werden, hat sich zerschlagen – der Kaiser bestimmt Righini, ihr Klavierlehrer wird Salieri. Und eine weitere Hoffnung, der prunkliebende Fürst Liechtenstein, hat ihn auch nicht engagiert für seine Hofkapelle.

Dieses beharrliche Übergehen Mozarts bereits von seinem

ersten Wiener Jahr an entspricht den bisherigen Erfahrungen seit Padre Martini in Bologna. Man bewundert und beschenkt ihn – und doch engagiert ihn keiner.

»... in Musik gesetzt von Herrn Mozart«, steht auf den Ankündigungen und in Zeitungsberichten oder auch »von Kapellmeister Mozart«. Aber es fehlen die entscheidenden Worte »Hof« bzw. »in Diensten« – und nur die machen das Ansehen. Kapellmeister darf sich jeder Musiker nennen, so wie auch jeder den roten Frack des Kapellmeisters tragen darf – Mozart läßt sich »einen schönen rothen frok welcher mich ganz grausam im herzen kitzelt« von der Baronin Waldstätten schenken und besonders schöne Knöpfe draufsetzen – ein Hofkleid ist es dennoch nicht. »Die fatale Farbe«, nennt dagegen Annette Kolb das Rot des Kapellmeisterrocks: »...Geruhsam zieht ihn der Vater über, doch dem Sohne brennt er auf dem Leib.«

»... die ganze Welt behauptet daß ich durch mein grossprechen, kritisiren, die Profeßori von der Musick und auch andere leute zu feinde habe!« wiederholt Mozart zornig die Warnungen des Vaters, dem wiederholt zugetragen wird, daß sein Sohn sich durch seine Erfolge allzu sicher fühlt und wie ein Kind mit seiner Überlegenheit prahlt. Er hat nichts gelernt aus der Abbé-Vogler-Geschichte in Mannheim.

Denn wenn auch die Gesellschaft der Kaiserstadt ihn enthusiastisch umjubelt – die Musiker von Wien haben weniger Grund zum Jubeln, seitdem Mozart hier lebt und sie alle in den Schatten stellt.

Jeder erfolgreiche Künstler ist ein Rivale des anderen. Für Mozart aber sind sie, die alle in kaiserlichen oder fürstlichen Diensten stehen, »Feinde«.

Er selbst weiß, daß er der Größte ist. Aber die Welt soll es auch wissen. Mozart muß jedesmal in heftigste Erregungen und Krisen geraten sein, wenn Kollegen neben ihn oder gar über ihn gestellt wurden. So gutherzig und hilfsbereit er mit Musikern umgeht, deren Ansehen das seine in keiner Weise tangiert, so ausfallend kann er gegen die Großen und die Erfolgreichen der Musikszene werden.

Verletzt er sie mit seiner Verachtung und Prahlerei, so schaden sie ihm mit Intrigen; zumindest aber distanzieren sie sich, und er wird schwerlich jemanden finden, der ihn als Kollegen im Orchester haben möchte und sich für sein Engagement einsetzt.

Auch seinem Vater gegenüber ist er neuerdings manchmal herablassend, kurz, leicht ungeduldig – obwohl er sofort unruhig wird, wenn einer der regelmäßigen väterlichen Briefe ausbleibt. Gehört Konstanze zu den Frauen, die es nicht vertragen, daß ihr Mann an anderen Menschen hängt? Hat sie den abfälligen Ton eingeführt, die Weberische Unsitte, alle Menschen ausnahmslos durchzuhecheln?

Daß er eine Dienstmagd »Canallie« nennt, oder die in einer Spionage-Affäre (zu Unrecht) angeklagte »Jüdin Escules ... eine haupt=sau ... die Sau Escules ...«? So wurde daheim in Salzburg nicht geredet; derartige Ausdrücke finden sich beim Vater kein einziges Mal in der gesamten Korrespondenz.

Leopold Mozart spricht stets mit Reserve von Protestanten, Juden und Heiden aus religiöser, nicht rassistischer Abgrenzung. Voltaire ist ein »Erz-Spitzbub«, weil er Gott verspottet. Leopold Mozart kann man ein anderes Vorurteil nachsagen, das sind die »Wälschen«, ein nagender Komplex fast aller deutschen Musiker.

Aber bei aller teutschen Voreingenommenheit bleibt seine Sprache immer frei von Injurien.

Liegt es auch an Konstanzes Lustlosigkeit, daß sie den für gleich nach der Hochzeit fest versprochenen Besuch in Salzburg hinausschieben, den sie immer wieder ankündigen:

24.8.82 »... Meine Frau weint aus vergnügen wenn sie auf die Salzburger=reise denkt; –«

19.10.82 »Meinem lieben Weibe darf ich Salzburg nicht nennen, so ist sie schon ganz für freude ausser sich.«

26.10.82 »... meines Weibes gränzenlose begierde ihnen die hände zu küssen ...«

13.11.82 »und obwohl sie mit allem gewalt weg-will ...«

21.12.82 »... daß mein armes Weiberl sich unterdessen mit einem kleinen silhouetten Portrait von ihnen begnügen muß, welches sie immer bey sich im Sack trägt, und des tages wohl 20 mal küsst;«

und dann unter oft fadenscheinigen Ausreden (Kopfweh, Regenwetter) absagen, bis ein energischer Brief Leopold Mozarts dem Hohn ein Ende macht und die Reise schließlich ein Jahr nach der Hochzeit durchsetzt?

Anfang Dezember 1782, vier Monate nach der Hochzeit, ziehen Wolfgang und Konstanze Mozart in eine Wohnung im Hause des Bankiers Baron von Wetzlar, eines getauften »Reichen Juden«, der ein passionierter Musikkenner ist und Mozarts Gönner bis zu seinem Tod bleiben wird. Die monatliche Miete für die zweieinhalb Zimmer dürfte höchstens 5 Gulden betragen, denn die Mietpreise sind im Verhältnis zu heute extrem niedrig – die aufwendigen sanitären und technischen Wunder unserer Epoche: Wärme, fließendes Wasser, Licht, die unbegrenzt aus den Wänden kommen – sind im 18. Jahrhundert unvorstellbar. Außerdem herrscht ein Angebot an leerstehenden Wohnungen.

Und nun ergibt sich aus den lückenhaft erhaltenen Dokumenten etwas, das sich in den nächsten Jahren weiterverfolgen läßt und noch ein wesentlicher Grund für Mozarts wachsende Isolierung in Wien sein kann trotz seiner steigenden Berühmtheit; ein hartnäckiger Unwille, zu bezahlen.

Er selbst hat kein Verhältnis zum Geld, er gibt es allzuleicht her, so daß aufgrund seiner grenzenlosen Großzügigkeit immer wieder Engpässe entstanden – doch wir haben gesehen, wie wenig er für sich selbst in seiner »Idomeneo«-Zeit in München brauchte.

Es gibt keinen Hinweis, daß Leopold Mozarts Sohn früher bewußt die Menschen prellte. Seine Briefe aus Mannheim, Paris, Straßburg und München weisen darauf hin, daß er Gasthofrechnungen, Barbier, Schneider, Kutscher, ebenso Notenkopisten, Saalmieten, Musiker, Inserate und Personal bei seinen Konzerten selbstverständlich bezahlte.

Wenn Mozarts bisheriges Schuldenmachen seinem Leichtsinn entsprang, der sogar seine Rechtfertigung darin hatte, daß er jeden Betrag mit ein paar Konzerten wieder einspielen konnte, und daß außerdem sein Vater schützend hinter ihm stand, so ändert sich das seit seiner Heirat.

Mit Konstanze Weber scheint auch die Weberische Raffgier sein äußeres Leben zu durchdringen; das Nichtbezahlen von Verbindlichkeiten wird zum System, ebenso wie das Schuldenmachen; das Weberische Jammern kommt bald hinzu und schließlich auch die Bettelei.

Es ist in jener Epoche gesetzlich geregelt, daß man die jeweilige Halbjahresmiete im voraus zahlt. Die Umzugstermine sind üblicherweise Ende September und Ende April.

Weshalb Mozarts nach vier Monaten aus ihrer ersten gemeinsamen Wohnung ausgezogen sind, ist nicht bekannt. Der erste Hinauswurf wegen nicht bezahlter Miete?

Der neue Hausherr, Baron Wetzlar, geduldet sich drei Monate lang und wartet vergeblich auf die längst fällige Vorauszahlung, die höchstens 30 Gulden betragen kann. Schließlich befreit er sich mit Eleganz von diesen Mietern, ohne die Freundschaft zu trüben; er verzichtet auf den rückständigen Mietzins und bietet ihnen ein, wenn auch klägliches, Gratis-

Quartier an, und den Umzug zahlt er ihnen auch. Sie greifen zu und ziehen im Februar 1783 in das feuchte Logis am Kohlmarkt.

Konstanze ist im 5. Monat schwanger. Ob der Vater ihm seine blumige Darstellung des Hinauswurfs geglaubt hat, wie es sämtliche Biographen tun?

»... Nun fällt es mir erst ein daß ich seithero schon in der zweyten wohnung bin, und habe es noch nicht geschrieben. – Der Baron Wetzlar hat in seine Wohnung eine Dame bekommen. – und wir sind also ihm zu gefallen ausser der zeit in eine schlechte logis auf den Kohlmarkt gezogen. – er hat aber hingegen für die drei Monate als wir dort logirten nichts angenommen, und die kosten des ausziehens auch übernommen.«

In diesem schäbigen Quartier haust der berühmte Wolfgang Amadeus – so wird er jetzt immer häufiger ehrfürchtig genannt – Mozart, der tagtäglich in den feudalen Palais unterrichtet und konzertiert, der im Burgtheater seine »Entführung« dirigiert oder Akademien gibt, und der in der Hofburg musiziert.

Seinem Vater schuldet er seit Oktober die Kosten für das Kopierenlassen der fünfbändigen Partitur der »Entführung aus dem Serail« in Salzburg, die er längst sehr teuer an den Kronprinzen von Preußen verkauft hat.

Und eine weitere Geschichte läßt sich hier verfolgen, die sich in den nächsten Jahren wiederholen wird:

Im Januar 1783 inseriert Mozart in der Zeitung die eigene Herausgabe von drei Klavier-Konzerten (KV 413–415). Er bietet sie in Kopien gegen Vorauszahlung von 18 Gulden an und verspricht die Auslieferung ab April. Die zu erwartenden Einnahmen dieser Subskription beleiht er gegen Wechsel. Das Geld wird verbraucht wie auch die eingehenden Subskriptionsgelder, so daß, als der Wechsel einen Monat später fällig ist, die Baronin Waldstätten rasch einspringen muß, damit er nicht platzt: »... Ich bitte Euer Gnaden um Himmelswillen, helfen Sie meine ehre und guten Namen nicht zu verlieren! – «

Die Subskribenten aber bekommen ihre Konzerte nicht; offenbar fehlt es jetzt am Geld, den Kopisten zu bezahlen, der wohl auch nur gegen Vorauszahlung arbeitet.

Darauf bietet Mozart dieselben Konzerte dem Pariser Musik-Verleger Sieber an für 330 Gulden – vergeblich. Schließlich erscheinen alle drei Klavier-Konzerte ein halbes Jahr später bei Traeg in Wien. Kann man annehmen, daß Mozarts Subskribenten ihre Vorauszahlung von ihm zurückerhalten haben? Wie oft mag die Baronin Waldstätten noch rettend eingesprungen sein, bis sie sich ausgenutzt fühlte?

In diese Zeit der vielen Akademien und gleichzeitig großen Schulden fällt ein zufällig erhaltener Zeitungsbericht, der eine Konzerteinnahme Mozarts nennt.

»... – Heute gab der berühmte Herr Chevalier Mozart eine musicalische Academie im National-Theater, in welcher Stücke von seiner ohnehin sehr beliebten Composition aufgeführt wurden. Die Academie war mit ausserordentlich starkem Zuspruch beehret, und die zween neuen Concerte und die übrigen Fantasien, die Hr. M. auf dem Forte Piano spielete, wurden mit dem lautesten Beyfall aufgenommen. Unser Monarch, der die ganze Academie, gegen seine Gewohnheit, mit seiner Gegenwart beehrte, und das ganze Publicum ertheilten denselben so einstimmig Beyfall, daß man hier kein Beyspiel davon weiß. Die Einnahme der Academie wird im ganzen auf 1600 Gulden geschätzt.«

Jetzt endlich bezahlt er seinem Vater die Kopien und rundet den Betrag nach oben auf:

»– hier entrichte ich auch meine schuldigkeit wegen der opera Copiatur, und das übrige wünsche ich nur daß es ihnen in etwas zu Statten kommen möchte; – Mehr kann ich dermalen nicht entbehren, dieweil ich wegen der Niederkunft Meiner frauen viele unkösten voraus sehe ...«

Eine Kleinigkeit für den Vater inmitten einer lukrativen Konzertsaison – das ist nicht typisch für Wolfgang Mozart, der ebenso gern reich beschenkt, wie er sich beschenken läßt. 1.600 Gulden – der Preis für ein Haus in der Wiener Vorstadt – für Konstanzes Niederkunft in zweieinhalb Monaten? Selbst die Erzherzöge von Habsburg-Lothringen sind weniger kostspielig zur Welt gekommen. Noch dazu verlaufen Konstanzes Schwangerschaften völlig unkompliziert: »... sie befindet sich so wohl auf ...« schreibt Mozart dem Vater, »... daß alle Weiber gott danken därfen wenn sie in der schwangerschaft so glücklich sind ...«

Als das Kind am 17. Juni 1783 geboren wird, haben sie das feuchte Quartier gegen eine gute Wohnung am Judenplatz vertauscht.

Diesen Säugling geben sie in Pflege, als sie Ende Juli 1783 für drei Monate nach Salzburg fahren. Ob sie die Kosten für das Pflegeheim im voraus bezahlen konnten? Das Bübchen stirbt dort bereits im August »an der Gedärmfrais« – zu der Zeit der häufigste Säuglingstod – eine Art Darmkolik.

Und noch bei der Abfahrt nach Salzburg Ende Juli gibt es Ärger: schon wieder ein »impertinenter Gläubiger«, wie Konstanze bei Nissen berichtet:

»Schlechte Umstände hatten ihn diese Reise mehre Monate verzögern lassen, und noch, wie er abreis'te, war er in traurigen, – so dass, wie er in den Wagen stieg, ein Gläubiger ihn nicht fortlassen wollte, ohne seine 30 fl (Gulden) bekommen zu haben. Es ward Mozart schwer, sie zu entbehren.« Vielleicht war es der neue Hauswirt, der seit ihrem abermaligen Umzug Ende April vergeblich auf die übliche Vorausmiete wartet und nun rabiat wird, bevor sie für Monate davonfahren? Freilich verschweigt Konstanze Nissen in diesem Lamento die seit Beginn des Jahres 1783 geflossenen mindestens 7000 Gulden. Wer würde es heute wagen, bei Einnahmen von 350.000 DM innerhalb von sieben Monaten von »traurigen Umständen« zu sprechen?

Bei derart heillosen Finanzen ist es eher erstaunlich, daß sie überhaupt noch 30 Gulden bei sich gehabt haben. »Das Geld sprang ihm aus den Händen ...«, heißt es immer wieder über Mozart. Offensichtlich nicht nur ihm.

Sie müssen tatsächlich fast ohne einen Kreuzer in Salzburg angekommen sein. Für ihre Rückreise drei Monate später steckt ihnen der Vater 18 Gulden zu. 18 Gulden – ein Nichts für die jungen Mozarts angesichts ihrer Wiener Einkünfte. Doch für Leopold Mozart, der noch immer an den Schulden der Mannheim-Paris-Reise abzahlt, ist jeder Kreuzer sauer verdientes Geld neben seinem Dienst in der Hofmusik. Täglich gibt er einer Reihe von Schülern Klavier-, Violin- und Gesang-Unterricht. Drei Musikschüler aus München hat er jetzt als Kostzöglinge in seiner Wohnung. Er muß ein außergewöhnlicher Pädagoge gewesen sein – auch aus diesen Schülern werden bekannte Künstler.

Während des dreimonatigen Besuchs aus Wien entscheidet sich Nannerl Mozarts Schicksal.

Etwas »nothwendiges ... zu besprechen ...«, kündigte Leopold Mozart bereits Ende 1782 an für den Besuch des Sohnes. Geht es um Verhandlungen über die ersehnte Ehe Nannerls, um verbindliche Abmachungen einer Mitgift? Die Familie des Hofmeisters d'Ippold ist nach Salzburg angereist.

500, 1000 Gulden und mehr, daß weiß inzwischen jedermann, verdient der berühmte Bruder Wolfgang Amadeus Mozart in Wien mit einem einzigen Konzert, und er gibt jährlich eine ganze Reihe von Konzerten. 1000 Wiener Gulden – in

Salzburger Währung 1200 Gulden – wären für die Schwester eine glänzende Mitgift. Der Bruder Wolfgang ist gemäß den Sitten der Epoche zur Unterstützung verpflichtet. Da er ohnehin nach dem Tod des Vaters für den Unterhalt der unverheirateten Schwester aufzukommen hat, wäre es allein deswegen ratsam, sie jetzt mit einer guten Mitgift zu verheiraten; damit hätte der Ehemann die Versorgung übernommen; außerdem ist d'Ippold Hofbeamter, was auch eine Witwenrente einschließt.

Nicht allein Mozarts hohe Einkünfte in Wien sind dokumentiert, auch sein Wunsch, der Schwester beizustehen, und seine überströmende Hilfsbereitschaft.

Doch Nannerl Mozarts Liebesheirat scheitert. Ihre vielen Gebete, ihr jahrelanges geduldiges Warten, auch ihre Briefe an den geliebten Bruder in Wien waren umsonst.

So liegt die Vermutung nahe, daß auch hier Konstanzes Einfluß auf ihren Mann den Ausschlag gegeben hat, daß ihre Härte in Gelddingen nicht erst acht Jahre später mit ihrer Witwenschaft beginnt.

Von Konstanzes »innerlicher Schönheit«, die Mozart seinem Vater gerühmt hat, ist bisher nichts zu erkennen.

Bezeichnenderweise fehlen auch in diesen Salzburger Sommermonaten wieder wichtige Dokumente. Nannerls Tagebücher gingen verhängnisvollerweise nach ihrem Tod in den Besitz der Schwägerin Konstanze Nissen, ebenso Hunderte von Briefen Leopold und Wolfgang Mozarts.

Die riesigen Lücken in Nannerls Aufzeichnungen dieser Monate legen die Vermutung nahe, daß auch hier selektiert wurde. Verbirgt sich hinter den erhaltenen harmlosen Notizen über Einladungen, Spiele, Bölzlschießen, Hauskonzerte, Wetter, Klavierstunden, Messen, Kutschenfahrten und Spaziergänge die Tragödie von Nannerls zerbrochenen Liebeshoffnungen?

Konstanze Mozart-Nissen wird ihr Leben lang jammern, fordern, aufrechnen, Vorwürfe machen und kassieren. Aber geben wird sie niemals, verfolgt man ihre jahrzehntelangen Spuren.

Im Gegenteil – in Salzburg ist sie böse auf Leopold Mozart und wird ihm das 45 Jahre später in der Nissen-Biographie ankreiden, daß er ihr nicht die kostbaren Präsente von Wolfgangs frühen Konzertreisen durch Europa herausrückt. Da aber Leopold Mozart ein bis zur Pedanterie korrekter Mensch ist, bestätigt seine Weigerung die Annahme, daß der Sohn noch erhebliche Schulden bei Vater und Schwester hat. Die Galanterien bleiben in Salzburg bis zum Tod des Vaters. Danach müssen sie überstürzt und unvorteilhaft versteigert werden, weil Wolfgang und Konstanze Mozart in Wien ganz dringend ganz viel Geld brauchen.

Leopold Mozart ist 63 Jahre alt. Was soll aus seiner Tochter werden, wenn er stirbt? Eines dürfte für ihn feststehen: Der Gnade dieser Schwägerin kann er sie nicht ausliefern.

Daß aber Maria Anna Mozart, die Schwester des weltberühmten Wolfgang Amadeus Mozart, in einem fremden Haushalt dienen muß, wie es der Erzbischof den verwaisten Töchtern seiner Hofmusiker anheimstellt, das muß er ihr ersparen – ihr und auch dem Ansehen ihres Bruders.

Hat er etwa seine sensible, hochbegabte Tochter zu einer großartigen Pianistin und gebildeten Dame erzogen, daß sie sich nach seinem Tod in irgendeiner Familie als Gouvernante schikanieren lassen muß und, wenn sie zu alt dafür ist, im Siechenhaus endet?

So beginnt er, für die inzwischen 32 Jahre alte mittellose Tochter, die umsonst auf das Glück an der Seite des geliebten Mannes gehofft hat, eine Ehe anzubahnen, die ihr Freiheit, Versorgung und Ansehen sichert.

Ein Jahr darauf heiratet Anna Maria Mozart einen um 15 Jahre älteren zweifachen Witwer mit fünf Kindern, den Hofrat Johann Baptist von Berchtold zu Sonnenburg aus uraltem Salzburger Adel, der Pflegekommissar ist in St. Gilgen am Wolfgangsee. Und Nannerl zieht ein in das Haus, in dem ihre so sehr geliebte Mutter 1720 geboren wurde und aufwuchs als Tochter des damaligen Pflegers.

»So ist er an der ziemlich tristen Vernunftehe mit dem ältlichen zweifachen Witwer Herrn v. Berchtold schuld, den sie 1784 geheiratet hatte...« schreibt Hildesheimer, meint seltsamerweise mit »schuld« allerdings nicht Wolfgang Mozart, sondern Vater Leopold.

Die Ernüchterung, die Konstanze im Salzburger Elternhaus ausgelöst haben dürfte, wird offensichtlich dem Sohn zuliebe überspielt, der wie stets der Mittelpunkt des Hauses ist – sonst würde das junge Paar es nicht drei Monate lang bei ihnen ausgehalten haben.

Am 24. August steht in Nannerls stark gelichtetem Tagebuch: »... ein Streit und Zorn des hr. bullinger. Wir waren hernach ohne dem bruder und schwägerin im mirabell ...«

Und sofort fallen einem Mozarts Schulden beim Abbé Bullinger ein, dem »wahren« Freund der Familie Mozart auch in schlimmsten Zeiten, der 1777 und 78 mit seinen Darlehen von 400 Gulden die Mannheim-Paris-Reise ermöglichte, und den Wolfgang Mozart mit der unglückseligen Aufgabe betraute, die Nachricht vom Tod der Mutter zu überbringen. Auch diese Freundschaft scheint nun zerbrochen. Von einem weiteren Kontakt zwischen Wolfgang Mozart und Abbé Bullinger ist nie mehr die Rede. Hat Bullingers Zornesausbruch mit den alten Schulden zu tun oder mit den Pflichten des erfolgreichen Bruders gegenüber seiner armen Schwester? Überläßt Wolfgang Mozart das alles achselzuckend seiner Frau, die jede Bezahlung beharrlich

verweigert oder sich möglicherweise auf »später« heraus-
redet?

Denn seine eigene spontane Großherzigkeit zeigt sich gerade
jetzt wieder in Salzburg bei seinen Besuchen des Kollegen
Michael Haydn, Bruder Joseph Haydns. Der ist krank und
fühlt sich zu elend, um zwei vom Erzbischof verlangte Sonaten für Violine und Viola – Colloredo selbst ist Viola-Spieler –
fristgerecht zu komponieren; und sofort setzt sich Mozart
hin und schreibt ihm innerhalb weniger Tage beide Werke
(KV 423, 424).

An einem dieser Abende im Salzburger Hause Mozart singen sie das Quartett aus seinem »Idomeneo«, und Wolfgang
Mozart wird »von einer Gemütsbewegung so übermannt, daß
er in Tränen ausbrach und das Zimmer verlassen mußte, und es
dauerte lange, ehe sie ihn beruhigen konnte«.

Ende Oktober, kurz vor der Heimreise nach Wien, wird
in der Kirche zu St. Peter Mozarts c-Moll-Messe (KV 427)
aufgeführt. Konstanze singt die Sopran-Partie. Daß ihre
Stimme keine besondere Qualität hat, kann man ihr nicht vorwerfen. Solange Mozart lebt, scheint sie nicht mehr öffentlich
gesungen zu haben.

Die unvollendete Messe ist die Erfüllung des Gelübdes vom
Vorjahr, als er den väterlichen Segen zu seiner Verbindung mit
Konstanze Weber ersehnt hatte.

Die Rückreise nach Wien am 27. Oktober führt über Linz.
Dort sind die beiden drei Wochen lang verwöhnte Gäste des
Grafen Johann Joseph Thun, des Schwiegervaters der Gräfin
Wilhelmine Thun in Wien.

Er hat die Familie Mozart seit ihren frühen Reisen mit den
beiden Wunderkindern stets auf das herzlichste in seinem
Schloß aufgenommen, und in Wolfgang Mozart ist er geradezu
vernarrt. Graf Thun hat eine eigene Hauskapelle, die er auch
mit sich nimmt, wenn er in seinem Palais in Prag residiert.

In diesen Linzer Wochen hat Mozart sicher ausgiebig konzertiert; innerhalb von vier Tagen komponiert er »über hals und kopf« eine neue Sinfonie, die »Linzer« (KV 425), die er seinem Gastgeber widmet und in einer öffentlichen Akademie aufführt.

Endlich wieder Geld!

Dennoch ist die Verlegenheit groß, als ihm bei der Ankunft in Wien der alte Straßburger Wechsel von 1778 präsentiert wird – 132 Gulden zuzüglich Zinsen. Die ganze Sache ist ohnehin peinlich genug, weil er den Papa damals wegen der Höhe des Kredits beschwindelt hatte. Aber noch größer als die Verlegenheit ist die Entrüstung über den Bankier, den »Dummkopf«, der jetzt, nach fünf Jahren, sein Geld wiederhaben will und Zinsen obendrein – das Geld ist doch längst ausgegeben.

»Da wird nichts draus ...«, protestiert Mozart. Am allergrößten ist jedoch sein Befremden darüber, daß der Papa diese Schuld nicht längst beglichen hat – früher konnte man sich darauf verlassen, daß er alles diskret in Ordnung brachte.

Aber dazu ist Leopold Mozart seit der fatalen Hochzeit seines Sohnes nicht mehr bereit. Das sollen die Weberischen tun. Trotzdem wird er gebeten, für eine weitere Stundung dieses Betrages beim Salzburger Bankhaus zu sorgen, denn wie immer ist Wolfgang Mozarts Schatulle im Augenblick leer: »... auf der stelle bin ich es nicht im Stande.«

Dabei geht es in Wien sofort mit intensiver Arbeit und rauschenden Erfolgen weiter in diesem Winter 1783–84: »... und abends hab ich fast alle tage zu spielen.« Woche für Woche fünf bis sechs Konzerte in den Salons Kaunitz, Galitzin, Esterházy, Cobenzl, Thun, Pálffy, Zichy, Ployer, Trattner und vielen vielen anderen. Auch der Botschafter Graf Sickingen, der »wahre kenner der musique«, der 1778 in Paris den genialen Wolfgang Amadé Mozart ganze Tage zu sich kommen ließ, um mit ihm zusammen Opern-Partituren zu studieren, ist jetzt in

Wien und verlangt nach Mozart, der sogleich zu ihm eilt mit seiner Lieblings-Oper »Idomeneo«.

Unverständlich ist nur, warum er jetzt noch immer Lektionen gibt, eine Arbeit, die ihm stets überaus lästig war. Finanziell dürfte er das seit zwei Jahren nicht mehr nötig haben.

Die Soireen in den Palais bringen ihm sichere 300 bis 500 Gulden jede Woche ein, wenn nicht viel mehr – abgesehen von den öffentlichen Konzerten, den kaiserlichen Dukatenrollen, den van-Swieten-Barocksonntagen, den Verlegerhonoraren und seinem eigenen Verkauf von Partitur-Abschriften.

Doch die effektvolle Legende vom armen, darbenden Mozart scheint auch seriösen Biographen besser zu gefallen als alle Dokumente. Daß Mozart jetzt noch Lektionen gibt, erklärt Schenk als »des Lebens Not.«

Im Januar 1784 – wieder außerhalb der üblichen Termine – ziehen sie abermals um, diesmal in eine große Wohnung im berühmten Trattner-Hof am Graben, der dem reichen Buchdrucker Johann Thomas von Trattner, Ehemann von Mozarts Schülerin Therese von Trattner, gehört. Auch hier bleiben sie die Miete schuldig, obwohl Freund Trattner ihnen den Betrag für das Halbjahr von 75 auf 65 Gulden gesenkt hat. Ende Februar schließlich bekommt er 2 Gulden als Anzahlung.

Vermutlich angeregt durch die Konzerte, die Leopold Mozart im Sommer im Tanzmeistersaal veranstaltete, beginnen Wolfgang und Konstanze Mozart in ihrer großen Wohnung im Trattner-Hof nun ebenfalls mit Haus-Akademien.

Und noch eine Anregung verdankt er wohl seinem ordentlichen Vater: Er legt ein Verzeichnis seiner Werke an, in das er jede neue Komposition mit den ersten Takten einträgt.

Mozarts Akademien sind jetzt die herausragenden gesellschaftlichen Ereignisse von Wien. Die gesamte musikalische

Noblesse der Kaiserstadt und die höchsten Ränge der ausländischen Diplomatie haben sich auf seine öffentlichen Konzertreihen subskribiert. Stolz schreibt er für seinen Vater die illustre Namensliste ab und schickt sie ihm.

Von Dittersdorf wissen wir, daß manche Subskribenten anstelle der 2–3 Gulden für ein Eintrittsbillet den zehn- bis fünfzig-, selbst hundertfachen Betrag schicken und daß ihm ein einziges Konzert über 4000 Gulden eingetragen hat; das gleiche schreibt auch eine Zeitung über ein Konzert der Sängerin Nancy Storace. So können wir uns vorstellen, was Mozart, der Abgott der Wiener Gesellschaft, mit seinen allerdings sehr zahlreichen Akademien eingenommen haben mag.

Und selbst jetzt, im Zenit seiner Triumphe als Klavier-Virtuose, beschämt ihn die Tatsache, keinen Dienstherrn zu haben, so sehr, daß er sich »Wolfgang Amadeus Mozart, frstl. Salzburg. Kapellmeister« nennt.

Die chaotische Geldwirtschaft im Hause Mozart geht unterdessen stürmisch weiter. Konstanze hat viel Verdruß mit ihren Dienstboten – woran es liegt, wer weiß es? Man läßt die »Schwemmer liserl« aus Salzburg kommen. Sie ist die Nichte von Leopold Mozarts langjähriger Dienstmagd Tresel. Liserls Monatslohn von 1 Gulden liegt um die Hälfte unter dem in Wien üblichen. Eine Köchin haben sie außerdem.

Das »Schwemmer Liserl« beklagt sich bitter in einem Brief nach Hause, daß sie täglich siebzehn Stunden arbeiten müsse und niemals satt zu essen bekäme. Dabei müssen Mozarts Einkünfte in diesem Winter mindestens 10.000 Gulden betragen haben.

Größere Gegensätze bei einem Paar lassen sich schwer vorstellen: der verschwenderisch großzügige Wolfgang Mozart, berühmt für seine offene Schatulle, der so gern muntere

Gesellschaft zum Speisen einlädt – und die bis ins Mark geizige Konstanze Mozart, die ihr Personal ausbeutet, die jeden Bissen zählt, der an ihrer Tafel gegessen wird, und die noch nach über vierzig Jahren bei Nissen erbittert alle diejenigen beschimpft, die etwas von Mozarts Goldregen abbekommen haben, und sei es eine Mahlzeit.

Unter diesen Umständen kann von »freundlicher Bohèmewirtschaft« (Paumgartner) kaum gesprochen werden. Im übrigen ist das Wien dieser Epoche berühmt für die Gastlichkeit der Tafel in allen Häusern.

Die Klage der unglücklichen Dienstmagd, sie müsse bei Mozarts verhungern, ist nur ein Beispiel für Konstanzes Geiz schon während der Ehe.

Leopold Mozart, der ein Jahr später mehrere Wochen bei ihnen in Wien zu Besuch ist, beschreibt sehr anschaulich ihren Lebensstil, ihre Luxuswohnung – die sechste Wohnung innerhalb zwei Jahren – staunt über Wolfgangs Konzerteinnahmen, nennt jedoch Konstanzes Hauswirtschaft »... was Essen und Trinken betrifft, im höchsten Grad ökonomisch ...« – ökonomisch heißt sparsam – und friert erbärmlich bei der schwachen Heizung.

Mozarts fröhliches Schmausen mit Freunden hat vermutlich schon bald nach der Hochzeit nur noch in Gasthäusern stattgefunden.

Ein weiterer Beweis für Konstanzes berechnendes Wesen schon in der Ehe ist die Auseinandersetzung der 76 Jahre alten Witwe Konstanze Nissen mit der Witwe und den Söhnen des Komponisten Johann Nepomuk Hummel. Dieser lebte als Kind in den Jahren 1786 bis 88 jeweils monatelang umsonst im Hause Mozart und bekam Klavierunterricht; und Hummel bewahrte seinem Lehrer stets die zärtlichste Dankbarkeit. Später gab er Mozarts Sohn gratis Musikunterricht.

Die jetzt steinreiche Konstanze Nissen macht dem toten

Hummel posthum Vorwürfe, weil er sie nicht in seinem Testament bedacht hat für die vor 50 Jahren gewährte Unterkunft und Kost, »... da ich ihn als Ziehsohn so lieb gewann und seines Talentes wegen meinen eigenen Söhnen weit vorzog ...«[*]

Beharrlich macht sie fast zwei Jahre hindurch geltend, daß sie sich von dem damals 7- bis 9jährigen Kind mehrmals habe versprechen lassen, daß er »... meine Mühe, Liebe, Sorgfalt und Ausgaben .. alles, was ich ihm einst Gutes erwiesen habe ... reichlich vergüten werde«.

Als aber jetzt die Familie Hummel ihre Ansprüche weiterhin ignoriert, wendet sich Konstanze Nissen an die Landesregierung von Weimar, »... um sie mit gerichtlichem Ansehen und Einfluß zu bewegen ...«, ihre Forderungen zu erfüllen – allerdings vergebens.

Diese Geschichte macht, zusammen mit den wenigen Spuren aus der Ehe, deutlich, daß alle Versuche, aus Konstanze Mozart eine warmherzige Person, gar eine kultivierte Dame zu machen, als »gutgemeint« abgetan werden können, ebenso wie die, der ordinären Familie Weber ein gehobenes Niveau nachzusagen. Die Lady in Wolfgang Mozarts Biographie heißt nicht Konstanze, sondern Nannerl Mozart. Mozarts Operngestalten Pamina und die Gräfin Almaviva haben sicher nichts von Konstanze, dafür aber viel vom Wesen seiner Schwester Nannerl.

Was aber geschieht mit den großen Summen, die er unentwegt einnimmt? Irgendwann nach der Rückkehr der beiden aus Salzburg und Linz scheint Wolfgang Mozart selbst stutzig geworden zu sein angesichts der klaffenden Finanzlücken trotz seiner riesigen Einnahmen. Er beginnt ein Ausgabenbuch zu führen.

[*] Novellos, die sie neun Jahre zuvor besucht hatten, notieren: »Hummel war Mozarts Schüler, aber sie dachte nicht günstig von ihm und sprach von ihm mit Gleichgültigkeit.«

Doch – wen wundert's? – auch das ist verschollen; außer zwei Blättern mit rührenden Eintragungen:

»... 1. May 1784 Zwey Mayblumel 1 kr ...« und

»... 27. May 1784 Vogel Stahrl 34 kr ...« und den dazugesetzten Noten, die der Matz gepfiffen hat (aus KV 453), ist nichts enthalten. Diese sollen wohl den »goldigen Mozart« zeigen, so wie er in der Nissen-Biographie aufbereitet wurde, um die Welt zu rühren.

Die Witwe wird später erzählen, sie selbst habe das Ausgabenbuch weitergeführt. Aufgehoben hat sie es nicht, ebensowenig wie andere Spuren aus Mozarts Wiener Alltag wie die Korrespondenzen mit seinen Münchner und Salzburger Freunden, Briefe und Billetts von Kollegen, Freunden, Enthusiasten und Gönnern; Einkaufsquittungen, Bankzettel, Verträge – nichts ist erhalten, alle Spuren scheinen sorgfältig getilgt. Selbst Mozarts Gästebücher sind verschwunden bis auf wenige Seiten.

Und seit dem Sommer 1784 sind auch Wolfgang Mozarts Briefe an den Vater vollständig ausgemerzt für die letzten drei Lebensjahre Leopold Mozarts, mit einer einzigen Ausnahme: dem Brief, den der Sohn dem sterbenden Vater schreibt. Es fehlen rund sechzig Briefe nach Salzburg aus Mozarts Wiener Glanzjahren 1784–1787.

Hätten wir diese Korrespondenz, dann hätten wir vielleicht den Schlüssel zu Konstanzes Wesen und zu den rätselhaften Finanzen im Hause Mozart. Was wurde in den Briefen erörtert und war zu peinlich für Frau Mozart?

Die Magd aus Salzburg, das »Schwemmer Liserl«, haben sie wieder heimgeschickt, nachdem sie sich über den Geiz im Hause Mozart beklagt hat.

Bei ihrer Tante Tresel im Hause Leopold Mozarts dürfte das Mädchen genügend Gelegenheit bekommen haben, sich von Herzen auszusprechen, und es wird eine Menge gewesen sein, die sie zu erzählen hatte: von Wolfgang Mozarts rastlosem Konzertieren, Lektionengeben, Komponieren und seinen spektakulären Erfolgen einerseits – und von Konstanzes Geiz, Schulden, Gezänk mit Hauswirten und Gläubigern andererseits.

Sie konnte erzählen von den Hauskonzerten, bei denen Enthusiasten ganze Rollen Louisdor schenkten – das sind mehrere hundert Gulden. Die Dienstmagd hat miterlebt, wie die prächtig gekleideten Lakaien der Noblesse mit den Dukatenrollen und Präsenten kamen, um ihre Herrschaft eintragen zu lassen in die Subskriptionslisten, und um die Billetts für Wolfgang Amadeus Mozarts Akademien zu holen.

Sie konnte genau berichten, wer die Gelder in Empfang nahm und die Preziosen, während Mozart unterwegs war zum Lektionengeben, Konzertieren, beim Verleger oder Notenstecher; der meistens nachts komponierte, weil er am Tag keine Zeit dazu hatte.

Vielleicht hat sie auch erzählt, daß Baron Trattner noch immer auf seine Miete wartete.

Konnte sie auch etwas darüber sagen, wohin die Goldströme geflossen sind?

Am 23. August erkrankt Mozart beim Opernbesuch von Paisiellos »Il re Teodoro in Venezia« für drei Wochen, vermutlich sind es Nierenkoliken. Der Salzburger Jugendfreund Dr. Siegmund Barisani, jetzt sein Hausarzt in Wien, besucht ihn fast täglich.

Ebenfalls am 23. August 1784 ist die Hochzeit Nannerl Mozarts in St. Gilgen am Wolfgangsee.

Der Bruder gratuliert aus Wien mit einem launigen Gedicht. Konstanze schreibt nicht und schickt auch nichts. Sie läßt durch ihn grüßen und Glück wünschen.

Nannerl aber bringt noch ein weiteres Opfer: Sie überläßt dem einsamen Vater ihren eigenen Sohn – das Leopoldl –, den sie im nächsten Jahr in Salzburg zur Welt bringt, bis zu Leopold Mozarts Tod. Das Bübchen wird das Glück des verlassenen alten Hiob, der es mit zärtlichster Fürsorge umhegt und bereits bei dem Einjährigen frühe Spuren Mozartscher Musikalität zu entdecken sucht.

XI.

ÜBER MOZARTS EINNAHMEN UND DEN WERT DES GELDES

Nur unter großem Vorbehalt kann man den Wert von 1 Gulden zu Mozarts Zeit mit 50,– DM von heute (1991) gleichsetzen. Das zeigen nicht allein die niedrigen Mietpreise von damals, sondern auch die Arbeitslöhne für Dienstboten, Handwerker, Arbeiter, die, zwischen 12 und 60 Gulden jährlich, im krassen Gegensatz zu den bei uns üblichen stehen.

Der täglich ins Haus kommende Friseur – Mozart läßt sich zeitweise von ihm morgens um 5 Uhr wecken – erhält für Rasieren und Frisieren von jedem Kunden monatlich 2 Gulden.

Auf der anderen Seite ist Kleidung außerordentlich teuer, spielt aber eine zentrale Rolle für alle, die sich innerhalb der höfischen Gesellschaft bewegen – nicht allein für ihre herrschende Mitglieder, sondern auch für die Angestellten.

Die sorgfältige Kleidung eines Mannes ist wesentlicher Ausdruck seiner Selbstachtung, und er muß mindestens 160 Gulden im Jahr dafür aufwenden, fast soviel wie für seine

Ernährung, für die man jährlich etwa 180 Gulden rechnet. Außer Stoffen, Spitzen und Garnen kosten Brennholz, Papier, Bücher und Zeitungen wesentlich mehr als heute; Importwaren sind ein Luxus, den sich nur wenige leisten können, so auch eingeführte Delikatessen wie Kaffee und Zucker.

1 Gulden bezahlt man für jeweils:

10	Pfund Rindfleisch
700	Gramm Zucker
10	Maß Bier
4	Pfund Butter
6	Pfund Reis
4	Pfund Kerzen
1	Pfund Baumwollgarn
8	Bögen Notenpapier
1	Arztbesuch
1	Opernbillett
1	Mahlzeit mit Wein in einem guten Gasthaus
1	Monatsrate eines Abonnements der »Wiener Zeitung«, die zweimal wöchentlich erscheint.

Für 1 Gulden arbeitet ein Stickereimädchen 17 Tage, ein Wäschermädchen 1 Monat.

Die Armen leben von Brot und billigem Getreide wie Gerste und Hafer.

1200 Gulden beträgt das Jahresgehalt des Chefchirurgen am neuen Wiener Krankenhaus.

1200 Gulden im Jahr ist auch die Summe, die Mozart und Konstanze vor ihrer Hochzeit ausgerechnet hatten als Voraussetzung für einen sorgenfreien Ehestand.

Die Frage, wieviel Geld Mozart verdient hat, ist nur vage zu beantworten: es war ungeheuer viel, jährlich zwischen 10.000 und 15.000 Gulden, so lange er seine Virtuosenkonzerte gab.

Wann diese aufhörten, ist aus Mangel an Dokumenten nicht festzustellen – etwa mit Ende des Jahres 1788.

Auch nach diesen »goldenen Jahren« muß Mozart noch immer wenigstens 5000 Gulden jährlich eingenommen haben, nicht mitgerechnet die Darlehen und auch nicht die vielen kostbaren Präsente, die wohl meistens gleich zu Geld gemacht wurden ..

Wenn Johann Nepomuk Hummel außer einem Geldvermögen von 150.000 Gulden seiner Familie 174 Galanterien hinterließ – 114 Golduhren »von seltener Schönheit«, 26 Diamantringe »von äußerst rarem Wert« (ein solcher Ring kostet zu Mozarts Zeit 1350 Gulden) und 34 Tabatieren aus purem Gold – so läßt sich ahnen, was Mozart in seinen zehn Wiener Jahren von der Aristokratie geschenkt bekam, zusätzlich zu seinen Honoraren.

Das Rätsel, wohin das viele Geld geflossen ist, das er in Wien einnahm, bleibt ungelöst, solange keine neuen Dokumente auftauchen. Noch wehren sich viele Biographen gegen die Vorstellung, daß Mozart keineswegs das arme, verkannte und am Ende vergessene Genie war, sondern der verwöhnte Liebling der Wiener Gesellschaft und ein großer Verschwender.

Es gibt die bizarre Bilanz von Carl Bär* mit der deutlichen Tendenz, die Legende vom armen Mozart »bis zum bitteren Ende« zu erhalten, in der er die gesamten Lebenshaltungskosten von Mozarts Wiener Jahren, über die es fast keinen Beleg gibt, einschätzt – und zwar übertrieben hoch – sich jedoch bei den Einnahmen ausschließlich auf die ebenso raren nachweisbaren Summen beschränkt (und selbst diese gern nach unten fälscht).

Diese eifrige Verteidigung von Mozarts Armut war die Reaktion auf eine Untersuchung Uwe Kraemers**, der zu dem

* Carl Bär: »Er war ... kein guter Wirth« (Acta Mozartiana 1978).
** Uwe Kraemer: »Wer hat Mozart verhungern lassen?« (Musica 76,3)

höchst realistischen Ergebnis kam, daß Mozart allein mit seinen Konzerten jährlich etwa 10.000 Gulden eingenommen habe und diese möglicherweise im Glücksspiel durchbrachte.

Zuzutrauen wäre ihm das Glückspiel freilich – es paßt zumindest zu dem Bild, das man sich aus allen Quellen von ihm macht – doch fehlt hierfür jeder Beweis.

Kraemers Hinweis auf den jungen Dittersdorf und seine Spielschulden von 70 Gulden bezieht sich auf eine andere Epoche, auf die Zeit Maria Theresias, als das Glücksspiel – vor allem Pharao – noch allgemeiner Zeitvertreib der Gesellschaft war, von der Kaiserin und den Höflingen über die Kavaliere und Abenteurer vom Schlage Casanovas bis zu manchen Künstlern, wie wir aus vielen Lebensberichten jener Epoche wissen. Damit aber ist es in Mozarts Wiener Jahren, dem »Josephinischen Jahrzehnt«, vorbei.

»Daß sich Wien seit der neueren Epoche in diesem Punkte wesentlich geändert habe, sieht jedermann auf den ersten Blick. Die Strafgesetze auf die Glücksspiele werden scharf exekutiert; die Chevaliers d'industrie sind teils verjagt worden, teils von selbst verschwunden, die Spielbankerotte sind eine fast unerhörte Sache.

Der edlere Teil des Publikums fängt an, sich ehrenvollere und geistigere Unterhaltungen zu wählen. Hauskomödien, Musiken, freundschaftliche Diskurse verdrängen allmählich das Spiel« (Pezzl).

In sämtlichen Quellen findet sich nicht der geringste Hinweis, keine Andeutung einer Leidenschaft Mozarts für Glücksspiele – außer der für das Billard, wofür er sich einen eigenen Billardtisch angeschafft hatte. Und auch Konstanze, die neben vielen Zeitgenossen seine Vorliebe für das Billardspiel erwähnt, berichtet nichts von Spielverlusten.

Mozarts Passion für luxuriöse Kleidung, seine Großzügigkeit – das alles ist bei seinen immensen Einkünften unproblematisch, zumal Konstanze geschäftstüchtig ist, ausgezeichnet wirtschaften kann und großen Einfluß auf ihn hat.

»... keinen Kreuzer sicheres Einkommen ...«, wird sie später als Grund für die ewigen Schulden angeben, Mozart habe »nichts Gewisses«, also keinen festen Dienst gehabt.

Welcher freiberufliche Glückspilz von heute, der jährlich zwischen 500.000 und 750.000 DM einnimmt, aber wachsende Schulden hat, würde es wagen, sich damit herauszureden, daß seine Einnahmen nicht regelmäßig, sondern springflutartig kommen?

Außerdem: Als Mozart ab Ende 1787 das ersehnte kaiserliche Jahresgehalt bekommt, geht die finanzielle Misere erst richtig los.

Doch Konstanze schiebt jede Verantwortung weit von sich. Zeitgenossen der Witwe berichten von ihrer »herben Bitterkeit über seine Unfähigkeit, seiner Familie eine sorgenfreie Existenz zu verschaffen, und während sie seine Liebe zu ihr aufrichtig anerkannte, war sie wiederum nicht abgeneigt, ihm und ihm ganz allein die volle Schuld ihrer damaligen Situation beizumessen« (Jahn).

Konstanzes Vorliebe für schöne Garderobe ist ebenso dokumentiert wie die ihres Mannes. Sie hat Dienstboten und somit genug Zeit, um wie die meisten unbeschäftigten Frauen »... die Hälfte des Tages am Putztisch zu verschwenden und Sklave eines Schneiders zu sein« (Pezzl).

Die Damenmoden im Wien der 80er Jahre »... sind einer der ersten, wesentlichsten und kostbarsten Bestandteile unseres Luxus ...« Das kommt von der außerordentlich hohen Importsteuer. So kann eine Seidenrobe bis zu 600 Gulden kosten; den Preisen für Schmuck sind bekanntlich nach oben keine Grenzen gesetzt.

Flauberts Emma Bovary hat uns gezeigt, wie leicht ein Ehemann durch die exquisite Garderobe seiner Frau ruiniert werden kann. Charles Bovary aber lebte auf dem Land und war für sich selbst sehr bescheiden. Er hatte außer seiner teuren Gattin nicht noch eine Schwiegermutter und zwei Schwägerinnen, die seine Gutherzigkeit ausnutzten.

Denn daß Cäcilia Weber sich bei dem Goldregen im Hause Mozart zurückgehalten hätte, ist nicht anzunehmen. Nachdem es ihr gelungen war, die leichtlebige, putzsüchtige Tochter an den Liebling der Wiener Gesellschaft zu verheiraten, dessen Ruhm seit seiner deutschen Oper »Die Entführung aus dem Serail« unaufhaltsam wuchs, legte sie ihre Daumenschrauben ab; und bereits im Juni 1783, bei Konstanzes erster Niederkunft, war auch die Zuneigung des Schwiegersohnes Mozart zurückgewonnen.

Ihre Töchter hat sie fest im Griff. Aloisias Ehe wird daran zerbrechen. Auch Konstanze Mozart ist stets eine Weberische geblieben, nicht allein in ihrer Habgier, sondern auch in ihrer Bindung an die Mutter.

Natürlich strahlt die Aura von Mozarts Ruhm und seiner Beliebtheit in der höchsten Gesellschaft auch auf seine neue Verwandtschaft aus und hebt deren Kredit. Außerdem wird Cäcilia Weber weiterhin »beraten« von Johann Thorwart, dem Verwalter der Opern- und Theaterkassen.

Sie wohnt jetzt mit ihren beiden Töchtern in der teuren Kärntnerstraße. Josepha hat Gesangstunden bei Righini, der auch am Kaiserhof unterrichtet.

Weitere Dokumente fehlen über das Leben Cäcilia Webers. Leopold Mozart wird ihr Mittagessen loben, zu dem er 1785 eingeladen wird, und Joseph Lange wird der ränkesüchtigen Schwiegermutter die Schuld am Scheitern seiner Ehe geben.

1793 stirbt sie in ihrer nunmehrigen Wohnung in der billigen Vorstadt auf der Wieden.

Konstanze wird später auch ihre Mutter und ihren Vater adeln. Nach ihrem eigenen Tod steht in der Salzburger Zeitung:

»... Sie stammte aus einer sehr achtbaren Familie, da ihr Vater Friedolin von Weber, Oberamtmann zu Freiburg, und ihre Mutter Cäcilie dem adeligen Hause von Stamms-Stamm entsprossen war.«

XII.

1782 – 86: KEINE OPERA

Es gibt noch ein heikles Thema zwischen Vater und Sohn, das in den verschwundenen Briefen behandelt worden sein mag: das ist Wolfgang Mozarts exzessives Konzertieren. »... und abends habe ich fast alle tage zu spielen...« Bei Nissen steht davon nichts. Aber Tagebücher, Briefe und Memoiren bestätigen es.

Nicht der Komponist Wolfgang Amadeus Mozart ist die Sensation und bringt die Welt immer mehr zum Staunen, sondern der Klavier-Virtuose, der »famose Flügellist«. Leopold Mozart ist nicht der einzige, der diese Entwicklung erkannt hat; eine Zeitung schreibt maliziös: »... Er ist auch gefällig genug, sich recht oft hören zu lassen. Seine Ernte ist nicht auf die Fastenzeit beschränkt, er thut es im Advent, und wenn es sonst dem Publikum beliebt, auch im Sommer.«

Und Schubarts Vaterlandschronik meldet:

»Mozart, am jetzigen Musikhimmel ein Stern der ersten Größe ... Krittler behaupten, er habe den Zauber seines Genies ganz auf den Flügel verpflanzt ...«

Eine gefährliche Entwicklung, die dem Vater Sorge macht. Sein Sohn ist zum Komponisten geboren und dafür mit der größten Sorgfalt erzogen worden. Hat er selbst sich nicht immer wieder beklagt, wenn er durch Konzerte und Lektionen vom Komponieren abgehalten wurde? Es ist ohnehin erstaunlich, wie lange das Wiener Publikum sich für Mozart, den brillanten Virtuosen begeistert. Eines Tages wird es genug haben und einem anderen »Hexenmeister« zujubeln.

Was ist mit seiner allergrößten Sehnsucht, dem Schreiben von Opern? »ich habe eine unaussprechliche begierde wieder einmahl eine opera zu schreiben ... es ist wahr; man bekömmt nicht viell, aber doch etwas; und man macht sich dadurch mehr Ehre und Credit als wenn man 100 Concert im teütschland giebt. und ich bin vergnügter, weil ich zu Componiern habe, welches doch meine einzige freüde und Paßion ist ... dann ich darf nur von einer opera reden hören, ich darf nur im theater seyn, stimmen hören – – o, so bin ich schon ganz ausser mir ...« Das schrieb er im Herbst 1777 aus München zu Beginn der Mannheim-Paris-Reise. Und aus Mannheim:

»... vergessen sie meinen Wunsch nicht Opern zu schreiben. ich bin einen jeden neidig der eine schreibt. ich möchte ordentlich für verdruß weinen, wenn ich eine aria höre ...«

Und trotzdem mußte er noch fast drei Jahre warten, bis sich in München dieser Traum erfüllte; und mit welcher intensiven Leidenschaft schuf er seinen »Idomeneo«.

Das, wofür die Freunde um Christian Cannabich »mit händen und füssen« arbeiten mußten und wofür er selbst offenbar auch im Honorar extrem herunterging – das hat man ihm in Wien gleich nach seiner Ankunft angetragen; denn Wien, das Mekka aller Opernkomponisten, hat einen permanenten Bedarf an immer neuen Stücken.

In Mozart-Biographien steht fast ausnahmslos, er habe nach dem triumphalen Erfolg seiner »Entführung aus dem Serail« sehnsüchtig, »mit heißen Wangen«, auf den nächsten Opernauftrag gewartet, der »ihm versagt wurde«, den „die Ungunst der Verhältnisse« ihm verweigerte; man habe den Komponisten der »Entführung« vergessen; Neid und Intrigen seiner Rivalen, vor allem der Italiener um Salieri, seien daran schuld gewesen; er habe kein geeignetes Libretto finden können.

Die Wahrheit sieht auch hier ganz anders aus. Sie steht in Wolfgang Mozarts eigenen Briefen.

Gleich nach dem beispiellosen Erfolg der »Entführung«, die der Deutschen Oper endlich volle Häuser bringt, wird er von allen Seiten bestürmt – und sicher auch von Aloisia, die so oft in der Rolle der Konstanze glänzt –, gleich die nächste Oper zu komponieren, um die durch ihn so glücklich begonnene deutsche Operntradition fortzusetzen.

»... ich kann freylich das Jahr wenigstens eine Oper schreiben ...«, berichtet er dem Vater, man würde »mir nur gar zu gern eine opera zu schreiben geben, wenn ich nur will! – welches letztere ich aber schwerlich wollen werde ...«

Warum aber will Mozart, jetzt am Ziel aller Träume seines Komponistendaseins, plötzlich keine Oper schreiben – keine deutsche, aber auch keine italienische? Denn nach Auflösung der Deutschen Oper mangels zugkräftiger Stücke beginnt im April 1783 wieder die Epoche der traditionellen italienischen Oper am Burgtheater. Intendant Graf Rosenberg-Orsini wünscht auch von Mozart eine Opera buffa, und dieser ist, inspiriert von dem hervorragenden italienischen Ensemble, zunächst Feuer und Flamme.

»... ich möchte gar zu gerne mich auch an einer Welschen opera zeigen ...«

Lorenzo da Ponte, ein neu engagierter Textdichter, will ihm ein Libretto schreiben.

Man schlägt ihm »La serva padrona« vor.

Er beginnt mit der Komposition an zwei verschiedenen Opern: »Lo sposo deluso« und »Il regno delle amazone«. In Salzburg arbeitet unterdessen Varesco, der Librettist seines »Idomeneo«, an einem Textbuch für Mozart: »L'oca del

Cairo«, und als Wolfgang mit Konstanze im Sommer 1783 Vater und Schwester besucht, beginnt er eifrig mit der Komposition, so daß er erste Akt nahezu fertig ist.

Doch alle begonnenen Projekte bleiben liegen, und das Unbegreifliche geschieht: Mozart komponiert überhaupt keine Oper, weder eine deutsche, noch eine italienische.

Der aufwendige, von Kaiser Joseph II., großzügig finanzierte Opernbetrieb am Burgtheater, ein Magnet für alle Musikfreunde Europas, wartet jahrelang vergeblich auf eine Oper von Wolfgang Amadeus Mozart.

»... Ich habe dermalen sachen zu schreiben, die mir *in diesem augenblick geld eintragen – später nicht*«, erklärt er dem Vater auf dessen Mahnungen.

Es geht also jetzt um Geld. Das hat sich schon gleich nach der Hochzeit gezeigt: »... ich werde eine opera schreiben, aber nicht um mit hundert duckaten (450 Gulden) zuzusehen wie das Theater in 14 Tägen dadurch viermal so viel gewinnt; –«

Ohne Zweifel weiß der Vater, wessen gesunder Menschenverstand dahintersteckt. Konstanze hat offensichtlich rasch überschlagen, wo das meiste Geld zu holen ist; das sind ihre Valeurs.

Für die Komposition der Oper gibt es ein einmaliges Honorar; weitere Aufführungen an anderen Bühnen, auch der Siegeszug der »Entführung« durch ganz Deutschland, bringen Mozart nur Ruhm und Ehre, aber kein Geld. Zum Honorar kommen einige hundert Gulden aus der Kaiserloge bei jedem Besuch des Monarchen, eine Abendeinnahme, sowie Druckrechte und Kopien der Partitur. Das sind zwar insgesamt etwa 2500 Gulden, doch ist mit Virtuosen-Konzerten in kürzester Zeit das Vielfache herauszuholen. Ist es also Konstanze, die ihm das Opern-Komponieren ausredet? Immerhin, ihrem wachen Geschäftssinn dürfte auch die heutige Menschheit zustimmen.

Aber wie hält Mozart es nur aus, mitanzusehen, wie am Burgtheater eine Opera buffa nach der anderen erfolgreich in Szene geht, ohne daß er selbst mit seinem Werk alle anderen in den Schatten stellt?

Etwa zehn neue Stücke werden jedes Jahr gebraucht. Hier muß man nicht warten, bis man einen Auftrag bekommt. Jeder in Wien lebende, jeder durch Wien reisende Komponist hat die Chance, eine Oper am Burgtheater aufzuführen. Von Mozarts Kompositionsschüler, dem Engländer Stephen Storace, werden zwei Opern gespielt.

»... wenn ich mir öfters vorstelle, das es richtig ist mit meiner opera, so empfinde ich ein ganzes feuer in meinem leibe, und zittern auf hände und füsse für begierde ... fodert mann mich aber heraus, so werde ich mich zu defendirn wissen ... denn ich Rauffe mich nicht gern mit zwergen. gott gebe es, daß bald eine veränderung geschieht!« Das schrieb er aus Paris vor einigen Jahren.

Es sind beileibe kein Zwerge, die ihn hier in Wien herausfordern. Außer Gluck und dem Belgier Grétry beherrschen die Italiener den Spielplan: Cimarosa, Paisiello, Sarti, Gazzangia, Anfossi. Antonio Salieri komponiert eine Oper nach der anderen, durchschnittlich zwei Werke jährlich, die neben denen von Sarti und vor allem Paisiello zu den beliebtesten gehören.

Giovanni Paisiello, Hofmusiker in St. Petersburg, ist auch der erklärte Favorit-Komponist Kaiser Josephs II. Seine zahlreichen in Wien gespielten Werke – Paisiello hat insgesamt 123 Opern geschrieben – gefallen auch Mozart. Als Paisiello nach Wien kommt, ist Mozart häufig mit ihm zusammen, diesem sympathischen Athleten, von dem erzählt wird, daß er sich in St. Petersburg mit Fäusten gegen freche Aristokraten zur Wehr setzt, und den Katharina die Große, deren Lieblingskomponist er ist, »das grünäugige Ungeheuer« nannte.

Und obwohl Mozart weiß, daß er sie alle übertrumpfen kann, diese berühmten Italiener mit ihrer berühmten Opern-Tradition, begnügt er sich jahrelang mit unausgesetzten Klavier-Konzerten, als seien diese sein Lebensweck.

»... ich habe eine unaussprechliche begierde wieder einmahl eine opera zu schreiben ... man macht sich dadurch mehr Ehre und Credit als wenn man 100 Concert in teütschland gibt ...« Das wußte er 1777 ganz genau.

Gelegentlich komponiert er für einen Sänger eine Arie in eine fremde Opernaufführung – es ist in der Epoche nichts Ungewöhnliches, daß eine Primadonna sich von einem anderen Komponisten eine Gesangseinlage schreiben läßt – so auch im Juni 1783, als Aloisia mit zwei Arien (KV 418*, 419) von Mozart in Anfossis »Curioso indiscreto« auftritt. »... es gefiel gar nichts als die 2 arien von mir ...«, wird er seinem Vater schreiben.

Dieser drängt, an der »Gans von Kairo« weiterzuarbeiten. Aber was Leopold Mozart im Sommer in Salzburg gelang, als er seinen Sohn bei sich hatte und durch Aufmerksamkeit und Lob zum Komponieren anregte, das ist aus der Ferne nicht mehr möglich.

»... Ich habe dermalen sachen zu schreiben, die mir *in diesem augenblik geld* eintragen – ... die opera wird mir allzeit bezahlt –«, vertröstet der Sohn seinen Vater, »– meine gemachte Musique liegt und schläft gut. –«

Aber auch darin ist Mozart wieder einmal zu sorglos. Seine »gemachte« Opernmusik verschläft die Glanzzeit des Burgtheaters, das sich unter der persönlichen Protektion des Kaisers zur bedeutendsten Opernbühne von Europa entwickelt hat und gerade jetzt, zwischen 1783 und 1787, seine absolute Blüte erlebt. Schon Anfang 1787 verlassen einige Solisten das hervorragende Ensemble.

*KV 418 ist die Arie, die Burt Lancaster in Viscontis »Gewalt und Leidenschaft« auf seinem Grammophon spielt.

Und ab 1788, mit den Türkenkriegen und der Abwesenheit des Kaisers, den Sparmaßnahmen und dem allmählichen Stimmungsumschwung, erlischt die überragende Bedeutung des Wiener Operntheaters.

Als Joseph II. im Februar 1790 stirbt, folgt ihm sein Bruder Leopold von Toscana auf den Thron, und er hat andere Leidenschaften. Mozart wird dann nicht mehr gebraucht.

XIII.

1785: LEOPOLD MOZARTS BESUCH IN WIEN

Seit Nannerls Hochzeit im August 1784 ist der Vater allein in seiner riesigen Wohnung im Tanzmeisterhaus. Seine drei Kostzöglinge sind fertig ausgebildet nach München zurückgekehrt. Als Schüler Leopold Mozarts haben sie die besten Chancen in der Musikwelt.

Der Hund Pimpes, der im Briefwechsel der Mannheim-Paris-Reise eine große Rolle spielte, ist gleichzeitig mit Nannerls Auszug gestorben. Einsam muß Leopold Mozart den vielen Erinnerungen standhalten.

»Ich bin zwar itzt, ganz allein, zwischen 8 Zimmern in einer wahren Todes=stille ...«, schreibt er der »Frau Tochter«, wie er sie pflichtschuldig nennt seit ihrer Heirat, denn Nannerl ist jetzt »Euer Gnaden«: »... Bey Tage thut mirs zwar nichts; aber nachts, da dieses schreibe, ists ziemmlich traurig. wenn ich nur wenigst den Hund noch schnarchen und bellen hörte. das thut aber alles nichts, da ich nur weis, daß ihr mit einander vergnügt lebt, – dann bin ich auch vergnügt.«

Als eine Theatertruppe nach Salzburg kommt, um über Herbst und Winter mit verschiedenen Stücken zu gastieren, zu denen auch »Die Entführung aus dem Serail« gehört, setzt sich der wachsame Vater stundenlang in die Proben, sieht die Noten im Orchester auf Fehler durch, korrigiert und probt mit den einzelnen Musikern ihre Partie.

Ganz Salzburg ist begeistert von der »Entführung« und besucht immer wieder die Vorstellungen. Auch der Erzbischof äußert sich lobend.

Wenn ein Paket Noten aus Wien kommt, kann es der Vater kaum erwarten, mit einem Kollegen die neuesten Werke seines Sohnes zu spielen.

»... mir war mörderisch die Zeit lang, zum Glück kam um 5 uhr der junge Preymann, ... 3 der neuen Quartetten ernstlich durchzuspielen ...«, schreibt er an Nannerl. Wenn er sie am Wolfgangsee besucht, dann nimmt er die inzwischen angefertigten Stimmabschriften mit, um mit Tochter und Schwiegersohn zusammen zu musizieren.

Ende September 1784, eine Woche nach der Geburt des zweiten Kindes, Carl Thomas, ziehen Mozarts in Wien wieder um. Jetzt wohnen sie prachtvoll, und ihre große, stuckverzierte Wohnung, die sechste innerhalb zwei Jahren, ist teuer: 230 Gulden Halbjahreszins. Ob Wolfgang Amadeus Mozart noch daran denkt, was er 1779 bei seinem Besuch in der »recht hübsch und niedlich« ausgezierten Suite der Kurfürstin von Bayern empfand, als er dem Vater schrieb: »... sie ist hier logirt wie ich ganz gewis einmal logirt sein werde –«?

Zweieinhalb Jahre bleiben sie in der repräsentativen Wohnung, für Mozarts eine erstaunlich lange Zeit.

Hier veranstalten sie Haus-Akademien, hier besuchen ihn Verehrer aus aller Welt, und hier musiziert Mozart mit Joseph

Haydn, Paisiello, Dittersdorf und anderen Kollegen; auch mit Johann Baptist Vanhal, dem böhmischen Komponisten und Musiklehrer, dem einzigen Musiker, der aus freiem Willen den Hofdienst verlassen hat, um als unabhängiger Künstler zu leben.

Und in dieser feudalen Wohnung besucht Leopold Mozart seinen Sohn vom 11. Februar bis zum 25. April 1785.

Nach einer tagelangen Reise durch »schnee, Eyss und gruben«, die » durchaus abscheulich« war, kommt er durchfroren und von Rheuma gemartert in Begleitung seines ehemaligen Geigenschülers Heinrich Marchand in Wien an.

In seinen anschaulichen Briefen an das Nannerl – von denen leider auch diesmal einige fehlen – schildert er das über alle Maßen glanzvolle, aber auch strapaziöse Leben seines Sohnes.

»... den nämlichen Freytag abends fuhren wir um 6 uhr in sein erstes subskriptions Concert, wo eine große versammlung von Menschen von Rang war. jede Person zahlt für die 6 Fastenconcert einen Souvrain d'or oder 3 Dugatten (13,5 Gulden). Es ist auf der Mehlgrube, er zahlt für den Saal jedesmal nur einen *halben Souvrin d'or*. Das Concert war unvergleichlich, das Orchester vortrefflich, außer den Synfonien sang eine Sängerin vom welschen Theater 2 Arien. dan war ein *neues vortreffliches Clavier Concert vom Wolfgang*, wo der Copist, da wir ankamen noch daran abschrieb, und dein Bruder das Rondeau noch nicht einmahl durchzuspielen Zeit hatte, weil er die Copiatur übersehen mußte. Daß nun viele bekannte angetroffen, und mir alles zulief, kannst dir leicht vorstellen: bey anderen aber wurde aufgeführt. am Samstag war abends H. Joseph Haydn und die 2 Baron Tindi bey uns, es wurden die neuen quartetten gemacht, aber nur *die 3 neuen* die er zu den anderen 3, die wir haben, gemacht hat, sie sind zwar ein bischen lcichter, aber vortrefflich componiert: H. Haydn sagt mir: *ich sage ihnen vor gott, als ein ehrlicher Mann, ihr Sohn ist der größte componist, den ich von Person und den Nahmen nach kenne: er hat geschmack, und über das die größte Compositionswissenschaft.* am Sontag abend war im Theater die accademie der ital. Sängerin Laschi, die izt nach Italien reiset. Sie sang 2 Arien, es war ein Violoncello Concert, ein Tenor und Baß sangen jeder eine Aria *und dein Bruder spielte ein herrliches Concert, das er für die Paradis nach Paris gemacht hatte.* Ich war hinten nur 2 Logen von der recht schönen württemb. Prinzessin neben ihr entfernt und hatte das vergnügen alle Abwechslungen der Instrumente so vortrefflich zu hören, daß mir vor Vergnügen die thränen in den augen standen.

als dein Bruder weg gieng, machte ihm der kayser mit dem Hut in der Hand ein Compl. hinab und schrie *bravo Mozart.* – als er herauskam zum spielen, wurde ihm ohnehin zugeklatscht. – gestern waren wir nicht im Theater, – dann es ist alle Tage Accademie ...«

»... Wir kommen vor 1 uhr in der Nacht niemals schlafen, stehn niemals vor 9 uhr auf, um 2 halbe 3 zum Essen. abscheuliches Wetter! tägliche Akademie, immer Lermen, Musik, schreiben etc. wo soll ich hingehen? – – wenn nur einmahl die Akademien vorbey sind: es ist ohnmöglich die schererey und Unruhe alles zu beschreiben: deines Bruders Fortepiano Flügel ist wenigst 12 mahl, seit dem hier bin, aus dem Haus ins Theater oder in ein andres Haus getragen worden. Er hat ein grosses *Forte piano pedale* machen lassen, das unterm flügel steht und um 3 spann länger und erstaunlich schwer ist, alle freytage auf die Mehlgrube getragen wird, und auch zum Gr. Cziczi und Fürst Kaunitz getragen wurde. – ... dein Bruder hat in seiner accademie 559 f (Gulden) gemacht, welches wir nicht vermutheten, weil er eine Subscription zu 6 Concert auf der Mehlgrube hat die aus mehr als 150 Personen besteht. –«

Als der »von Sorgen ums tägliche Brot gehetzte Sohn« (Schenk) wird Wolfgang Mozart auch in diesem lukrativen Jahr in vielen Biographien dargestellt, die offensichtlich Konstanzes Version vom »Hungern und Darben« Glauben schenken – bei täglichem Konzertieren in Palästen oder ausverkauften Konzertsälen.

Vertrauen wir lieber den spärlichen Quellen und den Briefen Leopold Mozarts; er ist ein zuverlässiger Beobachter. Er sieht die hohen Einnahmen und kann die laufenden Kosten des aufwendigen gesellschaftlichen Lebensstils einschätzen – er sieht, wie anspruchsvoll sich Sohn und Schwiegertochter kleiden und schmücken – und er konstatiert in einem Brief, von dem nur die folgenden Zeilen überliefert sind:

»... Ich glaube, daß mein Sohn, wenn er keine Schulden zu bezahlen hat, itzt 2000 f (Gulden) in die bank legen kann: das Geld ist sicher da, die Hauswirtschaft ist, was Essen und Trinken betrifft, im höchsten Grad ökonomisch ...«

Auch beim Heizen wird rigoros gespart trotz des äußerst grimmigen Winters und trotz der schweren Erkältung Leopold Mozarts: »... es schneyet ganz erbärmlich und geht ein erstaunlicher Wind, der die ohnehin wenig gehaitzten Zimmer jämmerlich ausbläst ... und ich keinen warmen Winkl im ganzen Quartier weis.«

Für Nannerl, die einen neuen Flügel braucht – der Preis ist etwa 150 Gulden – ist auch jetzt kein Geld übrig.

»Ich bin äußerst betroffen«, schreibt der Vater, »daß euer Fortepiano in einem so schlechten Stande ist ... Von hier ist wenig oder gar keine Hofnung. unterdessen machet Anstalt, daß ihr mein *grosses Clavicord* hinaus nehmt ... nur daß es sicher in Stroh und wohl zugedeckt hinaus geführt wird ...«

Auch bei Cäcilia Weber ist er eingeladen, und wieder erstaunt die Objektivität Leopold Mozarts, der den Ränken dieser Frau so viel Unglück verdankt:

»*... den 17ten, am donnerstage* speissten wir bey deines Bruders Schwiegermutter, der Frau Weber, wir waren nur wir 4, die Weberin und ihre Tochter Sophie, denn die älteste tochter ist in Gratz. ich muß dir sagen, daß das Essen nicht zu viel und nicht zu wenig, anbey unvergleichlich gekocht war: das gebrattene war ein schöner grosser Phasan, – alles überhaupts vortrefflich zugericht.«

Über weitere Begegnungen Leopold Mozarts mit Cäcilia Weber ist nichts bekannt.

Dafür berichtet er von den trotz der Fastenzeit opulenten Tafelfreuden, zu denen sie tagtäglich irgendwo eingeladen sind:

»Nun, zum Voraus gesagt, ist hier an keinen Fastetag zu gedenken. Es wurde nichts als Fleischspeisen aufgetragen, und der *Phasan war zur Zuspeise im Kraut*, das übrige war Fürstlich, am Ende *Austern*, das herrlichste Confect, und viele Boutellien Champagner wein nicht zu vergessen. überall Coffeé, – das versteht sich. Von da fuhren wir in deines Bruders 2te Accademie um 7 uhr auf die Mehlgrube, die abermahl herrlich war.«

Über Konstanzes Küche dagegen gibt es keine Bemerkung außer der, daß sie »im höchsten Grad ökonomisch« ist, und das wußte er bereits von der heimgeschickten Magd Liserl.

Seit Ende März 1784 ist Wolfgang Mozart Mitglied der Freimaurer-Loge »Zur Wohltätigkeit«, einer der vielen neu gegründeten Logen des früheren Geheimbundes. Das ist jetzt nicht mehr die ausschließlich auf aristokratische Mitglieder beschränkte geheime Brüderschaft mit den erhabensten humanitären Zielen, sondern eine vom Kaiser tolerierte wachsende Anzahl von Zirkeln, zu denen nun auch geistig aufgeschlossene Bürger und Künstler Zutritt haben; es sind gewissermaßen exklusive Herrenclubs, in denen erbauliche Veranstaltungen abwechseln mit üppigen Festmählern. Wolfgang Mozart komponiert verschiedene Werke für seine Brudergemeinschaft. Hier ist er Kavalier unter Kavalieren – für ihn eine willkommene gesellschaftliche Bestätigung.

Leopold Mozart wird bei seinem Wiener Aufenthalt ebenfalls Freimaurer. Viele der Mitglieder aus der Loge kennt er noch von den frühen Konzertreisen mit seinen Kindern, so wie einen Teil der Gesellschaft, die er in den täglichen Akademien trifft. Und bei verschiedenen Aristokraten ist er eingeladen. Leopold Mozart wäre nicht mehr er selbst, wenn er nicht die vielen bedeutenden Kontakte für seinen Sohn zu nutzen gesucht hätte. Vielleicht steht in den verschollenen Briefen an die Tochter etwas von seinen Bemühungen bei denen, die wie er wissen, daß es allmählich genug sein sollte mit dieser jahrelangen Unterdrückung von seines Sohnes wahrer Bestimmung und Leidenschaft.

Früher nannte Wolfgang Mozart einen Konzertauftritt seine »gröste Prostitution«. Damals aber war er arm und unbekannt. Heute steht keine materielle Notwendigkeit mehr dahinter.

Früher, als er sich danach sehnte, aus dem engen Salzburg herauszukommen und die großen Höfe auf sich aufmerksam zu machen, war es Leopold Mozart selbst gewesen, der ihm ans Herz legte, das »Populare« nicht zu vergessen beim Komponieren, das Eingängige, Melodiöse. Heute ist Wolfgang Amadeus Mozart weltberühmt. Er kann es sich leisten, zu komponieren, was er will. Eine Opern- Scrittura in Wien bringt genug ein, um davon sorglos zu leben, mag der Ertrag auch nicht an den Goldrausch der Virtuosenabende heranreichen. Er kann jetzt die komplizierteste Kammermusik komponieren, selbst wenn sie ein wesentlich kleineres Publikum erreicht als die brillanten Klavierkonzerte (woran sich bis in die Gegenwart nichts geändert hat).

Es gibt zwar die Geschichte vom ungarischen Grafen, der die Noten von einem Streichquartett Mozarts zerrissen haben soll, weil er sie für falsch gesetzt hielt, und eine Zeitungskritik, die sich ungnädig über seine Haydn-Quartette als »zu scharf gewürzt« äußert. Aber gerade in den erhaltenen Zeitungen findet sich weit mehr positive, meist überschwengliche Resonanz. Leopold Mozart schreibt noch im selben Jahr aus Salzburg an seine Tochter, daß man ihn angesprochen habe:

»... es ist ja ganz erstaunlich, was für eine Menge Sachen ihr H. Sohn itzt herausgiebt. in allen musik. Anzeigen lese nichts als immer, Mozart. Die Berliner Anzeigen setzten bey der Anzeige der Quartetten nur folgende worte: Es ist ohnnötig dem Publikum dieses Quartetten anzurühmen; genug wenn wir sagen: sie sind vom H. Mozart.«

Vielleicht ist es Leopold Mozarts Geschicklichkeit zu verdanken, daß Fürst Auersperg, mit dem er jetzt in Wien wieder zusammentrifft, der ein eigenes Hoftheater hat, für den März des nächsten Jahres Mozarts »Idomeneo« einstudieren läßt.

Ganz bestimmt aber hat Leopold Mozart in Wien seinen Freund Emanuel Schikaneder wiedergetroffen, den genialen Theaterprinzipal aus Straubing in Bayern, der mit seiner reisenden Truppe öfter in Salzburg gastierte; auch im Herbst 1780, als er zum engen Kreis der Mozarts gehörte – damals, als Wolfgang sich so glühend nach einer Scrittura sehnte, bevor er endlich nach München zur Schöpfung seines »Idomeneo« reiste.

In diesem Winter bespielt Schikaneder, nun 35 Jahre alt, mit seinem Ensemble das Kärntnertortheater in Wien. Selbstverständlich hat er in seinem Repertoire auch das Singspiel seines Freundes Mozart »Die Entführung aus dem Serail«.

Soeben hat er die französische Komödie »La folle journée ou le mariage de Figaro« von Beaumarchais in deutscher Übersetzung einstudiert.

Doch wenige Stunden vor der Premiere am 3. Februar 1785 kommt das kaiserliche Aufführungsverbot:

»... da nun dieses Stück viel Anstößiges enthält ...« Anstößig bedeutet hier keineswegs erotische Frechheiten, sondern Gesellschaftskritik.

Der liberale Joseph II. beweist mit diesem Verbot vielleicht mehr politischen Instinkt als seine unbesonnene Schwester Marie Antoinette, die Königin des absolutistisch regierten Frankreich, die es gegen den Widerstand des Königs und vieler Ratgeber durchgesetzt hat, daß man diese Komödie aufführte, in der unter dem jubelnden Beifall des Publikums die Aristokraten verhöhnt werden.

Zwar ist die Kritik am Adel in Theaterstücken längst ein topos; in fast jeder Opera buffa kommt ein vertrottelter Adeliger vor; Lessings »Emilia Galotti«, Schillers »Räuber« und »Kabale und Liebe« sind beliebte Stücke im Repertoire sämtlicher Theatertruppen und werden selbst auf manchen Bühnen absolutistisch regierter Hoftheater gespielt. Die gebildete Welt Europas kennt seit langem Rousseaus Attacken gegen die feudale Gesellschaftsordnung, und es sind Aristokraten, die ihn finanzieren und schützen, darunter auch Madame d'Epinay. Goethes »Werther« mit seinen Hieben auf den Adel brachte dem stürmischen Genie die Freundschaft des Herzogs von Sachsen-Weimar ein und eine bevorzugte Stellung im Staatsdienst.

Bei dem »Tollen Tag« von Beaumarchais ist es die polemische Form der Kritik, die höhnische Verachtung, die als anstößig empfunden wird.

Das für Schikaneder höchst ärgerliche Aufführungsverbot im letzten Moment vor der Premiere ist sicher auch im Hause Mozart, wo der Vater gerade zu Besuch ist, lebhaftes Gesprächsthema.

Bei diesen Unterhaltungen zwischen dem temperamentvollen Theatermann Schikaneder und dem klugen, politisch aufgeschlossenen Leopold hat Wolfgang Mozart vielleicht seiner Gewohnheit nach aufmerksam zuhörend dabeigesessen, während er gleichzeitig rasch und konzentriert eines seiner Werke niederschrieb, das schon längst in seinem Kopf fertig komponiert war;* und so das Spektakuläre an dem neuen Stück aus Frankreich in sich aufgenommen.

Außerdem kennt und schätzt er Paisiellos Oper »Il barbiere di Siviglia« nach Beaumarchais, diesen Dauererfolg am Burgtheater, dessen Stoff die harmlose Vorgeschichte zum »Figaro« ist.

XIV.

1786: »LE NOZZE DI FIGARO«

»... wir haben hier einen gewissen abate da Ponte als Poeten ...«, so kündigte sich bereits in Mozarts Brief vom 7. Mai 1783 das Ereignis an, das drei Jahre später Wirklichkeit werden soll.

Über die Entstehung, Einstudierung, Premiere und Resonanz der Oper »Le nozze di Figaro« finden sich in Memoiren, Tagebüchern, Briefen und Zeitungen viele, teilweise widersprüchliche Berichte.

Da der gesamte Briefwechsel Mozarts seit Juni 1784 verschollen ist, müssen wir versuchen, im Dickicht der Erinnerungen verschiedener Zeitgenossen den ungefähren Ablauf der Geschichte zu rekonstruieren.

---

*Vielleicht das »populare« Klavierkonzert C-Dur (KV 467), das er am 10. März in seiner Akademie spielen wird.

Wahrscheinlich ist es Leopold Mozart gewesen, der bei seinem Besuch in Wien über Freund Schikaneder und den Baron von Wetzlar, bei dem er einige Male eingeladen ist, den Anstoß dazu gegeben hat, daß das alte, zurückgedrängte Verlangen seines Sohnes, Opern zu schreiben, wieder zum Ausbruch kam. Jedenfalls findet jetzt, im Frühjahr oder Frühsommer 1785, im Hause Wetzlar die Wiederbegegnung zwischen Wolfgang Mozart und dem Librettisten Lorenzo da Ponte statt. Wie schon zwei Jahr zuvor, ist da Ponte sofort bereit, ihm ein »opera-Büchel« zu schreiben.

»Mozart ...«, so erzählt der Venezianer in seinen Memoiren, »fragte, ob ich nicht vielleicht ohne zu große Mühe die Komödie »le mariage de Figaro« von Beaumarchais zu einem Opernlibretto umarbeiten könne. Dieser Vorschlag gefiel mir sehr, und ich versprach ihm, dies zu tun. Es gab aber eine große Schwierigkeit zu überwinden ...«

Das Aufführungsverbot des Kaisers ist bekannt. Dennoch will Baron Wetzlar, Feuer und Flamme für dieses Projekt, das Ganze finanzieren und in Paris oder London herausbringen, falls der Kaiser seine Einwilligung verweigert.

Das aber ist es, was Mozart braucht, was ihm in den vergangenen Jahren offensichtlich gefehlt hat: die enthusiastischen Erwartungen, die man in ihn setzt; der Glaube an seine Genie, um sich mit Vehemenz und Leidenschaft an die gewaltige Arbeit zu machen – und dabei zu bleiben; und sich von niemandem mehr davon abbringen zu lassen.

Eine weitere Inspiration ist das hervorragende, besonders gut aufeinander eingespielte Opern-Ensemble am Burgtheater, allen voraus mit ihren herrlichen Stimmen Nancy Storace und Francesco Benucci, das berühmteste Buffo-Paar von Europa: beide Erzkomödianten, sie mit ihrem sinnlichen Zauber und er mit seiner sprühenden Bühnenpräsenz, die das Publikum in immer neue Begeisterungstaumel versetzen.

In Paisiellos »Barbiere di Siviglia« feiern sie schon seit 1783 Dauererfolge als Rosina und Dr. Bartolo.

Der Venezianer Lorenzo da Ponte mit seinem hellwachen, beweglichen Geist, eine Art treuherziges Schlitzohr, hat einen Stein im Brett bei Joseph II. Er verspricht dem Monarchen, das Theaterstück von Beaumarchais so zum Operntext umzuschreiben, daß alles politisch »Ungehörige« entfällt.

Doch der Kaiser hat noch einen Vorbehalt: Mozart, als Virtuose » bravissimo«, sollte imstande sein, eine italienische Opera buffa zu komponieren, die sich mit den erfolgreichen Leistungen der italienischen Opernkomponisten messen kann? Außer dem vor Jahren entstandenen deutschen Singspiel »Die Entführung aus dem Serail« hat er nichts Vergleichbares mehr gebracht.

Also wird umgehend ein Lakai zu Mozart geschickt, berichtet da Ponte in seinen Memoiren, mit dem kaiserlichen Befehl, sogleich mit der Partitur ins Schloß zu kommen.

»Mozart gehorchte sofort und spielte einige Stücke aus dem ›Figaro‹ vor, die dem Kaiser sehr gefielen; ja, ich darf ohne Übertreibung sagen, daß sie ihn in höchstes Erstaunen versetzten. Er hatte in der Musik wie in allen anderen schönen Künsten einen erlesenen Geschmack. Die außerordentlich gute Aufnahme, die diese Oper in der ganzen Welt fand und sogar heute noch findet, beweist zur Genüge, daß er sich in seinem Urteil nicht getäuscht hat.«

Der Enthusiasmus des Kaisers erregt Unruhe unter den Rivalen. Von heftigen Intrigen der Italiener, deren Domäne die Oper seit ihrer Entstehung ist, vor allem Salieris, ist in verschiedenen Quellen die Rede. Ihre heftigen Reaktionen haben möglicherweise auch damit zu tun, daß sie sich jetzt rächen*

---

* »In Gesellschaft von Paisiello, Martini, Salieri und Haydn etc. sagte Mozart zu dem letzteren, dem er sehr Freund war: ›Dich nehme ich aus, aber alle anderen Compositeurs sind wahre Esel.‹« (Boisserée)

wollen für die jahrelangen öffentlichen Verhöhnungen durch den kleinen Deutschen.

Doch sind heftige Theater-Kabalen die Regel in der Epoche. Jede Premiere eines angesehenen Komponisten ist ein brodelnder Kessel. Ungeniert gibt man sich seinen Haß- und Neid-Rasereien hin und scheut keine Kosten, wenn es gilt, einen Rivalen um seinen Erfolg zu bringen. Das war auch so bei der Premiere von Mozarts »Entführung aus dem Serail«. Die jeweiligen Gegner und ihre Anhänger lassen ganze Arien durch bezahlte Störer auszischen. Nicht nur Mozart, sondern jeder bedeutende Komponist erlebt zum Teil turbulente Scenen. Wir wissen es von Righini, Dittersdorf und besonders von dem Spanier Martin Y Soler, dessen Oper »Una cosa rara« wenige Monate nach Mozarts »Le nozze di Figaro« den ab- soluten Höhepunkt der Beliebtheit »bis zur raserey« (Pezzl) beim Publikum erreichen wird, obwohl das gesamte Ensemble nur noch aus Kampfhähnen zu bestehen scheint.

Rivalen sind außer den Komponisten auch die Librettisten und die Sänger.

»Eine Sängerin haßt die andere«, schrieb der kluge Leopold Mozart 1778 warnend an seinen Sohn nach Paris und meinte Dorothea Wendling und Aloisia. Hier in Wien tobt ein Dauer- kampf zwischen den Primadonnen Aloisia Lange und Nancy Storace um die Beliebtheit beim Publikum, den allerdings »die Storatsche« immer wieder gewinnt, da sie Aloisia zwar nicht stimmlich, aber komödiantisch weit überlegen ist.

In Mozarts neuer Oper aber triumphiert Nancy Storace als Susanna neben Benucci als Figaro, während Aloisia Lange gar keine Rolle bekommen hat.

Lorenzo da Ponte, der sich mit Witz und Temperament im Dschungel der Opern-Kabalen tummelt und in dessen Memoiren es wimmelt von Feinden, Intrigen, Leidenschaften, von Verrat und Falschheit, denn für ihn ist die ganze Welt

Bühne und das Leben ein »dramma giocoso« mit höchst aufregenden Szenen – er bezieht den größten Teil der Ränke um »Figaros Hochzeit« auf sich, verursacht durch seinen neidischen Rivalen, den Librettisten Casti.

Dieser, behauptet da Ponte, ein Günstling des Intendanten Graf Rosenberg-Orsini, sei auch dessen Kuppler und ihm unentbehrlich, weil »der wollüstige Graf ... befürchtete, den Mann zu verlieren, der seine letzten schwachen Lebenskräfte noch ein wenig zu beleben verstand«. In dieser Abhängigkeit vom Librettisten Casti, und gleichzeitig Salieri zuliebe, habe auch Graf Rosenberg-Orsini alles getan, um »Le nozze di Figaro« durchfallen zu lassen – für einen verantwortlichen Intendanten gewiß ein harter Entschluß.

In seiner bevorzugten Position als Erster Kammerherr des Kaisers habe der Graf durch das Privileg, diesem jeden Morgen das Hemd zu reichen, die beste Gelegenheit gehabt, dem Monarchen seine gute Meinung von der neuen Oper zu nehmen.

Wäre dies wirklich so verlaufen, wie da Ponte glauben machen möchte, dann hätte Rosenberg-Orsini das genaue Gegenteil erreicht:

Mozart bekommt die erste Garnitur der Sänger zugestanden und eine extrem lange Probezeit. Der Tenor Michael O'Kelly aus Dublin, Sänger des Basilio und des Don Curzio, erzählt in seinen Memoiren:

»Nun waren drei Opern auf dem Tapet, eine von Righini, eine von Salieri und eine von Mozart ... Sie waren so ziemlich gleichzeitig zur Aufführung fertig, und jeder Komponist nahm das Recht für sich in Anspruch, seine Oper zuerst in Szene zu bringen. Dadurch entstand große Unstimmigkeit, und es bildeten sich Parteien. Der Charakter der drei Männer war sehr verschieden. Mozart war auffahrend wie Schießpulver und schwor, die Partitur seiner Oper ins Feuer zu werfen, wenn sie nicht zuerst auf die Bühne käme; sein Anspruch wurde von einer eifrigen Partei unterstützt. Dagegen arbeitete Righini wie ein Maulwurf im Dunkeln, um den Vorsprung zu gewinnen.

Der dritte Kandidat war Hofkapellmeister*, ein schlauer, geschmeidiger Mann, der besaß, was Bacon die Kunst der ›krummen Wege‹ nennt, und seine Ansprüche wurden von dreien der Hauptsänger unterstützt, welche eine nicht leicht zu besiegende Kabale anzettelten. Jeder einzelne aus dem Ensemble nahm an diesen Zwistigkeiten teil ... Durch einen Befehl Seiner Majestät des Kaisers, sofort mit den Proben zu Mozarts ›Nozze di Figaro‹ zu beginnen, wurde der heftige Streit beendet ... Alle Darsteller hatten den Vorteil, vom Komponisten persönlich unterwiesen zu werden, der seine Auffassung und seine Begeisterung auf sie übertrug.

Nie werde ich sein kleines, beseeltes Antlitz vergessen, wie es leuchtete, erglühend vom Feuer des Genius; es zu beschreiben ist so wenig möglich, wie man Sonnenstrahlen malen kann.

Ich erinnere mich, wie Mozart im roten Pelz und goldbetreßten Hut bei der Hauptprobe auf der Bühne stand und das Tempo angab. Benucci sang Figaros Arie »Non piú andrai« mit der größten Lebendigkeit und aller Kraft seiner Stimme. Ich stand dicht neben Mozart, der sotto voce wiederholte: ›Bravo, bravo, Benucci‹; und als die schöne Stelle kam: ›Cherubino alla vittoria, alla gloria miltar!‹, welche Benucci mit Stentorstimme sang, war die Wirkung auf alle, die Sänger auf der Bühne wie die Musiker im Orchester, reine Elektrizität, und in einem Rausch des Entzückens rief alles: ›Bravo! Bravo, maestro! Viva, viva, grande Mozart!‹ Im Orchester konnten sie überhaupt kein Ende mehr finden mit dem Beifall,

---

* Salieri – in Wahrheit Opernkapellmeister.

indem sie mit ihren Violinbögen auf die Notenpulte klopften. Der kleine Mann sprach in wiederholten Verbeugungen seinen Dank für den enthusiastischen Beifall aus, der ihm auf so außerordentliche Weise ausgedrückt wurde.«

Zur Generalprobe erscheint Kaiser Joseph II. persönlich, außerdem viele Mozart-Bewunderer aus dem Adel.

Am 1. Mai 1786 geht »Le nozze di Figaro« (KV 492) in Szene. Mozart ist 30 Jahre alt.

Über den Erfolg der Oper schreibt Lorenzo da Ponte:
»... sie wurde vom Kaiser und von allen wirklichen Kennern für ein außergewöhnlich schönes, ja göttliches Meisterwerk gehalten.« Das bestätigt die Wiener Realzeitung: »Die Musik des Herrn Mozart wurde schon bey der ersten Vorstellung von Kennern allgemein bewundert. nur nehme ich diejenigen aus deren Eigenliebe und Stolz es nicht zuläßt, etwas gut zu finden, was sie nicht selbst verfaßt haben ... ungestüme Bengel im obersten Stockwerk strengten ihre gedungenen Lungen nach Kräften an, um mit ihren St! und Pst! Sänger und Zuhörer zu betäuben ... Itzt aber nach wiederholten Vorstellungen würde man sich offenbar entweder zur *Kabale* oder *Geschmacklosigkeit* bekennen, wenn man eine andere Meinung behaupten wollte, als daß die Musik des Hrn. Mozart ein Meisterstück der Kunst sey. Sie enthält so viele Schönheiten, und einen solchen Reichthum von Gedanken, die nur aus der Quelle eines angebohrnen Genie's geschöpft werden können ...«

Bereits zwei Tage nach der Uraufführung inseriert ein Musik-Verleger die Herausgabe von Kopien der ganzen Partitur, andere folgen mit dem Klavierauszug und mit einzelnen Arien.

Die Freude über Mozarts Rückkehr zur Oper muß nicht nur beim Vater und bei den Kennern in Wien groß gewesen sein, sondern in der gesamten musikalischen Welt.

Christian Friedrich Daniel Schubart, der schon vor elf Jahren bei Mozarts »La finta giardiniera« in München ahnte, dieser müsse einer der »grösten musikalischen Komponisten werden, die jemals gelebt haben«, wird, kaum aus seiner politischen Haft in Württemberg entlassen, über »Figaros Hochzeit« schreiben: »Die Musik ist von Mozart, einem in ganz Deutschland gefeierten Namen. Er hat in diesem Stüke gezeigt, dass seine Muse grösserer Produkte fähig ist, als blos für den Flügel zu arbeiten.«

In Salzburg erwartet Leopold Mozart voll Spannung das aus Wien angekündigte »opera Büchl und die ganze Spart der opera« noch vor Pfingsten, wenn Nannerl und ihr Mann zu ihm zu Besuch kommen.

Der Kaiser läßt Mozarts »Figaro« mindestens einmal in diesem Sommer auf seinem Schloßtheater in Laxenburg vor seinen Gästen spielen.

Für ihn gehört Mozart jetzt in die erste Reihe seiner Opernkomponisten neben Paisiello, Salieri, Cimarosa, Sarti, Martin Y Soler.

Für die Böhmen aber, die ebenfalls Paisiello, Salieri, Cimarosa, Sarti und Martin Y Soler lieben, ist Mozart schon seit seiner »Entführung aus dem Serail« der größte aller Komponisten. Gleich nach der Premiere läßt das Prager Nationaltheater Partitur und Libretto kommen, um »Le nozze di Figaro« einzustudieren.

Auch Joseph Haydn, der im vergangenen Winter Gelegenheit hatte, die Schöpfung dieses Werks in Wien mitzuerleben, bestellt jetzt Noten und Textbuch für die Hofbühne seines Fürsten Nikolaus Esterházy.

Es wird heute mancherseits behauptet, Mozarts allmähliche gesellschaftliche Isolierung habe mit »Figaros Hochzeit« begonnen, die Aristokratie habe ihm dieses aufrührerische Stück nicht verziehen, habe die Vorstellungen gemieden und von nun an auch ihn selbst; Mozarts schließlicher Ruin sei die Quittung der Gesellschaft für dieses Stück.*

Das Gegenteil ist der Fall.

Allein der sofort einsetzende immense Verkauf der »Figaro«-Noten widerlegt diese Annahme, ebenso die Tatsache, daß der musikliebende Adel Stücke aus dieser Oper von seinen Hoforchestern spielen läßt.

Erfolglose Opern aber werden mangels Besuchern nach der zweiten Vorstellung abgesetzt. Eine Oper, die es auf mehr als vier Vorstellungen bringt, gilt als Erfolg.

»Le nozze di Figaro« wird in Wien bei vollen Häusern zwischen Mai und Dezember 1786 insgesamt neunmal unter großem Beifall aufgeführt. Und Lorenzo da Ponte, der Autor des angeblich so revolutionären Textbuchs, kann sich danach kaum retten vor weiteren Libretto-Aufträgen.

Und ab August 1789, gleich nach Ausbruch der Französischen Revolution, wird »Le nozze di Figaro« neu inszeniert und dreizehnmal, in der nächsten Spielzeit fünfzehnmal gegeben.

Wenn Graf Almaviva die Kammerzofe hätte »vergewaltigen« wollen (Braunbehrens), dann hätte er es getan, zumindest

---

* »In Wien also wurde man dem kleinen Compositeur Mozart gegenüber lethargisch; als Quelle der Erregung reichte seine Bedeutung nun auch wieder nicht aus. Der ›Figaro‹ wurde zum Anfang seines Verderbs. Die hohe Gesellschaft, gewohnt, sich selbst als Figuren der Opera seria zu sehen, verherrlicht in ewiger Milde und Souveränität, fühlte sich nicht etwa plötzlich brüskiert, doch nahm sie so etwas nicht gern ab, die Reaktion begann wohl eher im Naserümpfen als in Entrüstung... Seinem Vorbild, dem Adel folgend, begann alsbald auch das Bürgertum, Mozart zu meiden. Es war zunächst ein schleichender Prozeß. Von heute aus gesehen, mutet er uns an wie eine Art Gesellschaftsspiel, das mit passiver Teilnahme der Mitpieler beginnt, einem Verschweigen einem gezielten Wegsehen, und mit dem Ausstoßen des Unerwünschten endet.« Hildesheimer

»... Alle drei Mozart-da Ponte-Opern wurden von der Zensur unterdrückt«. Eine Erfindung vom Regisseur Peter Sellars.

versucht. Er will sie nicht einmal kaufen. In Wahrheit wirbt er vier Akte hindurch intensiv um Susannas Gunst – hierin also sehr fortschrittlich: der Graf will wie ein Bürger um seiner selbst willen geliebt werden.*

Figaros Fanfarenruf »Cherubino alla vittoria« sei »schon in die unmittelbare Nähe der Marseillaise und des ›Ça ira‹ gerückt«, schreibt Michtner. »Der frenetische Beifall nach dieser Arie galt nicht nur allein dem Sänger, zeugte für das hellwache Verständnis des Publikums bei dieser demonstrativen Anspielung.«

Hier haben wir ein typisches Beispiel für tendenziöse Interpretation, wie wir sie in vielen Beschäftigungen mit Mozarts Lebenslauf finden. Da werden die spärlichen Dokumente vermischt mit Anekdoten und eigenen Vorstellungen, bis es »paßt«.

Der einzig dokumentierte »frenetische Beifall« nach dieser Arie des Figaro kommt aus dem Orchester und dem Sänger-Ensemble auf der Bühne während der Hauptprobe. Er bezieht sich allerdings nicht auf die einzige wirklich aufrührerische Arie in der ganzen Oper: »Se vuol ballare, Signor Contino« – sondern auf die Arie des Figaro, in welcher er den in hohem Grade erotisierten Pagen verspottet, den »farfallone amoroso«, der nun nicht mehr »von Rose zu Rose« flattern darf, weil er vom Grafen als Offizier zum Militär geschickt wird; hier steht also Figaro eher auf der Seite des Grafen. An dieser Arie dürfte das Revolutionäre schwer auszumachen sein, die »demonstrative Anspielung«.

---

*Den Gipfel aller Bemühungen, in Mozarts Opern »politischen Zündstoff« zu entdecken, erreicht die aberwitzige Deutung der »Entführung aus dem Serail«, deren »politische Brisanz« (Braunbehrens) sich im türkischen Sujet enthülle: haben wir es tatsächlich mit einer Warnung Mozarts vor dem sechs Jahre später ausbrechenden Türkenkrieg zu tun?

Die erwünschten Schlüsse hätte man nur dann ziehen dürfen, wenn der frenetische Beifall jedesmal bei der frechen Figaro-Arie: »Will der Herr Graf ein Tänzchen nun wagen« aufgebraust wäre, wenn alle Wiener und Prager den ganzen Tag über diese Arie gesungen, gespielt, getanzt und gepfiffen hätten und wenn Mozart später diese Melodie in die Gastmahlszene seines »Don Giovanni« eingefügt hätte – nur dann ließe sich an den revolutionären Funken glauben, der übersprang. Davon ist allerdings nirgendwo die Rede.

Man ist im Josephinischen Wien und nicht im absolutistischen Rußland, wo der Adel sich vor einem Jahr erneut von der Zarin Katharina II. die Bestätigung seiner außerordentlichen Privilegien ertrotzte.

Auch der höfischen Gesellschaft von Versailles ist man in Wien weit voraus, welche trotz wachsender Auflehnung aller Schichten gegen die unhaltbaren Zustände unbeirrt an ihren Privilegien festhält und nichts von dem Abgrund wissen will, der sie alle verschlingen wird (eine Parallele zur heutigen Industriegesellschaft, die trotz aller Warnungen gewissenlos am Wirtschaftswachstum festhält und damit den Untergang aller besiegelt).

Auch der Protest in Prag im Herbst des folgenden Jahres anläßlich einer geplanten Vorstellung von »Figaros Hochzeit« zu Ehren der gerade vermählten Erzherzogin von Habsburg-Toscana entspringt keineswegs politischen, sondern geschmacklichen Bedenken: ein Ehebruchsdrama als Festoper für eine Braut wird von einigen Aristokraten als indezent empfunden.

Daß »Le nozze di Figaro« nach neun erfolgreichen Vorstellungen zunächst vom Spielplan des Burgtheaters abgesetzt wird, hat aller Wahrscheinlichkeit nach einen sehr privaten Grund und paßt viel besser zu Mozart als politische Tendenzen:

Das Buffo-Paar Benucci-Storace, die beiden umjubelten Sänger von Figaro und Susanna, war auch privat liiert. Als nun die Prima Buffa Nancy Storace sich im Herbst 1786 einem englischen Lord zuwendet, kann Benucci in seinem Schmerz nicht mehr mit ihr gemeinsam als liebendes Paar auftreten.

Nancy Storace verläßt Wien im folgenden Februar und mit ihr weitere Spitzensänger.

Das einzigartige Ensemble, das dreieinhalb Jahre lang mit seinen Aufführungen das Publikum zu gesteigerter Aufmerksamkeit mitriß, so daß auch Mozarts »Figaro«, der alle traditionellen Opern überflügelte, sich sofort durchsetzte, zerfällt. Es folgt eine Phase der Stagnation im Opernbetrieb am Burgtheater.

Für die Behauptung, Mozart habe ein Liebesverhältnis mit Nancy Storace gehabt, findet sich kein Anhaltspunkt in den Quellen. »Die Storatsche« ist umschwärmter Liebling von Wien, ihre Ehe und ihre Liaisons sind stadtbekannt. Das Privatleben einer solchen Berühmtheit in der Kaiserstadt mit ihren rund 250.000 Einwohnern ist ein offenes Buch. Eine Affäre aber mit dem noch berühmteren Mozart wäre der aufmerksamen Öffentlichkeit kaum entgangen.

Mit dem »Figaro«-Jahr endet für die meisten Biographen Mozarts goldgesäumte Laufbahn als Virtuose. Belegt sind zwar weiterhin jährlich mehrere Akademien, Soireen in verschiedenen Salons und Konzerte vor dem Kaiser in der Hofburg, und weiterhin veranstaltet er Hauskonzerte in seiner repräsentativen Wohnung. Nichts weiter als die Tatsache, daß die Briefe von Vater und Sohn ab 1786 vollständig fehlen, aus denen wir bisher über den enormen Umfang seines Konzertierens erfuhren, wird jetzt als Beweis dafür genommen, daß die große Anzahl dieser Konzerte aufgehört hätte. Es gibt auch in den Anwesenheitslisten der Freimaurer

Lücken von Jahren, und dennoch hat bisher niemand daraus den Schluß gezogen, Mozart sei aus der Loge ausgeschlossen oder diese sei aufgelöst worden.

»... Dem sensationslüsternen Publikum aber bot der kleine unansehnliche Künstler zu wenig Anhaltspunkte, zu wenig Absonderlichkeiten der Person oder des Lebenswandels, um seinen Namen dauernd im Munde zu führen ...«, behauptet Paumgartner an allen dokumentierten Triumphen vorbei und malt weiter an dem geliebten Bild von Mozarts Elend, das mit »Figaros Hochzeit« seinen Lauf genommen habe: »... So vergaß die Mitwelt ihren großen Meister mit so unpathetischer Schmerzlosigkeit, daß er am Ende seiner Tage vielleicht selbst kaum ahnte, wie unberühmt er geworden war.«

Mozarts Arbeitspensum im Winter 1785–86 war gewaltig: neben der Komposition am »Figaro« schrieb er drei Klavierkonzerte (KV 482, 488, 491), einige Gesangseinlagen in andere Opern, die Sonate für Klavier und Violine (KV 481), eine Ouvertüre und vier Gesangsszenen für eine deutsche Komödie in einem Akt. Dieses Stück, in dem auch Aloisia mitwirkt – keine Oper – wurde als »Der Schauspieldirektor« (KV 486) drei Monate vor seinem »Figaro« in der Orangerie des Schlosses Schönbrunn bei einem kaiserlichen »Lust-Fest« aufgeführt, gefolgt von einer kurzen Oper von Salieri, bei der Nancy Storace neben anderen Mitgliedern des »welschen« Ensembles mitspielte.

Im März 1786 wird sein »Idomeneo«, für den er einige Szenen und Arien neu komponierte, im Hoftheater des Prinzen Auersperg aufgeführt. Danach beschenkt ihn Hortense Gräfin Hatzfeld so fürstlich, daß es eine Zeitung für berichtenswert hält. Sie ist die Freundin des Erzherzogs Maximilian Franz, nun Kurfürst von Köln, Mozarts lebenslänglichem Gönner.

Auch die Einnahmen des ersten Halbjahres 1786 lassen sich wie die der Vorjahre auf viele tausend Gulden schätzen.

Konstanze und die Weberischen werden nicht sehr erfreut über Mozarts Rückkehr zur Oper gewesen sein. Bei Nissen behauptet sie wahrheitswidrig, er habe für die Komposition von »Figaros Hochzeit« kein Honorar erhalten; die Hofrechnungsbücher widerlegen sie.

Vielleicht konnte Mozart sie außer mit seinen laufenden Einnahmen mit seinen fünf Advents-Akademien besänftigen, zumal auch Kurfürst Maximilian Franz wieder für einige Wochen in Wien ist.

Im Ausland eröffnen sich rosige Perspektiven:

Nach dem Tod Friedrichs des Großen hat ein langjähriger Liebhaber von Mozarts Werken den preußischen Thron bestiegen: König Friedrich Wilhelm II. Da läßt sich einiges erhoffen: die Stelle des Hofkapellmeisters oder zumindest des Hof-Compositeurs.

Auch in London lockt eine herrliche Zukunft:

Nancy Storace geht mit ihrem Lord nach England zurück, ebenfalls ihr Bruder Stephen und sein Freund Thomas Attwood, die beiden Kompositionsschüler Mozarts.

Sie wollen ihrem Freund und verehrten Meister etwas »Gewisses« am Englischen Hof verschaffen, zumindest aber einen Opernauftrag oder eine Konzertreihe.

London, die Millionenstadt, hat das reichste Konzertleben von Europa; hier werden mit dem Import großer Musiker vom Kontinent Riesengeschäfte gemacht; hier könnte Konstanzes Mann seine Virtuosen-Karriere wieder aufnehmen.

So kommt es, daß Leopold Mozart ein halbes Jahr vor seinem Tod aus Wien den Vorschlag bekommt, Mozarts zwei Kinder, den zweijährigen Carl und den gerade geborenen Säugling »gegen Bezahlung« für Kost, Logis und Dienstboten aufzunehmen, weil ihre Eltern nach England ziehen wollen. Offenbar findet sich in ganz Wien niemand mehr, der noch an Mozarts Geldüberweisungen glaubt.

Und was ist mit Cäcilia Weber? Sie gehört viel enger zur Familie, ist weit jünger als Leopold Mozart und hat außerdem wesentlich mehr Geld zum Leben als er. Und sie hat zwei Töchter im Haus.

Die Reaktion aus Salzburg ist schroff; vor allem die angebotene Bezahlung dürfte Leopold Mozart zu einem beißenden Kommentar veranlaßt haben. Er ist jetzt 67 Jahre alt und »medicinirt« viel. Noch immer gibt er Musiklektionen und kann sich bei seiner geringen Alterspension höchstens zwei Theaterbesuche in der Woche leisten, für ihn eine harte Entbehrung.

Doch vor allem: Was soll nach seinem Tod aus den Bübchen werden? Die Zustände in den Waisenhäusern des 18. Jahrhunderts sind unsagbar traurig. Und Nannerl hat außer ihrem eigenen Sohn (und den beiden Kindern, die sie noch bekommen wird) fünf Stiefkinder.

Viele Biographen geben Leopold Mozart wegen seiner Absage die »Schuld« daran, daß sein Sohn nicht nach England gehen konnte. Doch es ist ein Glück für die gesamte musikliebende Menschheit, daß nichts aus der England-Reise wird. Denn bei dem Finanzgebaren der beiden Mozarts – Wolfgangs ahnungslosem Umgang mit Wechseln und Konstanzes notorischem Unwillen zu bezahlen – wäre Mozart in London der Galgen sicher. Bei aller Großzügigkeit und Musikliebe im Merry Old England – in Gelddingen verstehen die Engländer keinen Spaß: Wer seine Schulden nicht zahlt, kommt ins Gefängnis; und sie hängen jeden auf, der ungedeckte Wechsel ausstellt. Casanova entkam dem Galgen nur durch überstürzte Flucht über den Ärmelkanal.

In Wien dagegen läßt es sich auch mit Schulden und Wechseln leben, vor allem, wenn man so berühmt und bewundert ist wie Mozart. Man verliert zwar allmählich Kredit, Ehre und Freunde, aber nicht das Leben. In Wien riskiert man nicht einmal das Schuldgefängnis, denn hier wird der Gläubiger durch das Gesetz gezwungen, den Haftaufenthalt seines Schuldners zu bezahlen.

Und der berühmte Wolfgang Amadeus Mozart kann bis zum Ende seines Lebens immer wieder auf irgend einen Verehrer, Freund oder Gönner zählen, der ihm noch einmal aus seinen ewigen Finanzschwierigkeiten heraushilft. So existiert in den vollständig erhaltenen diesbezüglichen Justiz-Archiven in Wien kein einziger protestierter Wechsel von Mozart.

Anstatt nach England reisen Wolfgang und Konstanze Mozart nach Böhmen.

Denn in Prag ist ein wahrer Mozart-Taumel ausgebrochen seit der Premiere seiner Oper »Le nozze di Figaro« im Herbst 1786. Das Stück beherrscht den ganzen Winter hindurch den Spielplan des Prager Nationaltheaters.

Prag, eine Stadt von etwa 60.000 Einwohnern, ist musikalisch noch aufgeschlossener als das Wien Josephs II.

Graf Nostitz-Rieneck, der das Nationaltheater auf eigene Kosten erbauen ließ »... für ein von Vorurtheilen und Leidenschaften freies Publikum, vom höchsten Adel anzufangen, bis auf den letzten Handwerker herunter ...« hat die Eintrittspreise entsprechend gestaffelt; außerdem bestimmte er, daß auch tschechische Stücke gespielt werden.

Über Mozarts Beliebtheit in Prag schreibt da Ponte: »Es dürfte schwer sein, die Begeisterung zu beschreiben, mit der die Böhmen diese schöne Musik aufgenommen haben ... Merkwürdig dabei ist, daß die größten Schönheiten in der Musik dieses Genius von anderen Völkern erst nach vielen, vielen Aufführungen entdeckt wurden, während die Böhmen sie gleich bei der ersten Aufführung herausfanden und vollkommen verstanden.« So kommt es, daß man in Prag den ganzen Tag lang nicht allein in den Salons, sondern auch auf den Gassen, in den Laden-Gewölben und Schenken Melodien aus dem »Figaro« singt, spielt, pfeift und dazu tanzt.

Ein Zeitzeuge aus Prag schreibt: »... Es ist die strengste Wahrheit, wenn ich sage, daß diese Oper fast ohne Unterbrechung diesen ganzen Winter gespielt ward und daß sie den traurigen Umständen des Unternehmers vollkommen aufgeholfen hatte. Der Enthusiasmus, den sie bey dem Publikum erregte, war bisher ohne Beyspiel; man konnte sich nicht genug daran satt hören ...« (Niemetschek).

In ihrer Begeisterung laden einige böhmische Adelige Mozart nach Prag ein, und Anfang Januar 1787 kommt er für vier Wochen, zusammen mit Konstanze.

Die Reisegesellschaft ist groß und besteht fast nur aus Musikern, darunter Franz Hofer, der bettelarme Orchestergeiger, und Anton Stadler, der bedeutende Klarinettist. Wahrscheinlich will Mozart ihnen in Prag Konzerteinnahmen verschaffen.

Um sich die etwa dreitägige Reise in der Kutsche zu verkürzen, unterhalten sie sich damit, einander Namen zu erfinden, die das Wesen des einzelnen genau ausdrücken. Dem Freund Gottfried von Jacquin schreibt Mozart nach Wien:

»... liebster HinkitiHonky! – das ist ihr Name, daß sie es wissen, wir haben uns allen auf unserer Reise Nämen erfunden, hier folgen sie: *Ich*. Pùnkitititi. – *Meine frau*. Schabla-Pumfa. *Hofer:* Rozka-Pumpa. *Stadler.* Nàtschibinitschibi. *Joseph mein bedienter.* Sagadaratà. *der gauckerl mein hund.* Schamanuzky. – *die Mad.^{me} Quallenberg.* Runzifunzi. – *Mad.^{selle} Crux.* Ps. *der Ramlo.* Schurimuri. *der freystädtler.* Gaulimauli ...« An die hochschwangere Konstanze schreibt er später einmal von »Plumpi-Strumpi«.

Seinen Namen »Pùnkitititi« verdankt Mozart wahrscheinlich seiner ständigen, unbegreiflich raschen Notenschreiberei.

Genau zur selben Zeit beschäftigen sich Goethe und der junge Dichter Karl Philipp Moritz (»Anton Reiser«) in Rom mit dem »etymologischen Spiel«, inspiriert von Herders »Ursprung der Sprache«: »... Ja, wenn wir recht spielen wollen, machen wir Namen für Menschen, untersuchen, ob diesem oder jenem sein Name gehöre ... und hunderterlei Kombinationen werden versucht, so daß, wer uns zufällig behorchte, uns für wahnsinnig halten müßte ...«

Vom 11. Januar bis 8. Februar 1787 sind Wolfgang und Konstanze Mozart Gäste im Palais des Grafen Thun, des großen Gönners seit seiner frühen Kindheit, bei dem sie zuletzt im Herbst 1783 in Linz zu Gast waren.

Graf Johann Joseph Thun residiert jeden Winter mit seiner Hofkapelle in seinem Prager Palais, zu dem auch ein eigenes Hoftheater gehört. Seinem zelebren Gast läßt er sogleich ein »ganz gutes Pianoforte« in sein Zimmer stellen.

Diese vier Prager Wochen müssen zu den Höhepunkten in Wolfgang Mozarts Leben gehört haben. Er wird verwöhnt, umjubelt, angedichtet, beschenkt und als der größte aller Komponisten gefeiert. Er besucht seinen »Figaro«, und der Dirigent Strobach versichert ihm, daß er und sein Orchester »... bey der jedesmaligen Vorstellung so sehr ins Feuer gerathe, daß er trotz der mühsamen Arbeit mit Vergnügen von Vorne wieder anfangen würde ...«;

Er konzertiert in verschiedenen Palais, gibt öffentliche Akademien vor überfüllten Häusern, bei denen auch seine »Prager Sinfonie« (KV 504) gespielt wird; und er phantasiert auf dem Klavier, was, wie überall, den allergrößten Beifall bringt.

Prag vergöttert Mozart.

Und bei der Heimreise nach Wien am 8. Februar hat er einen neuen Opernauftrag für Prag in der Tasche.

XV.

1787: TOD DES VATERS

Am 5. Februar 1787 geht im Teatro San Moisè in Venedig Gazzanigas »Don Giovanni ossia Il convitato di pietra« in Szene mit einem Text von Bertati.

Der Erfolg ist ungeheuer.

Die Geschichte des Wüstlings, der eine steinerne Friedhofs-statue zum Abendessen einlädt, die auch wirklich kommt und ihn in die Hölle schickt, ist uralt und mit vielen Varianten in vielen Ländern gestaltet.

Gazzanigas »Don Giovanni« wird im nächsten Winter 1787–88 das Opern-Ereignis in Rom, von dem auch Goethe tief beeindruckt ist.

»...daß niemand leben konnte, der Don Juan nicht hatte in der Hölle braten und den Gouverneur als seligen Geist nicht hatte gen Himmel fahren sehen ...« schreibt er später an Zelter.

Natürlich weiß auch da Ponte von dem Riesenerfolg dieser Oper in seiner Heimatstadt Venedig, als Mozart Mitte Februar mit der neuen Scrittura aus Prag zu ihm kommt.

»... ich wählte für Mozart den Don Giovanni, der ihm un-endlich gefiel«, schreibt er und übernimmt Bertatis Libretto als Grundlage seines Stückes in so direkter Weise, wie es heute nicht mehr zulässig wäre, jedoch in seiner Epoche niemanden irritiert.

Als Ende April das Textbuch fertig ist, müssen Mozarts gerade wieder einmal umziehen. Hat das Jahr 1787 auch in Prag großartig begonnen, so fehlt es zwei Monate später in Wien an den 230 Gulden Halbjahresmiete, und der Hauswirt dieser Prachtwohnung in der Belétage der Schulerstraße läßt sich offenbar nicht hinhalten. Sollte aber auch die sonst so lukrative Fastenzeit von Mitte Februar bis Mitte April, in der Mozart bisher Jahr für Jahr seine spektakulären Virtuosenkonzerte gab, in diesem Jahr wirklich ohne eine einzige Akademie von ihm verflossen sein, der jetzt berühmter denn je aus Prag zurückgekommen ist?

In den spärlichen Dokumenten dieser Wochen ist immer wieder Mozarts Mitwirkung in den Akademien anderer Musiker erwähnt – bei Aloisia Lange, dem Bassisten Fischer, dem Oboisten Ramm aus München, beim Abschiedskonzert der Nancy Storace, und in allen diesen Konzerten stehen überwiegend Mozart-Werke auf dem Programm – es kann also keine Rede davon sein, daß seine Kompositionen beim Wiener Publikum nicht mehr gefragt wären.

»Dein Bruder wohnt itzt auf der Landstraße No. 224. Er schreibt mir aber keine Ursache dazu. gar nichts! das mag ich leider errathen«, berichtet Leopold Mozart bekümmert seiner Tochter. Siebzehn Tage später muß er sterben, am 28. Mai 1787. »Milzverstopfung« sagt sein Arzt und Freund Dr. Barisani.

Nannerl ist bei ihm. Wolfgang ist nicht gekommen, obwohl er seit fast acht Wochen vom Zustand des Vaters weiß; in seiner Epoche eine schwere Verletzung der Sitten. Hat Konstanze ihm auch das ausgeredet?

Ende April erkrankt er selbst. Im Mai komponiert er das g-Moll-Streichquintett (KV 516). Viereinhalb Jahre später wird er seinem Vater in den Tod folgen, diesem Mann, der ihn mehr geliebt hat als alle anderen Menschen, der so viel für ihn getan hat wie niemand sonst auf der Welt und der ihm doch nicht mehr helfen konnte.

Leopold Mozart hätte ein leichteres Leben in Salzburg gehabt, wenn er seine Sorgen und seine Enttäuschungen über diesen Sohn nicht so streng vor der Welt verschlossen hätte. Doch er ertrug den Spott der Salzburger, schwieg hochmütig, erfüllte seine Pflichten in der Hofmusik und arbeitete zäh die Schulden ab, in die sein vergöttertes Kind ihn gestürzt hatte und die es ihm überließ.

Die Welt sah nur den stolzen Vater und die bewundernde Schwester.

Pater Dominicus Hagenauer, ein Freund Wolfgang Mozarts aus dessen Kindheit, schreibt am Pfingstmontag, 28. Mai 1787 in sein Tagebuch:

»... Der heut verstorbene Vater war ein Mann von vielen Witz und Klugheit, und würde auch ausser der Musick dem Staat gute Dienste zu leisten vermögend gewesen seyn. Seiner Zeit war er der regelmeessigste Violinist, von welchem seine zweymal aufgelegte Violinschule Zeugnis gibt. Er war in Augsburg gebohren, brachte seine Lebenstäge meistens in hiesigen Hofdiensten zu, hatte aber das Unglück hier immer verfolget zu werden, und war lang nicht so beliebt, wie in andern grössten Orten Europens.«

Seit dem 4. April weiß der Sohn von der schweren Erkrankung des Vaters. Sofort schreibt er seinen berühmt gewordenen Brief, offensichtlich unter dem Eindruck der in Freimaurerkreisen beliebten Lektüre von Moses Mendelssohns »Phädon oder über die Unsterblichkeit der Seele«. Es ist seit drei Jahren der einzig erhaltene Brief Wolfgang Mozarts an seinen Vater:

»– diesen augenblick höre ich eine Nachricht, die mich sehr niederschlägt – um so mehr als ich aus ihrem letzten Vermuthen konnte, daß sie sich gottlob recht wohl befinden; – Nun höre aber daß sie wirklich krank seyen! wie sehnlich ich einer Tröstenden Nachricht von ihnen selbst entgegen sehe, brauche ich ihnen doch wohl nicht zu sagen; und ich hoffe es auch gewis – obwohlen ich es mir zur gewohnheit gemacht habe mir immer in allen Dingen das schlimmste vorzustellen –

da der Tod, genau zu nemmen, der wahre Endzweck unsers
lebens ist, so habe ich mich seit ein Paar Jahren mit diesem
wahren, besten freunde des Menschen so bekannt gemacht,
daß sein Bild nicht allein nichts schreckendes mehr für mich
hat, sondern recht viel beruhigendes und tröstendes! und ich
danke meinem gott, daß er mir das glück gegönnt hat mir die
gelegenheit, sie verstehen mich, zu verschaffen, ihn als den
schlüssel zu unserer wahren Glückseeligkeit kennen zu lernen.
– ich lege mich nie zu bette ohne zu bedenken, daß ich
vielleicht, so Jung als ich bin, den andern Tag nicht mehr
seyn werde – und es wird doch kein Mensch von allen die
mich kennen sagn können daß ich im Umgange mürrisch oder
traurig wäre – und für diese glückseeligkeit danke ich alle Tage
meinem Schöpfer und wünsche sie vom Herzen Jedem meiner
Mitmenschen...Ich hoffe und wünsche daß sie sich während
ich dieses schreibe besser befinden werden, sollten sie aber
wieder alles vermuthen nicht besser seyn, so bitte ich sie bey
...* mir es nicht zu verhehlen, sondern mir die reine Wahrheit
zu schreiben oder schreiben zu lassen, damit ich so geschwind
als es menschenmöglich ist in ihren Armen seyn kann; ich
beschwöre sie bey allem was – uns heilig ist. –«

Aber der sterbende Leopold Mozart wartet vergeblich auf
seinen Sohn.

Genau in diesen Tagen, am 7. April 1787, trifft der 16-jährige
Ludwig van Beethoven, Konzertmeister am Hof des Kurfürsten von Köln, in Wien ein. Er soll auf Kosten seines
Dienstherrn bei Mozart Unterricht nehmen. Beethovens Vater, ein chronischer Alkoholiker, hat schon früh begonnen, das
hochbegabte Kind mit Prügeln zum Wunderkind »heranzubilden«.

Aber bereits zwölf Tage später eilt der junge Beethoven
zurück nach Bonn, weil er die Nachricht von der schweren Erkrankung seiner Mutter erhalten hat. Nach ihrem Tod kehrt er

nicht zurück nach Wien, um die Chance wahrzunehmen, von Mozart unterrichtet zu werden, sondern er bleibt in Bonn, weil er seine jüngeren Geschwister nicht dem rohen Vater ausliefern will. Erst nach dessen Tod kommt Beethoven nach Wien, fünf Jahre später.

Dann ist Mozart tot.

Seitdem Goethes Faust uns gelehrt hat, daß ein Genie seinem Dämon folgen muß und keine Rücksicht auf menschliche Pflichten nehmen darf, stellt sich die Frage: Hatte Beethoven das Recht, einfach wie ein normaler Mensch von Gefühl und Sittlichkeit zu seiner sterbenden Mutter zu eilen und sich nach ihrem Tod jahrelang um die kleinen Brüder zu kümmern, anstatt bei Mozart zu bleiben und so der Menschheit eine weitere Sternstunde zu bescheren?

Aber das Schicksal hat Verständnis für Beethovens Anständigkeit: er bekommt Joseph Haydn als Lehrer in Wien.

Wir haben kein einziges Dokument über die Begegnung zwischen dem 16jährigen schroffen Beethoven und dem 31jährigen Mozart im Zenit seines Ruhmes; nur Anekdoten.

Aber vier Tage nach Beethovens Ankunft in Wien schreibt der junge Gottfried von Jacquin in Mozarts Stammbuch:

»... Wahres Genie ohne Herz – ist Unding – denn nicht hoher Verstand allein; nicht Imagination allein; nicht beide zusammen machen Genie – Liebe! Liebe! Liebe! ist die Seele des Genies ...«

Das stimmt ja wirklich alles, möchte man dem Erregten am liebsten beruhigend sagen, aber was ist bei diesem Besuch im Hause Mozart geschehen? Sollte sich das etwa auf den düsteren Jungen aus Bonn beziehen, dessen gehemmtes Wesen nichts Jugendliches zeigt und auch nichts von der Heiterkeit und Süße des versinkenden Zeitalters? Vor allem aber – und das dürfte die größte Herausforderung für Mozart und seine Bewunderer sein – den man schon vor Jahren gewagt hat, mit

Mozart zu vergleichen. Denn schon 1783 schrieb Beethovens Lehrer Christian Gottlieb Neefe in der Zeitung über den erst 12jährigen:

»... Dieses junge Genie verdiente Unterstützung, daß er reisen könnte. Er würde gewiß ein zweyter Wolfgang Amadeus Mozart werden, wenn er so fortschritte, wie er angefangen.«

Es gibt ein Ereignis, das Mozart kurzfristig von der Reise nach Salzburg abgehalten haben könnte: Am 22. April ist der Kaiserliche Hof-Compositeur Joseph Starzer gestorben, der die Ballett- und Tanzmusik für die höfischen Festlichkeiten zu liefern hatte.

Um die freigewordene, mit 800 Gulden Jahresbesoldung dotierte Stelle hat Mozart sich sicher beworben.

Gottfried van Swieten überträgt ihm sofort Starzers vakante Stelle als Leiter seines sonntäglichen Barock-Orchesters.

Der sparsame Joseph II. indessen zeigt keine Neigung, Starzers Posten neu zu besetzen, dieses Relikt aus den Zeiten der Kaiserin Maria Theresia, als der Hof noch rauschende Feste veranstaltete.

Außerdem steht er gerade im Begriff, nach Rußland zu fahren, wo er mit Katharina der Großen hochpolitische Entscheidungen besiegeln wird: auf der legendären Krimreise, die als die prunkvollste Reise des 18. Jahrhunderts das Staunen der Zeitgenossen erregt – für die ein Favorit der Zarin, Fürst Potemkin, eindrucksvolle Fassaden von Märchendörfern, von blühenden Städten und gewaltigen Festungen entlang der wochenlangen Reiseroute dekorieren ließ, um so den Kaiserlichen Gast zu blenden.

Allein für die musikalischen Genüsse der illustren Reisenden werden mehrere hundert Musiker und Instrumente mitgeführt auf Karawanen von Schlitten, dann Kutschen, später Schiffen. Fürst Potemkins Orchester ist das größte.

Die Gaukelei gelingt: Die bunten Kulissen kaschieren die militärische Ohnmacht der russischen Armee und die Hungersnot in Zentralrußland und täuschen den hohen Gast. Die Folge ist Österreichs Kriegseintritt gegen die Türkei.

Vier Jahre später wird Graf Rasumowsky, Schwiegersohn der Gräfin Thun in Wien, dem pompösen Verschwender Potemkin in einem Empfehlungsbrief vorschlagen, Mozart in seine Dienste zu nehmen. Aber da liegt Potemkin im Sterben; und zwei Monate nach ihm stirbt auch Mozart.

Es ist der Salzburger Hofkriegsrat Franz Armand d'Ippold, Nannerls einstige Liebe, der Mozart die Nachricht vom Tod seines Vaters schickt.

Leopold Mozarts Testament ist verschollen. Aber aus den wenigen erhaltenen Briefen und amtlichen Dokumenten ergibt sich, daß beide Kinder zu gleichen Teilen bedacht wurden; eine einfache, klare Verfügung.

Leopold Mozart ist, wie er es unbedingt erreichen wollte, schuldenfrei gestorben. Nur kurz vor seinem Tod hilft ihm sein Schwiegersohn von Berchtold zu Sonnenburg mit 50 Gulden, weil der Sterbende sich um Arzt- und Medizinkosten Sorge macht, während gleichzeitig die Halbjahresmiete von 45 Gulden fällig ist.

Zu erben sind nur Sachwerte: viele Musikinstrumente, Möbel, Hausrat, »wertvolle Hofkleider«, Bücher, Mikroskope, ein Fernrohr. Und »Preziosen, Galanterien, und Silbergeschmeide« von den frühen Konzertreisen, insgesamt amtlich geschätzt auf 999 Gulden 42 Kreuzer. Die Geschwister einigen sich auf Versteigerung.

Nur mit Bestürzung läßt sich wiederum verfolgen, wie vollständig Mozart von seiner Frau beherrscht wird:

»Sey versichert, meine Liebe«, schreibt er am 16. Juni an das Nannerl, »... daß, wenn Du Dir einen guten, Dich liebenden und schützenden Bruder wünschest, Du ihn gewiß bey jeder Gelegenheit in mir finden wirst. – meine liebste, beste Schwester! wenn Du noch unversorgt wärest, so brauchte es dieses Alles nicht. Ich würde, was ich schon tausend Mal gedacht und gesagt habe, Dir Alles mit wahrem Vergnügen überlassen; da es Dir aber nun, so zu sagen unnütz ist, mir aber im Gegentheil es zu eigenem Vortheil ist, so halte ich es für Pflicht, auf mein Weib und Kind zu denken!«

Der Rest dieser sich durch Monate hinziehenden Korrespondenz ist fast vollständig verschollen. Doch scheinen der dreisten Heuchelei des ersten Briefes stark überzogene Forderungen zu folgen.

»... so zu sagen unnütz« ist Geld niemals. Für Nannerl aber wäre ihr väterliches Erbe eine erhebliche Erleichterung ihrer Hauswirtschaft. Zwar ist sie »versorgt«, doch mit ihren fünf Stiefkindern und dem zweijährigen Sohn Leopold – zwei weitere Kinder werden später noch geboren – ist sie zur strikten Sparsamkeit gezwungen. Ihr Mann erhält als Salzburger Beamter eine Jahresbesoldung von höchstens 800 Gulden, die sich nicht annähernd mit den Einkünften des Schwagers in Wien messen kann. Nach seinem Tod 1801 wird Nannerl eine Jahrespension von 300 Gulden erhalten.

Niemand weiß das besser als Wolfgang Mozart, der sich jahrelang aufgeregt hat über die kargen Gehälter unter Erzbischof Colloredo.

Doch Nannerl verhält sich auch diesmal, wie stets, nobel und gütig. Rohe Naturen mögen das als »farblos« und »dumm« bezeichnen.

Mozart bittet den »wahren, guten freund« d'Ippold um Vertretung seiner Interessen. Der lehnt ab. Er hat Konstanze im Sommer 1783 kennengelernt. Ist es nicht ihrer Härte zu verdanken, daß er und Nannerl Mozart nicht heiraten konnten?

Es sind offenbar ungute, kleinliche, gierige Briefe, die aus

Wien kommen. Nicht einmal den Rest der 50 Gulden, die der Schwiegersohn dem sterbenden Leopold Mozart lieh, will man ihm kampflos lassen. Wahrscheinlich, um den Zumutungen ein Ende zu setzen, bietet Ende Juli Nannerls Ehemann Berchtold zu Sonnenburg dem Schwager in Wien eine einmalige Summe von 1000 Gulden an – ein mehr als faires Angebot. Offensichtlich können Mozarts in Wien die für Ende September anberaumte Versteigerung nicht abwarten.

Hocherfreut akzeptiert der Bruder in einem erhaltenen Brief vom 1. August, verlangt aber die Summe in Wiener Gulden, was 20% mehr bedeutet, also 1200 Salzburger Reichsgulden. Als auch das akzeptiert wird, kommen neue Forderungen, so daß am Ende die Schwester auch noch sämtliche Gebühren für die Geld-Ausfuhr (120 Gulden), Versteigerung, »alle gerichtlichen und anderen Unkösten« tragen und ihr Mann sich obendrein verpflichten muß, mit einem Bürgen »für allfällige nachträgliche Forderungen« an die Verlassenschaft Leopold Mozarts zu haften. Eine häßliche Geschichte. Sie erinnert stark an alle früheren Weberischen Machenschaften ebenso wie an die raffgierigen Unternehmungen der späteren Witwe Mozart-Nissen.

Aber sie zeigt, daß Nannerl einen guten, einen wirklich vornehmen Mann bekommen hat. Anstatt mit sicherem Erfolg um das Erbe seiner Frau zu prozessieren, respektiert Johann Baptist von Berchtold zu Sonnenburg das wichtigste Anliegen der Familie Mozart: den Ruf Wolfgangs um jeden Preis zu schützen.

Die Auktion findet im Tanzmeistersaal der Mozart-Wohnung statt und dauert vier Tage. Der Gesamterlös von 1507 Gulden dürfte vollständig aufgegangen sein in der Auszahlung des Bruders und den erheblichen Nebenkosten. Nannerl begnügt sich mit den von der Versteigerung übriggebliebenen Gegenständen.

Die Mozarts in Wien sind hochzufrieden.

Jetzt »empfiehlt sich« Konstanze nicht mehr der Schwägerin wie in den vorausgegangenen Briefen ihres Mannes, sondern schickt wieder 1000 Küsse.

Im kleinen Salzburg aber scheint diese für Wolfgang Mozart allzu günstig verlaufene Erb-»Teilung« nicht unbeachtet geblieben zu sein.

Nun will auch Michael Haydn nichts mehr von ihm wissen, zu dem Mozart von seiner Kindheit her einen herzlichen Kontakt hatte. Michael Haydn antwortet nicht einmal mehr auf Mozarts Brief und seine Einladung nach Wien.

Daß Mozart seine Schwester um ihr Erbe geprellt hat, scheint vielen Biographen erheblich zu schaffen zu machen. Entweder sie überspringen dieses ungute Kapitel ganz, oder sie mutmaßen beim Ehepaar Sonnenburg »irgendwie« insgeheime Bereicherungen, weil sie sich deren großherziges Verhalten nicht erklären können und noch weniger Mozarts dreiste Forderungen. Es gibt allerdings in den Quellen nicht den geringsten Hinweis, der zu irgendwelchen Unterstellungen berechtigt.

In diesem Fall hätte Konstanze die Korrespondenz um den Nachlaß gewiß nicht vernichtet.

Auch eine angebliche Unterschlagung von Partituren ihres Bruders versucht man Nannerl anzuhängen. Sie hat in Wahrheit nachweislich und offensichtlich in Erfüllung des Testaments die Kompositionen ihres Vaters an das Chorherrenstift in Augsburg geschickt, wo Leopold Mozart als Kind einen Teil seiner musikalischen Ausbildung erhielt. Ihrem Bruder schickt sie sämtliche in der Salzburger Wohnung vorhandenen Partituren seiner Werke nach Wien, sobald er aus Prag zurück ist.

Denn während in Salzburg die Auflösung der Mozart-Wohnung im Tanzmeisterhaus stattfindet, ist Wolfgang

Mozart in der Reisekutsche unterwegs nach Prag zur Uraufführung seines »Don Giovanni«.

Die 1000 Gulden aus dem Erbe gehen direkt an seinen Gläubiger Michael Puchberg.

XVI.

1787: »DON GIOVANNI« IN PRAG

In diesen Sommermonaten 1787, während er unter dem Diktat von Konstanze in seinen Briefen an die Schwester seine Erbforderungen höher und immer höher schraubt, entsteht in anderen, »dämonischen« Bereichen sein glühender »Don Giovanni ossia il dissoluto punito« – der bestrafte Ausschweifende.

»Ich bitte um Verzeihung, daß ich letzthin so frey war die Haydnischen Quartetten wegzunehmen – aber ich glaube immer, ich *flegel* hätte eine Ausnahme. –«

Eine charakteristische Notiz aus dem Jahr 1787, Empfänger unbekannt. Leopold Mozarts verwöhntes Kind ist jetzt auf dem Gipfel seiner Erfolge, der von der Gesellschaft als größtes Genie angedichtete »Apoll« und »Orpheus«, dem die Menschen »die schönen weißen Hände küssen«, den sie anhimmeln, verwöhnen, beschenken – und der meint, er könne sich alles erlauben.

In einer seiner Opernvorstellungen, so berichtet Konstanze den Novellos, wurde er »sehr ungeduldig und schrie das Orchester an, ohne die Zuhörer zu fürchten.«

Und als Kaiser Joseph ihn gefragt habe, warum er nicht eine weitere Oper für Wien komponiere, habe er, auf das Orchester deutend, gesagt: »Was soll ich mit diesem Spital von Menschen da anfangen? In Prag, da muß man Musik hören!« (Boisserée)

Die Geschichten von seiner Unzuverlässigkeit häufen sich. Er versäumt Lektionen, Abend-Engagements, bestellte Kompositionen, wenn er »nicht dazu aufgelegt« ist (vor allem, wenn im voraus bezahlt wurde).

Und selbst in Prag, wohin er mit der hochschwangeren Konstanze am 1. Oktober reist, die unfertige »Don Giovanni«-Partitur im Gepäck, hat sich die Stimmung offensichtlich um einige Nuancen verändert.

Dieses Mal wohnen sie nicht, wie zu Beginn des Jahres, als Gäste im Palais des Grafen Thun, sondern im Gasthof; später außerhalb von Prag bei dem befreundeten Ehepaar Duschek auf dessen Weingut »Bertramka«.

Der Komponist Franz Xaver Duschek und vor allem seine Frau Josepha, die große Sopranistin, »die böhmische Nachtigall«, haben sich mit Mozart vor zehn Jahren in Salzburg angefreundet und ihn schon damals eingeladen, nach Prag zu kommen, anstatt die große Reise in den Westen anzutreten. Seitdem ist der Kontakt nicht mehr abgerissen. Josepha Duschek hat mehrere Male bei Mozart Konzert-Arien für sich bestellt, hat auch in Wien mit ihm zusammen konzertiert in öffentlichen Akademien und vor dem Kaiser in der Hofburg.

Es war allerhöchste Zeit, daß Mozart endlich in Prag ankam. Am 14. Oktober soll die Uraufführung seines »Don Giovanni« stattfinden, die der Kaiser überdies noch als Festoper zu Ehren der gerade vermählten Erzherzogin Maria Theresia von Habsburg-Toscana bestimmt hat, die über Prag nach Dresden zu ihrem Gemahl reist (den sie noch gar nicht kennt).

Für diesen feierlichen Anlaß wurde bereits vor Monaten in Wien in da Pontes Libretto zum »Don Giovanni« der ehrenvolle Zusatz gedruckt:

»... da rappresentarsi nel teatro di Praga per l'arrivo di S.A.R. Maria Teresa Arciducchessa d'Austria, sposa del Sgr. Principe Antonio di Sassonia l'anno 1787«.

Auf allen Seiten sind die Erwartungen riesig. Die Proben laufen seit längerer Zeit, soweit man aus Wien die fertigen Szenen hatte.

Aber das erstklassige Opern-Ensemble Bondinis, bei dem Mozart sich vor einigen Monaten nach den rauschenden »Figaro«-Erfolgen mit schrankenlosem Lob bedankte, das macht ihn diesmal ungeduldig. Wir wissen seit der »Idomeneo«-Korrespondenz, als Mozart mit dem Intendanten heftige Auseinandersetzungen hatte, daß er schwierig und verletzend sein kann bei den Proben. Damals ermahnte ihn sein Vater behutsam (»Doch – das weißt Du ja selbst –«), höflich und liebenswürdig mit dem Ensemble umzugehen, keinen Musiker durch Ungeduld und Grobheiten zu verärgern. Damals in München hatte er fast drei Monate Zeit für die Proben.

Wie aber sollen jetzt die Prager Musiker innerhalb von zehn Tagen die noch nicht fertig komponierte Oper einstudieren, die zudem noch als »äußerst schwierig zu exequiren« gilt? Die Theatertruppe Bondini lebt aus den Einnahmen ihrer Vorstellungen – im Gegensatz zu den Opernhäusern in München und in Wien, die das Glück haben, großzügig finanziert zu werden. Drei Sängerinnen und vier Sänger, freilich von höchster Qualität, bilden das gesamte Ensemble von Solisten, das fast jeden Abend auf der Bühne steht – manche von ihnen in zwei Rollen – und darum tagsüber nicht endlos mit Proben strapaziert werden kann.

Theaterprinzipal Bondini dürfte ziemlich nervös geworden sein; von Streitigkeiten zwischen Mozart und der Sängerin der Donna Anna ist in späteren Überlieferungen die Rede, von »ernstlichen Vorwürfen« des Regisseurs Guardasoni; und davon, daß man noch bei der Uraufführung teilweise habe improvisieren müssen. Alles das, was Leopold Mozart immer beunruhigt hatte, was er selbst aber weitgehend durch Zuspruch, Anregung und Aufmerksamkeit vermeiden konnte – die groben Ausfälle gegen Sänger, Orchester und Direktion und das Nicht-Fertigwerden der Komposition, weil sein Sohn immer alles bis auf den letzten Moment hinausschob – das passiert nun in Prag.

Die Uraufführung des »Don Giovanni« muß zweimal verschoben werden.

Als die Prinzessin in Begleitung ihres Bruders, des Thronfolgers Erzherzog Franz, in Prag ankommt, nimmt man eine Oper aus dem Repertoire; das aber ist, auf Befehl des Kaisers, Mozarts »Le nozze di Figaro«.

Über die Geschichte der Komposition der Ouvertüre zum »Don Giovanni« in den frühen Morgenstunden des Uraufführungstages, die ohne Probe von noch feuchten Kopien am Abend gespielt worden sein soll, lächeln vielleicht Liebhaber von Anekdoten. Bondini und das Orchester haben bestimmt nicht gelächelt. Wahrscheinlich auch nicht das Publikum, das im »Zum Erdrücken vollen« Nationaltheater fast eine Stunde warten mußte, bis die armen Kopisten endlich fertig waren mit den Stimmauszügen für das Orchester und »Sand über die Bögen streuten«.

Diese Geschichte, die allein bei Nissen in zwei Versionen erzählt wird und von der es noch mindestens drei weitere gibt, ist eine Variante der Entstehung der »Titus«-Ouvertüre in Prag vier Jahre später, die ebenfalls Theaterunternehmer und Orchester in angstvolles Warten und schließliche Verzweiflung gestürzt haben soll. Auch die Ouvertüre der »Zauberflöte« ist angeblich von »noch nassen« Noten gespielt worden.

Wenn auch nur eine der Geschichten stimmt, dann ist es begreiflich, daß Bondini und sein Assistent Guardasoni in

Zukunft darauf verzichten, trotz des grenzenlosen Erfolges von »Don Giovanni« noch einmal ein Werk bei Mozart direkt zu bestellen. Es ist weitaus bequemer und weniger riskant, die fertigen Opern aus Wien kommen zu lassen.

In Paris vor neun Jahren hatte Wolfgang Amadé Mozart noch schlimmes Lampenfieber vor der Aufführung seiner ersten Pariser Sinfonie im »Concert Spirituel«:

»... bey der prob war es mir sehr bange, denn ich habe mein lebe-tag nichts schlechters gehört; sie können sich nicht vorstellen, wie sie die Sinfonie 2 mahl nacheinander herunter gehuddeld, und herunter gekrazet haben. – mir war wahrlich ganz bang – ich hätte sie gerne noch einmahl probirt aber ...; ich muste also mit bangen herzen, und mit unzufriedenen und zornigen gemüth ins bette gehen, den andern tage hatte ich mich entschlossen gar nicht ins Concert zu gehen; es wurde aber abends gut wetter, und ich entschlosse mich endlich mit den vorsatz, daß wenn es so schlecht gieng, wie bey der prob, ich gewis aufs orchestre gehen werde, und den ... *Ersten violin* die violin aus der hand nehmen, und selbst dirigirn werde. ich batt *gott* um die gnade daß es gut gehen möchte.«

Mozart hatte Glück in Paris: Die Sinfonie wurde sehr gut »executiert« und war ein Erfolg.

1787 in Prag, auf dem Gipfel seines Ruhmes und seiner Beliebtheit, »wo ihn ein gefühlvolles Publikum und wahre Freunde auf den Händen trugen ...«, in dieser Euphorie muß er nicht mehr »also mit bangen herzen, und mit unzufriedenen und zornigen gemüth ins bette gehen«. Jetzt nimmt er alles lässig.

Es kommt gar nicht erst zu einer Probe. Mit großer Verspätung bringt man zur Premiere hastig »die Stimmen noch voll Streusand in das Orchester, zu welcher Zeit auch Mozart in dasselbe trat, um die erste Production zu dirigieren ...«. Danach sagt er »zu einigen ihm zunächst Stehenden (in der Epoche spielen viele Orchester stehend):

»es sind zwar viele Noten unter die Pulte gefallen, aber die Ouvertüre ist doch recht gut von Statten gegangen.«

Die Geduld des Publikums und die strapazierten Nerven des Ensembles haben sich gelohnt. Auch die höchsten Erwartungen werden erfüllt: Die Uraufführung des »Don Giovanni« (KV 527) am 29. Oktober 1787 versetzt Prag abermals in einen Mozart-Taumel. Wie hoch überlegen über alle anderen Komponisten er sich weiß, zeigt er auch in der Gastmahlsszene seines »Don Giovanni«: Das Bläserensemble auf der Bühne spielt nacheinander zwei Motive aus den erfolgreichsten Opern am Burgtheater: von Martin Y Solers »Una cosa rara« und Sartis »Fra i due litiganti il terzo gode« – was bedeutet: »Wenn zwei sich streiten, freut sich der Dritte« – und dieser Dritte ist er selbst mit einem Motiv aus seinem »Figaro«.

»Evviva da Ponte, evviva Mozart!« gratuliert nun überschwenglich Regisseur Guardasoni dem Librettisten, der schon wieder in Wien ist, weil er nicht die Zeit hatte, die zweimaligen Verschiebungen der Uraufführung abzuwarten.

Doch ein Freund da Pontes, Venezianer wie er, von dem möglicherweise sogar einige Texte im Libretto stammen, ist nachweislich zur Zeit der Uraufführung in Prag und hat gewiß nicht versäumt, dabei zu sein. Denn er liebt gesellschaftliche Ereignisse – »grand monde«.

Der Stoff des »Don Giovanni« muß ihm besonders liegen: Er selbst, einer der berühmtesten Männer seines Jahrhunderts, von hoher Intelligenz, Güte und Sinnlichkeit, ist gleichzeitig einer der berückendsten Verführer der Weltgeschichte – Inbegriff des Mannes von unwiderstehlicher erotischer Anziehung:

Giacomo Casanova, jetzt 62 Jahre alt, zahnlos und abgewirtschaftet; seit zwei Jahren Bibliothekar des Grafen Waldstein auf Schloß Dux in Böhmen.

Außer Casanova gibt es ein anderes historisches Ebenbild des unersättlichen, unwiderstehlichen Don Juan, der in seiner Ruchlosigkeit dem Wüstling der Mozart-Oper weitaus ähnlicher ist als der edle Venezianer: Das ist der Spanier Rodrigo Borgia, späterer Papst Alexander VI., dem die betörendsten Verführungskünste nachgesagt werden. Ob er in die Hölle gefahren ist, bleibt freilich ungeklärt.

Erstaunlich ist, daß Casanova, der es liebt, Zelebritäten seiner Epoche kennenzulernen, Mozart in seinen umfangreichen Briefen und Aufzeichnungen überhaupt nicht erwähnt. Er kannte ihn wahrscheinlich bereits aus Wien, wo er seit Ende 1783 über ein Jahr lang lebte und nicht nur in vielen großen Häusern verkehrte, sondern auch in Opern-Garderoben.

Erschien dem geistvollen Gesellschaftsmenschen das blasse, herausgeputzte Männchen gar zu albern und unscheinbar?

Seinem Freund Gottfried von Jacquin schreibt Mozart nach dem triumphalen Erfolg der Oper in Prag:

»Man wendet hier alles mögliche an, um mich zu bereden, ein paar Monate noch hierzubleiben, und noch eine Oper zu schreiben, – ich kann aber diesen antrag, so schmeichelhaft er immer ist, nicht annehmen. –«

Warum nicht?

Daß er unbedingt nach Wien zurückkehren will, ist aus mehreren Gründen verständlich. Aber einen neuen Opernauftrag hätte er deswegen nicht ablehnen müssen, sondern wie die »Don Juan«-Scrittura mit nach Wien nehmen können. Auch Lorenzo da Ponte, den Guardasoni so überschwenglich beglückwünschte zu seiner Zusammenarbeit mit Mozart, erwähnt in seinen Memoiren nichts von einem neuen Opernauftrag. Sonst wäre »Cosi fan tutte« vielleicht für Prag entstanden.

»Nie wieder!« mögen sich Theaterleiter Bondini und sein

Assistent Guardasoni gesagt haben trotz der vollen Kassen mit Mozarts Opern.

Anstelle von Mozart erhält Joseph Haydn wenige Wochen nach dem »Don Giovanni«-Triumph eine Aufforderung aus Prag, eine Oper zu schicken. Der antwortet – falls der Brief echt ist:

»Sie verlangen eine Opera buffa von mir. Recht herzlich gern, wenn Sie Lust haben, von meiner Singkomposition etwas für sich allein zu besitzen. Aber um sie auf dem Theater zu Prag aufzuführen, kann ich Ihnen diesfalls nicht dienen, weil alle meine Opern zu viel an unser Personale gebunden sind und außerdem nie die Wirkung hervorbringen würden, die ich nach der Lokalität berechnet habe. Ganz was anders wäre es, wenn ich das unschätzbare Glück hätte, ein ganz neues Buch für das dasige Theater zu komponieren. Aber auch da hätte ich noch viel zu wagen, indem der große Mozart schwerlich jemanden andern zur Seite haben kann.

Denn könnt ich jedem Musikfreunde, besonders aber den Großen, die unnachahmlichen Arbeiten Mozarts, so tief und mit einem solchen musikalischen Verstande, mit einer so großen Empfindung in die Seele prägen, als ich sie begreife und empfinde: so würden die Nationen wetteifern, ein solches Kleinod in ihren Ringmauern zu besitzen. Prag soll den theuern Mann festhalten – aber auch belohnen; denn ohne dieses ist die Geschichte großer Genien traurig und giebt der Nachwelt wenig Aufmunterung zum ferneren Bestreben; weßwegen leider so viel hoffnungsvolle Geister darnieder liegen. Mich zürnet es, daß dieser einzige Mozart noch nicht bey einem kaiserlichen oder königlichen Hofe engagirt ist! Verzeihen Sie, wenn ich aus dem Geleise komme: ich habe den Mann zu lieb ...«

Mitte November, nach sechs Wochen voll »Ruhm, Ehre und Geld«, reisen Mozarts zurück nach Wien. Konstanze erwartet

218

im Dezember ihr Kind; es ist die vierte Niederkunft in fünf Jahren.

Auf Mozart wartet die Wintersaison.

Vor allem aber sind seine Hoffnungen, endlich doch noch einen festen Dienst zu bekommen, wieder aufgeflammt, denn seit dem Tod des Hof-Compositeurs Starzer im vergangenen April hat sich die Konstellation in der Kaiserlichen Hofmusik nochmal verändert:

Am 15. Oktober starb Hofkapellmeister Bonno, dessen Stelle die begehrteste von allen Musiker-Stellen der Kaiser-stadt ist. Und mit dem Tod von Christoph Willibald Gluck am 15. November ist dessen mit 2000 Gulden dotierte Ehren-pension freigeworden.

Und diesmal wird es wahr: Wolfgang Amadeus Mozart wird zum 1. Dezember 1787 fest angestellt, wenn auch nicht in der begehrten Nachfolge Bonnos als Hofkapellmeister – diesen Posten bekommt der zuverlässige Salieri –, sondern als Kaiser-licher Kammer-Compositeur mit einem Jahresgehalt von 800 Gulden; es ist die im Grunde überflüssige Stelle von Joseph Starzer. Die 15 bis 20 Menuette und Deutschen Tänze, die er dafür jeden Winter freiwillig abliefert, obwohl hierzu keinerlei Verpflichtung besteht, und mit einer auffallenden Pünktlichkeit, sind für die öffentlichen Bälle im Redoutensaal bestimmt. Die Erleichterung über das Kaiserliche Dekret muß sehr groß gewesen sein.

Der Makel ist getilgt. Nach sechzehn Jahren vergeblicher Bemühungen in Mailand, Florenz, Wien, München, Mann-heim, Paris, Mainz und noch zweimal in München – davon sechseinhalb Jahren steiler Karriere in Wien, wo ihn trotz seines sich ausbreitenden Ruhmes dennoch niemand enga-gieren wollte, ist Mozart nun endlich »in wirklichen Diensten Sr. K.K. apost. Majestät!« Welche Genugtuung, von nun an bei Konzert- und Opernankündigungen und beim Erscheinen neuer Kompositionen den offiziellen Titel hinzusetzen zu dürfen. Jahrelang hat er danach gefiebert.

Der Vater hat es nicht mehr erlebt. Doch seiner Schwester teilt er es sofort freudig mit:

»... daß mich aber izt S. Mayest. der kayser in seine dienste genommen ...«

Als Nannerl jedoch nach seinem genauen Titel fragt, weicht er aus und geht erst Monate später darauf ein:

»... so hat mich der kayser zu sich in die kammer genommen, folglich förmlich *dekretiert, einsweilen* aber nur mit 800 fl (Gulden); – es ist aber keiner in der kammer der *so viel* hat. – auf dem anschlag zettel, da meine Prager Oper Don Giovanni, welche eben heute wieder gegeben wird, aufgeführt wurde, auf welchem gewis nicht *zu viel* steht, da ihn die k:k Theater direction herausgiebt, stunde; – die Musick ist von H. Mozart, *kapellmeister, in wirklichen diensten seiner k:k:Majestätt.«*

Hofkapellmeister aber ist Salieri, und sein Gehalt ist um ein Drittel höher als Mozarts: 1200 Gulden. Auch in Zukunft vertuscht Mozart häufig seinen wahren Titel und nennt sich »Kapellmeister, in wirklichen Diensten Sr. K.K. Majestät«.

Es ist ein Ehrenamt, das der sonst so sparsame Kaiser jetzt an Mozart vergibt, angeblich veranlaßt durch die Bemühungen der Gräfin Thun. In den Hofakten steht: »... damit ein in dem Musikfache so seltenes Genie, nicht genöthiget sey, in dem Ausland Verdienst und Brod zu suchen ...«

So haben also seine gezielt ausgestreuten Auslandspläne endlich Erfolg gebracht. In Wirklichkeit ist jedoch von ausländischen Bemühungen um Mozart keine Rede. Die Freunde Storace und Attwood in London haben bisher nichts erreicht; der neue König von Preußen, Friedrich Wilhelm II., der schon als Kronprinz eine Vorliebe für Mozart-Kompositionen bewies und viele Partituren kaufte, fördert jetzt zwar mit riesigen Summen das Berliner Musikleben, doch für die leitenden Posten werden andere engagiert.

An Wolfgang Amadeus Mozarts Eignung scheint niemand zu glauben. Er ist mit seinem unkollegialen Verhalten, seinen kindlichen Angebereien und Grobheiten und seiner Unzuverlässigkeit das allzu krasse Gegenteil des braven, bescheidenen, verantwortungsbewußten Komponisten und Orchesterleiters, den alle Höfe suchen – so wie es sein Freund Joseph Haydn ist.

Nach vielen Jahren, in denen außer der Gräfin Thun auch Baron van Swieten, Fürst Kaunitz und Erzherzog Maximilian Franz vergebens versucht hatten, für Mozart den begehrten Hoftitel zu erreichen, muß der Kaiser jetzt plötzlich begriffen haben, daß dieses kleine, ruhelose Wesen mit seinen zwischen Euphorie und Depression schwankenden Stimmungen, seiner Arroganz und seiner Zutraulichkeit, seinem Leichtsinn und den liederlichen häuslichen Verhältnissen – daß dieser liebebedürftige Kobold das größte musikalische Genie ist, von dem die Menschheit weiß. Und daß es keineswegs eine Gnade ist, wenn man ihm Titel und Gehalt gibt, sondern eine Ehre für die Kaiserstadt und ihren Herrscher.

Schon als im Oktober in Prag die vorgesehene festliche Uraufführung des »Don Giovanni« zu Ehren der durchreisenden Erzherzogin ausfiel, so daß schnell ein anderes Stück angesetzt werden mußte, bewies der Kaiser mit seiner Anordnung, Mozarts »Le nozze di Figaro« zu spielen, Hochachtung vor dem Genie anstatt Verärgerung über seine Nachlässigkeit.

Und kaum ist Mozart aus Prag zurückgekehrt, befiehlt der Monarch, den »Don Giovanni« am Burgtheater einzustudieren.

Woher kommt dieser plötzliche Sinneswandel bei Joseph II., der ihn veranlaßt hat, Mozart unter seinen Schutz zu nehmen und ihn mit einem Hoftitel zu ehren?

Es gilt als erwiesen, daß der Kaiser die Oper »Don Giovanni« nie gesehen hat, weil er längst im Türkenkrieg auf dem Balkan war, als sie in Wien aufgeführt wurde.

Aber es gibt Hinweise darauf, daß er zumindest Teile daraus kennt.

Als Intendant Graf Rosenberg-Orsini sich während der Proben zum »Don Giovanni« in Wien 1788 in einem Brief an den fernen Kaiser auf dem Balkan positiv über diese Oper äußert, lobt dieser ihn spöttisch: »que votre goût commence à devenir raisonable«.

Im September 1787 war Joseph II. in Prag. Hier könnte er, der leidenschaftliche Opern-Liebhaber, einige Proben zum »Don Giovanni« besucht haben. Ganz sicher aber hat ihn die Mozart-Begeisterung der Böhmen beeindruckt.

Und vielleicht ist es Graf Johann Joseph Thun in Prag gewesen, der große Musik-Kenner, Bewunderer und Gönner Wolfgang Mozarts seit dessen Kindheit, der jetzt seinen Herrscher, diesen eigensinnigen Besserwisser, überzeugen konnte? Wir wissen aus einem Brief der Mutter Mozarts von 1778, daß das musikalische Urteil des »alten« Grafen Thun beim Kaiser Gewicht hat:

»... aber ich mus dich erinern, und ich glaube es wurde auch nicht übel sein, wan du auch an den grafen thun schriebest, der bey den Keiser so vill gilt, und den Wolfgang so gehrn gehabt hat ...«

Sollte Joseph II., dessen eigener Geschmack ihn andere Komponisten vorziehen läßt, diesmal auf den Kenner gehört und seine Verantwortung begriffen haben?

Wolfgang Amadeus Mozart aber, soeben ernannter »Kammer-Compositeur in Diensten seiner K. K. apostol. Majestät«, zieht wieder einmal um, ohne seine Miete für die verflossenen 8 Monate zu zahlen.

XVII.

Für die Nachwelt liegt über dem Jahr 1788 das düstere Bild des von der Wiener Gesellschaft völlig vergessenen, dem Elend preisgegebenen Mozart – bemerkenswerterweise gleich nach den Prager »Don Giovanni«-Triumphen und der Ernennung zum Kaiserlichen Hofkompositeur.

Das liegt in erster Linie an dem Vakuum in der Korrespondenz. Es sind nicht mehr als fünf Briefe Mozarts aus dem ganzen Jahr 1788 überliefert, und alle fünf stammen aus dem Sommer. Es gibt keine Stammbucheintragungen, keine Freundesbilletts, gar nichts – alle weiteren Spuren scheinen mit Sorgfalt vernichtet zu sein, um so die Wirkung der wenigen erhaltenen Briefe ins Tragische zu steigern.

Eines der fünf Schreiben Mozarts ist harmlos, es ist an die Schwester gerichtet und enthält die stolze, aber unpräzise Bezeichnung seines Hoftitels; die vier andern aber lösen Betroffenheit aus: Sie gehen an den Logenbruder Michael Puchberg.

Das ist der Beginn der Bettelbrief-Epoche in Mozarts Leben, die den Eindruck vermittelt, er habe keine Einnahmen mehr gehabt, habe sich in seiner materiellen Not nicht mehr zu helfen gewußt.

Diese bis zum Sommer 1791 reichenden, oft verzweifelten Schreiben, deren Jammer man mit zunehmender Verstörung liest, lassen das Bild entstehen, das exakt der Legende entspricht, die Konstanze in der Nissen-Biographie so eindringlich und vor allem so folgenreich für zwei Jahrhunderte Mozart-Forschung präpariert hat, und mit der sie selbst gute Geschäfte machte: das Bild des vergessenen, von der Wiener

Gesellschaft roh ausgenutzten, dann schnöde im Stich gelassenen Genies, das zusammen mit Frau und Kind Not litt, das man »bei Lebzeiten kaum aufducken und hungern ließ« – das sich verzehrte nach Anerkennung seiner Werke, nach Kompositionsaufträgen, und das nur aus Treue zum Kaiser in Wien blieb, obwohl Joseph II. »ihn noch darben ließ« und ihm die ersehnte Anstellung im Hofdienst versagte (selbst das Dekret von 1787 wird auf zwei Jahre später datiert), während ausländische Höfe sich um ihn bemühten; leere Konzertsäle, Akademien, die nicht einmal die Unkosten für Orchester und Personal deckten; von Musik-Liebhabern und -Verlegern verworfene Streichquartette, verächtlich zerrissene Noten und Mozarts stolzes:

»Nun, so verdien ich Nichts mehr und hungere ...« –
ein erschütterndes Lebensbild und eine ewige Schande für »die Wiener«.

Wenn die gierige Witwe auch die privaten Dokumente vernichten konnte, so sind uns bis heute doch einige Informationen durch Zeitungen, Briefe, Tagebücher und Memoiren überliefert, die trotz aller Lücken ein ganz anderes Bild zeichnen.

Da findet sich der Name Mozart noch immer in strahlendem Glanz: sei es in enthusiastischen Erwähnungen seiner überall gespielten Opern, Konzerte und kammermusikalischen Werke, sei es in regelmäßigen Verleger-Inseraten von immer neuen Kompositionen; denn in der Hausmusik des ganzen Reiches nehmen Mozarts Werke, auch die »berühmten quadros«, jetzt den ersten Platz ein. Bertuchs »Journal des Luxus und der Moden« in Weimar mokiert sich bereits verzweifelt über die grassierende »Modc-Thorheit«, daß auch »Dilettantenhände« unbedingt die schweren Streichquartette von Mozart spielen müssen, die in ihrer »Vortrefflichkeit an die Extreme der Kunst gränzen ...«, nur weil es heißt:

»... Mozart hat ein neues gar besonderes Quadro gesetzt, und die und die Fürstin und Gräfin besitzt und spielt es! ...«

In diesem Jahr versucht es Mozart wieder einmal mit der eigenen Herausgabe von drei Streichquintetten (KV 406, 515, 516) auf Subskription; doch woran immer es liegen mag: wieder scheitert das Projekt, obwohl er die Bestellfrist sogar bis in das nächste Jahr hinein verlängert. Beim Musik-Verleger Artaria, der sie anschließend herausgibt, werden sie gut verkauft. Bei ihm und den anderen Verlegern ist der Bedarf an Mozart-Noten dermaßen angewachsen, daß sie auch frühere Werke, die Nannerl dem Bruder aus Salzburg geschickt hat, herausbringen. Mozarts Partituren werden auf den entlegensten Landsitzen Europas von Liebhabern studiert, sogar nach Amerika gesandt.

Auch die Menuette und Tänze, die er sofort nach seiner Ernennung zum Hof-Compositeur für die Redoutensäle schrieb, sind sehr beliebt und werden gleich nach Erscheinen verlegt.

Und die Abbildung von Mozarts Profil in Löschenkohls Kalender berühmter Männer von 1786/87 muß immer wieder nachgedruckt werden wegen der permanent steigenden Nachfrage.

Sein Ruhm beginnt bereits, lästige Folgen zu zeigen: Er wird sehr viel besucht von Verehrern aus allen Ländern. Konstanzes Behauptungen, Wien habe Mozart hungern und darben lassen, sind nichts als tendenziöse Unwahrheiten, deren Motive in ihrer Raffgier liegen.

Die Freunde Joseph Haydn, Baron Wetzlar, Bridi, Andreas Streicher, Schikaneder, Dr. Schmith; auch sein Schwager Joseph Lange, erst recht das Haus Jacquin; auch die Logenbrüder aus der »Wohlthätigkeit«, und viele andere wären wohl äußerst erstaunt gewesen, hätten sie von diesem Vorwurf erfahren. Und gleichfalls die aristokratischen Gönner wie die

Gräfinnen Thun, Waldstein und Rumbeke, die Barone van Swieten, von Gemmingen, Erzherzog Maximilian Franz und noch viele andere.

Etwas ganz anderes sind die riesigen Summen, die Mozart immer wieder zu »leihen« sucht, mit denen wohl auch der engste Freund höchstens drei- bis viermal einspringt, weil er sein Geld doch nicht wiederbekommt. Bei diesen Pumpversuchen handelt es sich niemals – und das kann gar nicht deutlich genug betont werden, um die diffamierenden Legenden von der herzlosen Wiener Gesellschaft zu widerlegen – um Bagatellbeträge für Miete, Essen oder Notenpapier, sondern stets um enorme Summen für einen äußerst verschwenderischen Lebensstil.

Nach Mozarts Tod wird erzählt, er habe Schulden in Höhe von etwa 30.000 Gulden hinterlassen. Das ist in etwa die Summe, die der Bau des Prager Nationaltheaters gekostet hat.*

»Impertinent« nennt Konstanze Mozart Gläubiger, die ihr Geld zurückverlangen; Wolfgang Mozart nennt sie »indiskret«. Das zeigt deutlich genug, daß sie ein derartiges Verhalten nicht gewohnt sind, nicht von der musikliebenden Gesellschaft und noch weniger von den Freunden und Logenbrüdern. Die verhalten sich »diskret«. Ein so seltenes Genie wie den berühmten Mozart kann man unmöglich mit Mahnungen verfolgen. Aber sie beginnen, ihm aus dem Weg zu gehen, so daß Mozart immer neue Geldgeber suchen muß. In manchen Fällen mag es sich auch umgekehrt verhalten, daß er ihnen ausweicht – weil er die versprochenen Rückzahlungen nicht leistet.

Konstanzes Behauptungen vom »Hungern« und »Darben« sind widerlegt allein durch Mozarts Jahresgehalt von 800 Gulden. Wer heute bei einem sicheren Einkommen von ca. netto

---

* Der Kostenvoranschlag war 25.000 Gulden.

40.000 DM jährlich über »Nahrungssorgen« jammert, macht sich lächerlich.

Konstanze freilich wagt es, die 800 Gulden Gehalt der Ranküne eines »Feindes« von Mozart zuzuschreiben, der dem Kaiser zu diesem Betrag geraten habe, und der Ahnungslosigkeit Josephs II., »... der, wie jeder grosse Herr nicht wusste, was zum Leben eines Bürgers gehörte, und dem eine Null, mehr oder weniger, nicht viel mehr als eine Null war ...« (was absurd ist gerade bei diesem Kaiser); in Wirklichkeit habe Mozart die zehnfache Summe zugestanden, also 8000 Gulden.

Auf diesen subalternen Spießer-Klatsch wird hier nur deshalb so ausführlich eingegangen, weil er seit zwei Jahrhunderten ein falsches und dabei so häßliches Licht auf die damalige Wiener Gesellschaft wirft, die ihn in Wahrheit vergöttert hat, ganz gewiß kaum weniger, als wir es heute tun, und ihn reicher beschenkte, als es heute üblich ist (außer in geschäftlichen Bezirken und im Bereich der Bestechungen).

Daß im Hause Mozart die 800 Gulden nicht einen Monat reichen (und auch nicht seine übrigen weit höheren unregelmäßigen Einnahmen, die noch immer in die Tausende gehen), ist nicht der Menschheit anzulasten, sondern ausschließlich der Hausfrau. Deren ökonomischer Sinn ist bekannt, er war sogar ein wesentliches Argument für Mozarts Heiratsentschluß. Doch ist Konstanze offensichtlich nicht bereit, ihre Ansprüche zu senken, Ordnung in die Finanzen zu bringen und damit ein wenig Ruhe in das Gemüt ihres Mannes. Sie weiß seit Jahren, daß die Welt ihrem Götterliebling nichts versagen kann, daß es für die meisten zunächst eine Ehre ist, dem bewunderten Genie spontan helfen zu dürfen, bis die Ernüchterung einsetzt und sie sich zurückziehen; und daß er immer neue Geldgeber finden wird – wenn es auch allmählich immer schwieriger wird –, um sich ihre, Konstanzes Zuneigung zu erhalten.

Zu Mozarts weiteren Einnahmen zählen die regelmäßigen Sonntagskonzerte des Baron van Swieten, bei dem er seit 1787 Starzers Posten als Kapellmeister bekleidet; die Verleger-Honorare; Schüler (nachweislich Franziska v. Jacquin, Babette Natorp, die Brüder Fürst Carl Lichnowsky und Graf Moritz Lichnowsky); und er gibt weiterhin seine beliebten Soireen in den verschiedenen Palais und eigene Haus-Konzerte.

Das im Februar 1788 komponierte Klavierkonzert D-Dur (KV 537) ist mit Sicherheit für eine öffentliche Akademie in der Fastenzeit bestimmt, denn Mozart hat stets für bevorstehende Anlässe komponiert, ebenso eine am 4. März vollendete Arie (KV 538) für Aloisia (die letzte, die er für sie geschrieben hat), wenn auch diese Konzerte nirgendwo belegt sind.

Die spärlichen Dokumente des Jahres 1788 zeigen jedenfalls, daß Mozart auch jetzt keineswegs von der Gesellschaft übergangen wird.

Am 10. Februar musiziert er in der Venezianischen Botschaft, wo »grand monde« ist; und Graf Zinzendorf notiert, außer sich vor Entzücken, in sein Tagebuch: »J'y pris du Spleen.«

Am 15. Februar dirigiert Mozart seine Prager Sinfonie (KV 504) in einer Akademie im Burgtheater.

Am 26. Februar, 4. März und 7. März dirigiert Mozart dreimal, ebenfalls vor »grand monde«, die Auferstehungskantate des von ihm sehr geschätzten Carl Philipp Emanuel Bach, der noch im selben Jahr sterben wird; zweimal im Palais des Grafen Esterházy, wo »der ganze sehr glänzende Adel« versammelt ist, unter dem »allgemeinen Beifall aller vornehmen Anwesenden ...«, wie eine Zeitung berichtet, und einmal im Burgtheater.

Finanziert werden diese prunkvolle Musik-Ereignisse von

der »Kavaliersgesellschaft zur Pflege klassischer Musik«, der die Reichsten der Kaiserstadt angehören: die Grafen Esterházy, Apponyi, Battyany, die Fürsten Schwarzenberg, Lobkovitz, Dietrichstein – und das ist kein Verein von Geizhälsen.

Zu diesen zufällig überlieferten Veranstaltungen, bei denen er brillierte, kommen andere, die ohne die Mitwirkung des berühmten Mozart, dieses »Stern der ersten Größe« (Schubart), wohl kaum stattgefunden haben dürften.

Mit einer Hochzeit im Kaiserhaus hat das Jahr 1788 begonnen: Vom 6. bis 10. Januar dauern die Festlichkeiten zur Vermählung des Thronfolgers Erzherzog Franz mit der schönen Prinzessin von Württemberg. Der Kurfürst von Köln, Erzherzog Maximilian Franz, der bereits seit Dezember in Wien ist, vollzieht die Trauung. Die Festoper »Axur« wurde von Salieri komponiert und seit Monaten einstudiert. Den angereisten hohen Gästen werden alle möglichen Spektakel geboten. Man kann davon ausgehen, daß der Kaiserliche Hof-Compositeur Wolfgang Amadeus Mozart, der neuerdings unter dem besonderen Schutz Josephs II. steht, bei Hof konzertiert hat, ebenso beim Kurfürsten von Köln und in verschiedenen Palais und Ambassaden.

Auf Wunsch des Kaisers wird »Don Giovanni« nun auch am Burgtheater einstudiert. Mozart erhält 225 Gulden Aufführungshonorar und sicher auch die übliche Abendeinnahme. Die Proben haben bereits Anfang des Jahres begonnen, schreibt da Ponte, »weil der Kaiser verreisen mußte«. Das Ziel dieser Reise ist das Feldlager auf dem Balkan – die ernüchternde Folge der vorjährigen Märchenreise durch die Potemkinschen Dörfer –; der Krieg gegen die Türkei ist erklärt. Ende Februar verläßt Joseph II. Wien. Einige Proben zum »Don Giovanni« müßte er noch besucht haben, wenn da Pontes Bericht halbwegs stimmt, der von der überschwenglichen Äußerung des Kaisers berichtet:

»Diese Oper ist kostbar, ist göttlich, vielleicht sogar noch besser als der ›Figaro‹, aber sie ist keine Kost für die Zähne meiner Wiener.« Ich erzählte Mozart diesen Ausspruch, der mir ganz ruhig erwiderte: »Man muß ihnen Zeit lassen, sie zu kauen.« Er täuschte sich auch nicht. Auf seinen Rat sorgte ich dafür, daß diese Oper häufig wiederholt wurde. Bei jeder Vorstellung nahm der Beifall zu, und auch die Wiener mit den schlechten Zähnen fanden nach und nach Geschmack daran, erkannten ihre Schönheit und räumten dem ›Don Giovanni‹ den ihm gebührenden Platz unter den schönsten Opern ein, die je aufgeführt worden sind.«

Die Wiener Premiere des »Don Giovanni« ist am 7. Mai 1788. Der Erfolg reicht zwar nicht an die Prager Triumphe heran; doch immerhin wird die Oper bis Dezember fünfzehnmal gegeben.

Aloisia Lange singt die Donna Anna. Dem Sänger des Don Ottavio komponiert Mozart eine neue Arie: »Dalla sua pace« (KV 540a), die genau das bestätigt, was die erste Don-Ottavio-Arie der Prager Aufführung aussagt: daß der junge Bräutigam der aufgewühlten Anna so vollständig befangen ist in seinem Zustand innigster Liebe, daß er nicht willens und nicht fähig ist zu blutigen Racheakten. Einem Menschen in dieser Verfassung darf man fairerweise keine Charaktereigenschaften nachsagen oder absprechen; weder Temperament, Draufgängertum und reiche Phantasie (was niemand tut), noch Farblosigkeit, Lächerlichkeit, Phantasiearmut. Auch Shakespeares vorher so ungestümer Romeo wird sanft, lyrisch und friedfertig, seitdem er Julia liebt, will um keinen Preis mehr fechten und steckt lieber die schlimmsten Beleidigungen seines Gegners ein.*

---

* »O zahme, schimpfliche, verhaßte Demut ...
O süße Julia! Deine Schönheit hat so
weibisch mich gemacht. Sie hat den Stahl
der Tapferkeit in meiner Brust erweicht.«

Daß Mozart in dieses Stück, in dem es von Täuschung, Bosheit, Gier und Verbrechen brodelt, bis die Hölle sich auftut, einen innig liebenden Jüngling hineinkomponiert, dessen Gefühle aus den lautersten Gründen kommen, geschah sicher nicht in der Absicht, diesen Liebenden lächerlich zu machen.

Daß der Erfolg des »Don Giovanni« nicht den enormen Erwartungen entsprach, hat sicher auch mit dem Niedergang der Wiener Oper zu tun, an der sich zunehmende Schlamperei breitmacht. Die Mitglieder des Ensembles sind so vollständig in ihre Intrigen verstrickt, daß die Aufführungen an Qualität verlieren, und entsprechend verfliegt das Interesse des Publikums.

Es fehlt die Autorität des Kaisers, der im fernen Feldlager vergeblich Kriegsruhm sucht.

Die Geschicke seines geliebten Opernhauses, dessen Vorstellungen manchmal auf das Niveau von Vorstadt-Schmieren sinken, versucht der Monarch neben den Geschicken seines Vielvölkerstaates durch reitende Boten zu lenken.

Doch als die Sänger – in diesem einen Punkte einig – drastische Erhöhung ihrer ohnehin hohen Gagen erzwingen wollen, reißt die Geduld des von Sorgen und Strapazen überforderten Herrschers: Er befiehlt, einen Teil des Ensembles fristlos zu entlassen – auch Aloisia Lange gehört dazu – und den gesamten Opernbetrieb mit Ende der Spielzeit zu schließen.

»Die italienische Oper wurde heute aufgekündigt und wird nicht länger als bis zur Fastenzeit spielen können«, schreibt im August 1788 ein dänischer Musikfreund, der auch Mozart und das Ehepaar Joseph und Aloisia Lange besucht, und schildert eine ermüdende Opern-Vorstellung:

»... aber nur der *Tenor* sang anständig. Die anderen kannten nicht einmal ihre Partien. Zudem erlaubten sich diese Künstler Freiheiten auf der Bühne, wofür sie der Kaiser *an den Pranger* stellen lassen sollte. Der Tenor z.B. begrüßte einen guten Freund im Parterre ganz familiär – es fehlte nur noch, daß er ihm eine *Prise Tabak* angeboten hätte! – und der *Bassist*, der unter einem Tische hockte, um von seinen Gegnern nicht gesehen zu werden, schnitt ihnen Gesichter, *als wenn er sagen wollte:* »Ihr dürft mich nicht erblicken, bevor der rechte Takt in der Musik kommt!« *Das zeigt, daß Illusion* ein unbekanntes Wort unter diesen *gut bezahlten* Stümpern ist!«

Anstelle von Opern komponiert Mozart jetzt Kriegslieder für den patriotischen Freudentaumel, der bei Ausbruch des Krieges die Gemüter erfaßte:

»beym auszug in das feld, –; Dem hohen Kaiserworte treu« (KV 552); »Meine Wünsche an unsern deutschgesinnten großen Kaiser ... ich möchte wohl der kayser seyn (KV 539); »La Bataille oder Die Belagerung Belgrads« (KV 535); »Der Sieg vom Helden koburg« (KV 586);

und er bestellt ein Buch mit Kriegsliedern. Das ist den meisten Biographen offenbar so peinlich, daß sie es überspringen.

Das gesellschaftliche Leben in Wien wird vom Krieg auf dem Balkan vorläufig kaum berührt. Noch spürt man nichts von Kriegsverlusten und Teuerung.

Im Sommer 1788 komponiert Mozart außer Klavierstücken, Arien und Kammermusik seine letzten drei Sinfonien (Es-Dur KV 543; g-Moll KV 550; C-Dur KV 551) für drei Akademien im Juni, Juli und August.

Der Kartenverkauf für diese Veranstaltungen hat in seiner Wohnung im Zentrum Wiens begonnen.

Aber die Miete ist noch nicht bezahlt. Es sind etwa 60 bis 70 Gulden für die vergangenen sechs Monate; ganz abgesehen davon, daß der geprellte Hauswirt der vorherigen Wohnung – offensichtlich unbeeindruckt vom Weltruhm seines Mieters – noch immer hartnäckig hinter ihnen her ist.

Da beginnt die Reihe der 21 Puchberg-Briefe, von denen aus diesem Jahr nur vier erhalten sind, geschrieben zwischen Mitte Juni und Anfang Juli, einem Zeitraum von drei Wochen.

Johann Michael Puchberg aus Zwettl, 46 Jahre alt, ist ein wohlhabender Seidengroßhändler in Wien, Mitglied der Freimaurerloge »Zur Wohlthätigkeit«, hochmusikalischer Freund von Joseph Haydn und anderen Musikern. Gerade hat er sich zum zweitenmal verheiratet mit einer sehr viel jüngeren Frau. Puchberg ist zu diesem Zeitpunkt bereits Mozarts Gläubiger. Jetzt, im Juni, schickt er die ziemlich devot erbetenen 100 Gulden.

Die Miete könnte also beglichen werden. Doch das geschieht offensichtlich nicht. Mozarts müssen wieder einmal Hals über Kopf ausziehen; am 17. Juni landen sie in der wohlfeileren Vorstadt Alsergrund, in der Währingerstraße.

Und anstelle der versprochenen Zurückzahlung »künftige Woche« bittet Mozart den Verehrer Puchberg sogleich um mehr: 1000 oder 2000 Gulden »auf etliche Jahre ... gegen gebührenden Intereßen ...«

Puchberg reagiert umgehend, schickt allerdings nur 200 Gulden; das sind nach heutigen Maßstäben innerhalb drei Wochen rund 15.000 DM an einen Künstler, der bekannt ist für seine hohen Einkünfte und dafür, daß ihm »das Geld aus den Händen springt«, daß er Darlehen nicht zurückzahlt, daß er dauernd Wertsachen ins Pfandhaus schickt und manchmal in Wechselschwierigkeiten steckt. Das Motiv ist, wie bei allen, tiefe Mozart-Verehrung. Der Musikliebhaber Puchberg betet Mozart an und ist, zumindest zu Beginn dieser Kette von Darlehen, erfreut, dem Genie helfen zu dürfen. Auch Mozarts Freund, dem Klarinettenvirtuosen Anton Stadler, hat Puchberg mit erheblichen Darlehen geholfen. Die allerdings holt er sich mit gerichtlicher Hilfe zurück. Bei Mozart macht man so etwas selbstverständlich nicht.

Kurz nach dem Umzug in die Alservorstadt stirbt Mozarts kleine Tochter Theresia, sechs Monate alt. Der noch nicht 4jährige Carl ist wieder allein. Doch in diesem Sommer hat er einen Gefährten, der auch schon in den vergangenen zwei Jahren viele Monate bei ihnen lebte: den 9jährigen Klavierschüler Johann Nepomuk Hummel, von Mozart wegen seiner genialen Begabung umsonst aufgenommen und ausgebildet. Es gibt die Schilderung einer Garten-Idylle aus diesem Sommer, als ausländische Anbeter Mozart in der Alservorstadt besuchen zu einem Privat-Konzert:

»Dort erlebte ich die glücklichste Stunde Musik, die mir je beschieden war. Dieser kleine Mann und grosse Meister *phantasierte* zweimal auf einem *Pedal-Flügel* so wundervoll! so wundervoll! dass ich nicht wusste, wo ich war. Die schwierigsten Passagen und die lieblichsten *Themen* ineinander verwoben. – Seine Frau schnitt Kielfedern für den Notenschreiber, ein Schüler komponierte, ein kleiner Knabe von vier Jahren ging im Garten herum und sang Rezitative, kurz: alles um den herrlichen Mann war *musikalisch!* – Ich gedachte mit Vergnügen seiner »Entführung aus dem Serail«, die ich 1787 in Hamburg gehört hatte und die ich beinahe auswendig kenne, aber er nannte diese *Operette* eine »Kleinigkeit«; doch es wäre eines Mannes wie *Mozardt* unwürdig, vor Leuten gepriesen zu werden, die selbst nicht zählen, und deshalb schwieg ich. Er produziert in Wien jetzt Kirchen-Musik, und da die *Operette* zu Ende gekommen ist, hat er nichts mehr mit dem Theater zu tun.«

Bei der erwähnten Kirchenmusik handelt es sich wahrscheinlich um den Auftrag der Kavaliersgesellschaft zur Neu-Instrumentierung von Händels Pastorale »Acis und Galathea« (KV 566), die er im Herbst 1788 vor rund 400 Hörern – es wird ein prunkvolles gesellschaftliches Ereignis – dirigiert. Die gesamte Einnahme dieser Gala-Veranstaltung geht an Mozart

– das können, denken wir an Dittersdorf – einige tausend Gulden gewesen sein. Vom »Versagen« der Aristokratie (Schenk) kann bisher wirklich nicht gesprochen werden. Und auch Paumgartners Klage hat ihre Wurzeln offensichtlich in dem Nissen-Schwindel anstatt in Dokumenten:

»Alle Hoffnungen Mozarts, Rang, Ansehen und Einkommen zu erzwingen, entschwanden, trauriger von Tag zu Tag, vor dem stillen, mühsamen Alltagsleben eines armseligen Musikantenberufs.«

Im November gibt es im Palais seiner großen Gönnerin, der Gräfin Wilhelmine Thun, gleich zwei Hochzeiten: ihre älteste Tochter, die als außergewöhnliche Schönheit gerühmte Elisabeth Thun wird die Frau des eleganten Grafen und späteren russischen Botschafters Fürst Rasumowsky; und drei Wochen nach ihr heiratet ihre Schwester Christiane den Fürsten Lichnowsky.

Beide Männer sind glänzende Partien – aus bedeutenden Familien und unermeßlich reich; – beide sind große Musikliebhaber und musizieren selbst. Und beide sind Bewunderer von Mozart; später werden sie Beethovens Gönner.

Über die persönlichen Nöte der beiden im Kloster erzogenen Bräute geben die Tagebücher des Grafen Zinzendorf erstaunliche Auskunft: man glaubt sich in die Victorianische Epoche versetzt, nicht in das ausklingende frivole Rokoko (in Paris numeriert der Marquis de Sade gerade sein komplettes System der Mechanik der sexuellen Lüste).

Die vollkommen ahnungslose Elisabeth Rasumowsky ist so verstört von der Brautnacht, für die sie keine Worte findet außer »Abscheulichkeit« und »Mißhandlung«, daß ihre bestürzte Schwester sofort die Verlobung mit Fürst Lichnowsky löst.

Doch es gelingt den Familien, den Widerstand der Christiane Thun zu überwinden, so daß auch diese Hochzeit mit aller

Pracht am 25. November stattfinden kann. Es ist anzunehmen, daß der im Hause Thun besonders beliebte Mozart bei diesen festlichen Ereignissen konzertiert hat.

Der Fürstin Christiane Lichnowsky und ihrem 20 Jahre später stattfindenden Kniefall vor Beethoven hat es die Menschheit angeblich zu verdanken, daß dieser seine Partitur des »Fidelio« nicht in den Kamin warf.

Es gibt in diesem Jahr noch eine vierte Hochzeit in Mozarts Umfeld, von der wir wissen. Nach dem Thronfolgerpaar und den beiden Thun-Töchtern, bei deren Festlichkeiten Mozart mit stattlichen Einnahmen konzertiert haben dürfte, hat er bei dieser vierten Vermählung bestimmt keinen Kreuzer verdient. Das Gegenteil ist wahrscheinlich; es handelt sich nämlich um eine Weberische Hochzeit.

Am 21. Juli 1788 heiratet Josepha Weber, die Älteste der vier Schwestern, Mozarts engen Freund, den Geiger Franz de Paula Hofer. Trauzeuge ist wieder der zwielichtige Johann Thorwart, Cäcilia Webers kundiger Berater.

Franz Hofer, 33 Jahre alt, seit kurzem als Orchestergeiger in der Hofmusik angestellt mit einem Jahresgehalt von 150 Gulden, ist nur mühsam imstande, sich selbst durchzubringen. Auch wenn man die gelegentlichen Nebeneinnahmen hinzurechnet, die er sich wie alle Orchestermusiker hinzuverdienen muß – es sind keine Solistengagen – so kann sich Hofer bei seinen Einkünften unmöglich erlauben, eine Familie zu gründen; am allerwenigsten mit einer Weberischen, von denen bekannt ist, daß sie »zum Aufwand geneigt« sind. An Rücklagen ist bei Hofer ebenso wenig zu denken, denn vor 1788 hat er jahrelang von 20 Gulden Jahresgehalt im Kirchenorchester existieren müssen. Wenn nun Franz Hofer sich trotz seiner kläglichen Situation zum Heiraten entschließt, so kann es sich nur um blinde Leidenschaft handeln – oder um eine gute Partie.

Die dreißigjährige Josepha Weber ist von den vier Weber-Töchtern die am wenigsten attraktive. Eine Silhouette von ihr erinnert stark an ihre Mutter Cäcilia. Mozart schrieb dem Vater 1781 über die damals 23-jährige: »... die Älteste ist eine faule, grobe, falsche Person, die es dick hinter der ohren hat ...«

Auch diese Charakterisierung erinnert an die Mutter. Allerdings muß Cäcilia Weber bei aller Streitsucht und Primitivität eine gewisse ordinäre Herzhaftigkeit besessen haben, mit der sie die Leute einwickelte, die aber ihrer Ältesten (und offenbar auch Konstanze) fehlt.

Eine blinde Leidenschaft Hofers für die reizlose Dreißig-jährige kann man also ausschließen.

Josepha Weber ist auch keine gute Partie. Mittellos, ohne Einkommen, wohnt sie zusammen mit der 19-jährigen Sophie bei ihrer Mutter in der Kärntnerstraße. Wie ihre jüngere Schwester Aloisia wurde sie als Sopranistin ausgebildet, einige Jahre lang sogar vom teuersten Gesanglehrer Wiens, dem berühmten Righini, der auch am Kaiserhof unterrichtet; wobei sich die Frage stellt, wer diesen Unterricht bezahlt haben mag.

Righini hat Einfluß auf die Engagements bei der Oper und bringt dort seine besten Schülerinnen unter. Dieses Glück hat Josepha Weber nicht gehabt.

Und während Aloisia seit Jahren als Primadonna in italieni-schen und deutschen Opern am Burgtheater, im Kärnterhof-theater und in unzähligen Konzerten glänzt, wartet ihre fünf Jahre ältere Schwester vergeblich auf ihre Chance.

Es ist nichts davon bekannt, daß Mozart, der Jahr für Jahr mit Aloisia und vielen anderen Sängern konzertiert und für alle die schönsten Arien schreibt, jemals seine Schwägerin Josepha in einem seiner Konzerte hätte mitwirken lassen.

1784 schrieb er einen Empfehlungsbrief für sie an die

Münchner Oper – ohne Erfolg. Seine Freunde in München kannten Josepha Webers Stimme schon seit ihren Mannheimer Zeiten; sie werden Mozarts Schreiben als das genommen haben, was es vermutlich war: eine Gefälligkeit, zu der man ihn gedrängt hatte.

Doch wie ist es möglich, daß Cäcilia Weber einen armen Schlucker als Schwiegersohn akzeptiert, der sich nur unter Entbehrungen selbst durchbringen kann? Den Schwiegersöhnen Joseph Lange und Wolfgang Mozart konnte sie, im Verein mit Johann Thorwart, beinharte Verträge aufzwingen.

Die Ehe Hofer dürfte ein Arrangement sein, dessen finanzielle Basis ein Dritter sichern muß. Und so sind wir wieder bei Mozart.

Was liegt näher, als den glänzend verdienenden, berühmten Schwiegersohn dafür zu gewinnen, auf dessen gutes Herz man sich immer verlassen konnte? Es ist durchaus vorstellbar, daß Mozart, der sich allem Anschein nach seine Verpflichtung gegenüber seiner Schwester Nannerl hat ausreden lassen, sich nun dazu bereden läßt, die Mitgift für die Schwägerin und seinen Freund Hofer zu stellen. Möglicherweise hat bereits der verschollene Brief aus Prag damit zu tun, den er im Januar 1787 an die Schwiegermutter schrieb, den Franz Hofer zusammen mit Konstanze beendete.

Für Josepha Hofer ist die Ehe der Beginn ihres beruflichen Aufstiegs: einige Monate nach der Hochzeit wird sie als Sopranistin an das Vorstadt-Theater auf der Wieden engagiert. Burgtheatergagen gibt es hier, wo man ausschließlich aus den Einnahmen der Vorstellungen lebt, allerdings nicht. Ein Jahr später wird Emanuel Schikaneder das Theater übernehmen.

Mit dieser Anstellung beginnt Josepha Hofers Laufbahn als Sängerin – keine Primadonnen-Karriere, doch ein dauerhaftes Engagement. Über ihre Stimme gibt es wenig überlieferte

Urteile, und sie sind konträr: von »schlecht« bis »excellent, besonders im Staccato in den höchsten Akkorden«, was auf die Rolle hinweist, die Mozart für sie schreiben wird: die erste Königin der Nacht. Offensichtlich haben sich ihre Fähigkeiten erst entfaltet, seitdem sie von zu Hause fort ist.

Die fatale Weberische Neigung zum Aufwand und zum Schuldenmachen freilich bringt sie mit in die Ehe. Als Franz Hofer 1796 stirbt – die Gehälter der beiden sind inzwischen über das Doppelte gestiegen – findet sich im Haushalt eine »bedeutende Garderobe«, im übrigen nichts als hohe Schulden. Selbst ihrem Dienstmädchen schulden sie einen ganzen Jahreslohn.

XVIII.

1789: DIE REISE NACH BERLIN

»Guten Morgen, liebes Weibchen! Ich wünsche, dass Du gut geschlafen habest, dass Du im nächsten Zimmer nicht über die Schwelle fällst... Dass nur Dir Nichts geschieht!«

Solche und andere zärtliche Morgengrüße fand Konstanze Mozart beim Erwachen an ihrem Bett, wenn er, oft schon seit fünf Uhr früh ausgeritten, sie ausschlafen ließ.

Ob nun ein Sturz über die Schwelle die Ursache war für Konstanzes schmerzhafte »Lähmung am Fuße«, wie es bei Nissen heißt (»Fuß« ist im Süddeutschen noch heute die Bezeichnung für »Bein«, während man unter »Bein« die Knochen, das Gebein, versteht), jedenfalls muß das Unglück im Herbst 1788 passiert sein – vermutlich ein Beinbruch oder eine Verletzung der Bänder. Arzt und Medizin sind in der Epoche teuer.

Vielleicht war das der Grund dafür, daß die noble Kavaliers-gesellschaft die Gesamteinnahme des prunkvollen Händel-Konzerts im November 1788 an Mozart gehen ließ.

Konstanzes Krankenlager dauert monatelang. Zu ihrer Pflege ziehen ihre Schwester Sophie und die Mutter bei ihnen ein.

Sophie wird sich 1825 daran erinnern:

»O wie war M.-t. besorgt wen seinem Lieben Weibgen etwas fehlte. So war es einmal, als Sie schwehr Krank war und ich bei ihr durch 8 Volle Monate Kranken wartete, eben saß ich an ihrem Bette, Mozart auch, Er Componirte an ihrer seide, ich beobachtete ihren Nach so langer Zeit gehabten sießen Schlummer, Stille hielten wir alles wie in einem Grabe, um Sie nicht zu stehren, pläzlich kam ein roher Dinstbode in das Zimmer, Moz: erschrak aus Furcht seine liebe Frau würde in ihrem sanften Schlummer gesteret, wolte Stille zu sein winken, rukte den Seßel rukwarts hinder sich weg, hatte grade das feder Meßer offen in der Hand, dieses spieste sich zwischen dem Seßel, und seinem Schenckel, so daß es ihm bis an die Heft in daß dike fleisch hinein ging, Moz: der sonst weleidig macht aber keine bewegung u Verbis seinen schmerz, winkte mir nur ihm hinaus zu folgen, wir gingen in ein zimer in welchem Unsere Mutter Verborgen Lebte, weil wir der guten Mozart nicht wolten merken laßen, wie schlecht Sie seie, und die Mutter doch gleich zur Hilfe da seie, die Mutter Verband ihn und Legte Coubey in die sehr tiefe Wunde, mit dem johannes Öhl gelang es ihr ihn wieder herzustellen, und obschon er etwas grum für Schmerzen ging, machte er doch daß es Verborgen blieb und seine Liebe Frau es nicht erfuhr ...«

Im Januar 1789 wird wieder umgezogen, wieder außerhalb der üblichen Termine. Die neue große Wohnung liegt im Zentrum Wiens und kostet etwa 90 Gulden halbjährlich.

Doch an Hauskonzerte ist in dieser Situation nicht zu

denken. Mozart ist so verzweifelt über den angeblich lebens-
gefährlichen Zustand seiner Frau, daß er selten von ihrem
Lager weicht und fast nichts mehr komponiert.

In diesen Wintermonaten ist vermutlich das unvollendete
Portrait am Klavier entstanden, das sein Schwager Joseph
Lange von ihm malte, das berühmteste aller Mozart-Portraits.

Wir wissen nicht, wie viele Akademien, Soireen und
Lektionen er in diesem tristen und außerdem grimmig kalten
Winter 1788/89 gegeben hat. Denkbar ist, daß er in seiner
Niedergeschlagenheit vieles ausfallen ließ. Dokumentiert sind
nur zwei Aufführungen von Händels »Messias« in Mozarts
Instrumentierung (KV 572), die von ihm dirigiert wurden.

In Wien machen sich die Folgen des unseligen Türkenkrie-
ges bemerkbar. Der Kaiser ist schon im Dezember schwerkrank aus dem Feldlager zurückgekehrt. Adel und Bürgertum
sind aufgebracht wegen der ungeheuren Steuern, die Joseph II.
ihnen wegen der Kriegsverluste abverlangt*, und in den unteren
Bevölkerungsschichten herrschen Hungersnot und Seuchen.

Zu der allgemeinen gedämpften Stimmung in Wien und
seiner eigenen häuslichen Misere – dem Jammer um Konstanze
und der totalen Banalität der drei Weberischen in seiner
Wohnung – kommt für Mozart noch der Schmerz hinzu, daß
sein Freund Joseph Haydn diesen Winter nicht nach Wien kommen kann, weil Fürst Nikolaus, einst »der Prachtliebende«,
auf Schloß Esterháza um seine verstorbene Frau trauert.

Da kommt wie eine Erlösung im März die Einladung seines
Schülers, des Fürsten Lichnowsky, ihn in der Reisekutsche
nach Berlin zu begleiten.

---

* »... Alles fangt nun an zu wirthschaften: man legt Pferd und Dienstboten ab,
und selbst der Fürst Kaunitz lasset nicht mehr als 8 Speißen mehr auf die Tafel
bringen ...«

Verdankt Mozart diesen rettenden Einfall der Aufmerksamkeit der Gräfin Thun, die erkannt hat, daß es höchste Zeit ist, Mozart, ihren besonderen Schützling, aus dieser lähmenden häuslichen Umklammerung herauszuholen?

Ihr Schwiegersohn Carl Lichnowsky besitzt riesige Güter in Schlesien und einen hohen Offiziersrang in der preußischen Armee, weshalb er sich in angemessenen Abständen am Berliner Hof sehen lassen muß.

Und für den kommenden Sommer 1789 stehen dort große Festlichkeiten bevor; die Schwester des Königs Friedrich Wilhelm II., die Prinzessin von Oranien, wird mit ihren heiratsfähigen Kindern von Holland nach Berlin reisen.

Das ist eine verlockende Gelegenheit, mit einer Konzertreise viel Geld zu verdienen – noch dazu in Begleitung des einflußreichen Fürsten Lichnowsky – vielleicht sogar ein gut bezahltes Engagement am glanzvollen Berliner Hof zu bekommen. Denn der neue König ist seit seiner Thronbesteigung 1786 intensiv damit beschäftigt, die vollen Staatskassen zu leeren, die sein Onkel, der sparsame Alte Fritz, ihm hinterlassen hat, was ihm auch innerhalb von 10 Jahren gelingen wird. Eine verschwenderische Hofhaltung mit Festlichkeiten aller Art hat eingesetzt und das kulturelle Berlin aufblühen lassen und die Epoche der »Preußischen Anmut« eingeleitet. Architektur, Künste, Wissenschaften und Literatur werden großzügig gefördert. Goethe staunt über die Baumeister und Bildhauer Berlins, die »eine grenzenlose Marmortätigkeit« ins Werk setzen. Mit besonderem Interesse jedoch fördert Friedrich Wilhelm II. das musikalische Leben; er selbst ist ein meisterhafter Cellospieler. Und Mozart weiß, daß er seit Jahren zu seinen bevorzugten Komponisten gehört.

Solche lukrativen Aussichten dürften auch Konstanze überzeugt haben. Und das hilfsbereite Ehepaar Puchberg nimmt sie und den kleinen Carl während Mozarts Abwesenheit auf.

An Dokumenten über diese Reise nach Berlin, die acht Wochen dauern wird – vom 8. April bis 4. Juni 1789 – ist fast nichts überliefert, nur eine Fülle von Anekdoten.

Von Konstanzes wenigen Briefen an ihren Mann ist kein einziger erhalten, von seinen zahlreichen Briefen an sie – er macht eine Liste der gesamten Reisekorrespondenz – fehlen sämtliche Schreiben aus der so bedeutsamen Zeit zwischen dem 16. April und 16. Mai, in denen er über seine Begegnungen mit dem König, den Prinzen und der Gesellschaft in den musikliebenden Potsdamer und Berliner Salons berichtet haben muß.

Konstanzes geistiger Radius ist bescheiden und somit der Themenkreis seiner Briefe beschränkt. Mitteilungen an Joseph Haydn, an Gottfried von Jacquin oder andere Freunde sind nicht überliefert; Leopold Mozart, dieser großartige Briefpartner, ist seit zwei Jahren tot.

So erfahren wir aus den spärlichen Zeilen der Reise durch Böhmen, Sachsen und Preußen mehr über Mozarts ehelichen Sorgen als über seine Erlebnisse, seine Einnahmen oder gar sein Befinden.

Die Briefe adressiert er mit Rücksicht auf Konstanzes Ambitionen an »Madame Costance de Mozart, née de Weber.« und er beschwört sie:

»... nicht allein auf *Deine* und *Meine Ehre* in deinem Betragen Rücksicht zu nehmen, sondern auch auf den *Schein*. – seye nicht böse auf diese Bitte. – Du mußt mich eben diessfalls noch mehr lieben, weil ich auf Ehre halte ...«

Hieraus und aus weiteren flehenden Apellen Mozarts in den folgenden zwei Jahren ist zu ersehen, daß sie den Ruf bestätigt, ein »Luder« zu sein, den sie schon vor über zehn Jahren in München hatte, ebenso wie den ihrer Putzsucht.

Wahrscheinlich haben beide Seiten einander einiges zu vergeben. Ruhm weckt die Instinkte der Frauen; seine erotische Anziehung ist gewiß mit der Aura seiner Triumphe gewachsen.

»... Er pflegte der Liebe fleißig...« schreibt eine Zeitung nach seinem Tod und meinte damit bestimmt nicht seine Ehe. Er sei zu locker in seinem Benehmen gegenüber Frauen gewesen, erzählt später ein Zeigenosse den Novellos und »... er war immer in seine Schülerinnen verliebt.«

Nissen berichtet: »... und ausser der Ehe gab es manche Galanterie, was ihm seine gute Frau gern übersah.«

Mozart dagegen bittet Konstanze in einem Brief: »... quäle Dich und mich nicht mit unnöthiger Eifersucht.«

Seine Briefe verraten Verstörung und angstvolles Bemühen um eheliche Harmonie, auf die er in ganz besonderem Maße angewiesen ist.

Die unablässigen Liebesbeteuerungen sind für eine fast siebenjährige, von gegenseitiger Zuneigung erfüllte Verbindung allzu eindringlich, ja beschwörend.

»... lebe wohl, liebes Weibchen, *erfülle alle meine bitten so ioch in meinen briefen an dich that, denn liebe, wahre, ächte liebe war der bewegrund hiezu – und liebe mich so wie ich dich liebe:* – ich bin Ewig dein einzig wahrer Freund und getreuer Gatte W.A. Mozart.«

Ein Jahr später aus Frankfurt heißt es nur noch:

»– o Gott! liebe mich nur halb so wie ich dich liebe, dann bin ich zufrieden .,.«

Auch um ihre Gesundheit macht er sich ständig Sorgen, während sie nach seinem Befinden niemals zu fragen scheint, denn davon erfahren wir trotz der strapaziösen wochenlangen Reise überhaupt nichts.

In Prag, der Stadt seiner höchsten Triumphe, bleibt er nur wenige Stunden. Ist es wirklich erst sechzehn Monate her, daß man ihn hier stürmisch umjubelte, vergötterte, »so zu sagen auf den Händen trug«?

Diesmal trifft er keinen seiner enthusiastischen Bewunderer. Graf Thun ist tot, vor wenigen Monaten gestorben, auch Theaterdirektor Bondini, der seine Opern so ruhmreich aufgeführt hatte. Mozart sucht Guardasoni auf, Bondinis Nachfolger.

Dieser, schreibt er an Konstanze, habe ihm einen »fast« sicheren Opernauftrag für den kommenden Herbst gegeben für 900 Gulden Honorar zuzüglich 225 Gulden Reisegeld.

Das ist merkwürdig, und es scheint daran nichts zu stimmen als das Wörtchen »fast«. Es wird auch nichts daraus. Denn Guardasoni steht im Begriff, für zwei Jahre mit seiner Theatertruppe nach Warschau zu reisen. Und auch da Ponte erwähnt in seinen Memoiren nichts von einem Prager Auftrag für ein Libretto.

Hat Mozart dieses Luftschloß in seinen Brief gesetzt für den guten Freund Puchberg, bei dem Konstanze wohnt, um ihre Kreditwürdigkeit zu heben? Seine Darlehensgesuche an verschiedene Personen handeln immer von ganz sicheren Aussichten, hohen Beträgen, die »nächstens«, »künftige Woche« eintreffen müssen:

»... da ich in kurzer Zeit versichert bin, in bessere Umstände zu kommen;«

»Sie wissen aber auch *meine Aussichten...*«

»... ich habe nun sehr große Hoffnung bey Hofe..«

»... ich habe auf 100 duckaten, die ich von ausland zu erhalten habe ...«

»... bis dahin muß ich mein Subskriptions-Geld in Händen haben und kann Ihnen dann ganz leicht ...«

Die Annahme, es könne sich hier bereits um den »Titus«-Auftrag handeln, die Krönungsoper für Leopold II. im Jahr 1791, ist abwegig.* Noch lebt Joseph II., und niemand ahnt

---

*T. Volek: »Über den Ursprung von Mozarts Oper »La Clemenza di Tito«, MJb 1959 S. 274 ff.

etwas von einer Königskrönung seines Bruders in Prag zweieinhalb Jahre später. Außerdem geht Guardasoni 1791, als Prag eine Festoper für diesen Anlaß braucht, zu Salieri. Und erst nach dessen definitiver Absage – und möglicherweise auch nach Absagen anderer Komponisten – kommt er, viel zu spät, zu Mozart.

Wenn aber Guardasoni am Karfreitag 1789 in Prag mit Mozart eine neue Oper besprochen hätte, dann ganz gewiß keine Opera Seria, aus den Zeiten des Barock, die von einem so anspruchsvollen Opernpublikum wie den Böhmen als hoffnungslos altmodisch abgelehnt worden wäre. Mozarts »Idomeneo« verstaubt seit damals bis heute allein wegen der Seria-Form in den Notenschränken.

Noch am selben Abend wird von Prag nach Dresden weitergefahren, in Sachsens überaus prächtige Hauptstadt, wo die Kutsche zwei Tage später, am Ostersonntag 1789, eintrifft. Und hier beginnt eine Woche voller »Ruhm, Ehre und Geld.« Lichnowsky und sein Gast sind im feudalen »Hotel de Pologne« abgestiegen und finden sofort begeisterte Aufnahme in den Musiker-Kreisen von Dresden. Auch Josepha Duschek, Mozarts Prager Freundin, ist hier. Gemeinsam mit anderen Musikern veranstalten sie Konzerte.

Ostermontag brilliert Mozart mit seinem Klavierkonzert D-Dur (KV 537) im Kurfürstlichen Schloß und erhält als Präsent eine kostbare Dose, gefüllt mit 100 Golddukaten (450 Gulden).

»... außerdem hat er auch noch hier in Dresden in vielen herrschaftlichen und Privathäusern mit dem gränzenlosesten Beifall gespielt.«, berichtet eine Zeitung.

Bei dem musikbegeisterten russischen Gesandten Fürst Beloselskij, zu dem Lichnowsky ihn geführt hat, spielt Mozart mehrmals; hier findet auch der Wettstreit mit dem berühmten Pianisten Hässler statt, worüber Mozart an Konstanze schreibt: »Du kannst dir nun vorstellen, daß seine schaale ziemlich sank...«

Die Nachwelt verdankt diesem Aufenthalt in Dresden eines der letzten und auch ehrlichsten Mozart-Portraits – die Silberstiftzeichnung von Dora Stock – selbstverständlich wieder im Profil, wie er es immer wünscht wegen seiner enorm breiten Nase.

Dora Stock ist die Schwägerin des mit Schiller befreundeten Christian Gottfried Körner, des späteren Vaters von Theodor Körner. Und das Erstaunliche ist, daß Körner, der in reger Korrespondenz mit Schiller steht, der gleich vielen seiner Zeit einen Genie-Kult treibt, in seinen Briefen mit keiner Silbe den berühmten Wolfgang Amadeus Mozart erwähnt, der in seinem Haus stundenlang am Flügel phantasiert und die Suppe kalt werden läßt. Mozart kennt natürlich sämtliche Stücke Schillers von den Aufführungen am Burgtheater.

Über Josepha Duschek dagegen hat sich Körner gegenüber Schiller gründlich ausgelassen wegen ihres unbefangenen, ironischen Betragens, und der beurteilt sie nach ihren Konzerten in Weimar noch säuerlicher. Denn aus dem kleinen Fürstentum gehen präzise Regeln über das Wesen edler Frauen hinaus in die gebildete Welt.

Was Josepha Duschek über die Dichter, Denker und den Hof von Weimar dachte, ist nicht überliefert.

Körners Aufmerksamkeit ist gerade jetzt voll auf die Residenzstadt gerichtet, wo sein Freund Schiller, zwischen Anbetung und trotziger Auflehnung schwankend, eine behutsam eingefädelte Annäherung an den Olympier Goethe versucht. Auch der Olympier interessiert sich nicht für den Kometen, der an Weimar vorüberzieht, das Phänomen, den Menschen Mozart, der ihn erst Jahrzehnte später faszinieren wird; von dem er viele Werke gehört hat – und dessen Oper »Le nozze di Figaro« Christian August Vulpius, der Bruder seiner Christiane, ins Deutsche übersetzt hat – und sicher kennt er auch Mozarts Lied »Das Veilchen« (KV 476), eine der vielen Vertonungen seines Gedichtes.

Goethe hat seinen Opern-Komponisten gefunden: es ist nicht mehr Philipp Christoph Kayser, sondern Johann Friedrich Reichardt, Hofkapellmeister in Berlin. Der 37-jährige Reichardt aus Königsberg hat viele Goethe-Gedichte vertont und soeben eine Oper komponiert, deren Libretto von Goethe stammt: »Claudine von Villabella«.

Noch in diesem Monat wird Reichardt aus Berlin in Weimar erwartet, um Goethe die Partitur vorzuspielen, und er darf als Gast in seinem Haus wohnen. Schiller wird bei diesem Besuch aus Berlin entnervt an Körner schreiben: »Dieser Reichardt ist ein unerträglich aufdringlicher und impertinenter Bursche, der sich in alles mischt und einem nicht vom Halse zu bringen ist.«

Daß Goethe und Mozart niemals zusammengetroffen sind, wird vielerseits beklagt. Doch bedenken wir, daß für Goethe das Theater ein Ort der Weihe und der Erziehung zum »Höheren« war, wo er keine Disziplinlosigkeit duldete und auch nicht zögerte, aufsässige Künstler auf die Hauptwache abführen zu lassen oder sie unter Hausarrest zu setzen mit einem Wachposten vor der Haustür.

Die Damen im Hause Körner sind gar nicht gut auf Goethe zu sprechen. Beide Schwestern, Minna Körner und Dora Stock, Töchter des Leipziger Kupferstechers Stock, der für den Verleger Breitkopf arbeitete, kannten den 16jährigen Studenten Wolfgang Goethe, als er bei ihrem Vater das Kupferstechen erlernte und blasphemische Scherze mit ihrem Hündchen Joli veranstaltete*.

Die Silberstiftzeichnung auf Elfenbeinkarton, die das leicht verwachsene Fräulein Stock so meisterlich von dem 33jährigen

Mozart anfertigte, zeigt Erschöpfung und Zuversicht zugleich, aber nichts von dem strahlenden Selbstbewußtsein eines weltberühmten Mannes, über den Wagner später sagen wird: »Das ungeheuerste Genie erhob ihn über alle Meister aller Künste und aller Jahrhunderte.«

Am 18.April verlassen Lichnowsky und Mozart Dresden und fahren in zwei Tagen nach Leipzig.

Auch hier konzertiert Mozart in Privathäusern, doch bedeutsamer ist die Bekanntschaft mit dem alten Schüler von Johann Sebastian Bach, dem Thomaskantor Doles. Ein Zeitgenosse berichtet:

»Mozart ließ sich ohne Ankündigung und unentgeltlich auf der Orgel in der Thomaskirche hören. Er spielte da eine Stunde lang schön und kunstreich vor vielen Zuhörern. Ich sah ihn selbst, einen jungen, modisch gekleideten Mann von Mittelgröße. Doles war ganz entzückt über des Künstlers Spiel und glaubte den alten Sebastian Bach wieder auferstanden, für welchen Mozart auch auf der Thomasschule bei dem Anhören

---

* »Goethe und der Vater trieben ihren Mutwillen so weit, daß sie auf den Weihnachtsabend ein Christbäumchen für Joli mit allerhand Süßigkeiten behangen, aufstellten, ihm einen rotwollenen Kamisol anzogen und ihn auf zwei Beinen zu dem Tischchen, das für ihn reichlich besetzt war, führten ... Joli war ein so unverständiges, ja ich darf sagen, so unchristliches Geschöpf, daß er für die von uns unter unserem Bäumchen aufgeputzte Krippe nicht den geringsten Respekt hatte, alles beschnupperte und mit einem Haps das zuckerne Christkindchen aus der Krippe riß und aufknabberte, worüber Herr Goethe und der Vater laut auflachten, während wir in Thränen zerflossen ...«

»... Eines Tages sagte Stock: Goethe, meine Töchter wachsen heran, was meinst du, worin soll ich die Mädchen unterrichten lassen? In nichts anderem, erwiderte Goethe, als in der Wirtschaft. Laß sie gute Köchinnen werden, das wird für ihre künftigen Männer das Beste sein. Der Vater befolgte diesen Rat, und nicht ohne Empfindlichkeit versicherte mich die ältere Schwester, daß sie dieses Goethen immer nachgetragen habe und daß sie infolge dieses Rates ihre ganze Ausbildung mit der größten Mühe sich selbst habe erwerben müssen.«

einer seiner Motetten und beim Anblick seiner Werke die innigste Verehrung ausdrückte.«

Mozart soll gesagt haben, hier könne er noch etwas lernen und darum gebeten, ihm die Partituren zu zeigen.

»... Man hatte aber keine Partitur dieser Gesänge, er ließ sich also die aufgeschriebenen Stimmen geben – und nun war es für den stillen Beobachter eine Freude zu sehen, wie eifrig sich Mozart setzte, die Stimmen um sich herum, in beiden Händen, auf die Knie, auf die nächsten Stühle verteilte, und, alles andere vergessend, nicht eher aufstand, bis er alles, was von Sebastian Bach war, durchgesehen hatte.«

Am 26. April kommen Lichnowsky und Mozart in der Königlichen Residenz Potsdam an. Mozarts Aufenthalt bei Friedrich Wilhelm II., diesem freundlichen, großzügigen Herrscher, der sich selbst bescheiden als » großen Liebhaber, nicht als Kenner« bezeichnet (Dittersdorf) und seiner Tochter Friederike, dauert etwa zwölf Tage.

Das müssen die erfolgreichsten Tage der ganzen Reise gewesen sein – Tage voller Bewunderung, Hochstimmung, Inspiration und Geld – wenn sich auch die Hoffnungen auf einen festen Dienst nicht erfüllen.

Während Lichnowsky weiterfährt ins benachbarte Berlin, musiziert Mozart in der Residenz Potsdam fast jeden Tag beim König wie Konstanze bei Nissen berichten wird; und sicher nicht nur eigene Werke, sondern auch die anderer Lieblingskomponisten des Monarchen wie Joseph Haydn, der ihm vor einem Jahr sechs Streichquartette gewidmet hat, und Boccherini, der im fernen Madrid eine Alterspension von diesem König erhält.

Der Cello-Lehrer Friedrich Wilhelms II. ist Jean Pierre Duport, jetzt Direktor der Königlichen Kammermusik.

Mozart und Duport haben einander vor 26 Jahren in Paris kennengelernt, als das Salzburger Wunderkind mit seiner

Schwester beim Prinzen Conti im Temple konzertierte, dessen Hofkapelle der Cellist Duport angehörte.

In Potsdam komponiert Mozart, um sich »einzuschmeicheln«, sechs Variationen für Klavier über ein Menuett-Thema von Duport (KV 573).

Das Kammermusik-Ensemble des Königs muß, nach Berichten von Zeitgenossen, hervorragend gewesen sein, außerdem hoch besoldet, und sicher hätte Mozart allzu gern den Direktors-Posten für sich gehabt, oder den eines Kammer-Komponisten. Ein belebender Gedanke, die Wiener Tristesse mit allen Schulden und Peinlichkeiten für immer hinter sich zu lassen und in Potsdam ein neues Leben anzufangen. Doch daraus wird nichts – und wie überall bleibt auch hier das Rätsel, warum nicht. Immerhin bringt er einen superben Kompositionsauftrag aus Potsdam mit nach Wien, der bei der bekannten Großzügigkeit dieses Monarchen auch finanziell alle bisherigen Aufträge übertrifft und ihm alle Zukunftschancen offenhält:

Sechs Streichquartette für den preußischen König und sechs Klavier-Sonaten für die Prinzessin Friederike, spätere Herzogin von York, eine von Haydn und von Dittersdorf als erstaunlich versiert gerühmte Klavierspielerin.

An dieser Stelle ist von einer weiteren Legende zu berichten, mit der Konstanze die rührende Mozart-Biographie angereichert hat: König Friedrich Wilhelm II. von Preußen habe ihm eine mit 4500 Gulden (3000 Talern) dotierte Stelle als Direktor seiner Kammermusik angeboten, die Mozart abgelehnt habe aus Treue gegen seinen Kaiser, obwohl er in Wien noch immer ohne festen Dienst gewesen sei. Konstanze selbst wäre die erste gewesen, ihm ein solches Verhalten auszureden. Im übrigen schreibt er noch ein Jahr später aus Frankfurt von seinem Bemühen, »*ein gutes Engagement* irgend an *einem Hofe*« zu finden. In Berlin wird Felice Alessandri 1790 die

Stelle des 2. Direktors der Hofmusik mit einem Gehalt von 4500 Gulden antreten.

Was Mozart vom König von Preußen für die knapp zwei Wochen in Potsdam erhalten hat, ist nur vage zu schätzen. Wahrscheinlich hat er dem Monarchen, der seit Jahren Partituren-Abschriften von ihm hoch bezahlt, einige Werke mitgebracht. Gehen wir davon aus, daß Joseph Haydn allein für das Übersenden von Kopien seiner sechs Pariser Sinfonien einen Diamantring im Wert von 1350 Gulden erhielt; daß Beethoven acht Jahre nach Mozarts Besuch für das Vorspielen von zwei Klaviersonaten mit einer goldenen Tabakdose, gefüllt mit Goldstücken, regaliert wird; und daß Konstanze Mozart gleich nach dem Tod ihres Mannes 3600 Gulden erhält für die Abschriften von 8 Partituren, dann läßt sich ahnen, wie üppig Mozart vom König beschenkt wurde für sein fast tägliches Konzertieren und für überreichte Noten.

Selbst Konstanze, die verbissen bilanzierende Witwe, die über alle »großen Herren« schimpft, wird überschwenglich, wenn die Rede auf Friedrich Wilhelm II. von Preußen kommt.

Am 6. Mai endet dieser erfolgreiche Potsdamer Aufenthalt. Der König muß sich auf die Reise nach Westen begeben, um seine Schwester aus Holland mit dem gebührenden Gepränge zu empfangen und nach Berlin zu geleiten.

Auch Mozart verläßt Potsdam am 6. Mai. Doch anstatt in die nur zwei Stunden entfernte Hauptstadt fährt er zurück nach Leipzig und reist erst nach neun Tagen wieder hinauf nach Berlin.

Ein strapaziöser Umweg von sechs Tagen in der Kutsche – weshalb? Ist Josepha Duschek, die er in Leipzig wiedertrifft, der Grund für diese Umkehr und dafür, daß er neun Tage in Leipzig bleibt?

Fürst Lichnowsky hat sich längst von Mozart getrennt, nicht ohne ihm seine komfortable Reisekutsche zu überlassen, so daß Mozart von nun an die ganze Fahrt bis zu seiner Heimkehr nach Wien im eigenen Wagen macht. Es dürfte derselbe sein, mit dem er ein Jahr später nach Frankfurt reist.

Am 19. Mai kommt er endlich in Berlin an. Neun Tage wird er bleiben.

Preußens Hauptstadt zählt rund 145.000 Einwohner. Die Vorbereitungen für den hohen Besuch aus Holland sind in vollem Gange. Die jungen Prinzen und Prinzessinnen des Hauses Hohenzollern proben ein Theaterstück, das im Olymp spielt, mit dem 16jährigen genialen Prinzen Louis Ferdinand als lorbeerbekränztem Götterliebling Endymion. Preußens illustre Gesellschaft versammelt sich diesen Sommer in Berlin. Von überallher reisen Künstler an. Auch das 10jährige Wunderkind Johann Nepomuk Hummel, Mozarts Klavierschüler und Kostzögling der letzten Jahre, darf hier konzertieren und begrüßt seinen Lehrer voller Zärtlichkeit, als dieser das Konzert überraschend besucht.

Aus Schlesien ist Karl Ditters von Dittersdorf gekommen, Riesenstapel von Partituren im Gepäck. Er hat sich vergebens bemüht, zum König in die Potsdamer Residenz zu gelangen. Man weist ihn an, in Berlin auf die Rückkehr des Monarchen zu warten.

Seit dem 6. Mai ist auch Hofkapellmeister Johann Friedrich Reichardt aus Weimar zurück, die allmächtige Zentralgestalt des Berliner Musiklebens. Noch im Zenit seiner Macht bereitet er in rastlosem Schaffensrausch gleich zwei eigene Uraufführungen vor: außer Goethes »Claudine von Villabella« noch sein Mammutwerk, die prunkvolle Ausstattungsoper »Brenno«, die mit Massenszenen und Triumph-Klängen der Welt beweisen soll, wer von allen Großen der Allergrößte ist.

Mozarts Aufenthalt in Berlin verläuft dagegen erstaunlich unspektakulär. Wo er wohnt, ist nicht geklärt; einer Überlieferung nach im Haus des berühmten Stukkateurs Sartory, der in Schloß Sanssouci die Goldstukkaturen geschaffen hat. Mozart selbst erwähnt im Brief sein Zimmer im Gasthof. Unerkannt geht er am Abend seiner Ankunft in die Oper am Gendarmenmarkt, wo man seine »Belmonte und Constanze oder die Entführung aus dem Serail« spielt, die einzige Mozart-Oper auf Berlins Bühnen.

Er müsse ein paar Visiten machen, schreibt er Konstanze, und bei der Königin vorspielen. Und wieder folgt ein Rätsel:

»... hier ist 1. mit einer academie nicht viel zu machen, und 2tens – sieht es der könig nicht gerne. – du must schon *mit mir mit diesem* zufrieden seyn, daß ich so glücklich bin, beym könige in gnaden zu stehen, – was ich dir da geschrieben, bleibt unter uns.«

Eine ernüchternde Information; kein Wunder, daß sie sich in Wien nicht herumsprechen darf. Doch warum ist mit einem Konzert des berühmten Wolfgang Amadeus Mozart im Berlin dieses Festsommers nichts zu machen? Hat er nicht in Dresden und Leipzig eine ganze Reihe von Konzerten »mit dem gränzenlosesten Beifall« gegeben? Und was sollte der König, sein nobler Gönner, dagegen haben?

Da hat es sein um 17 Jahre älterer Kollege Dittersdorf schon besser getroffen. Zwar gelang es ihm nicht, vor dem König in Potsdam zu spielen, doch dafür feiert er in Berlin von Mai bis August 1789 eine Reihe von Triumphen mit seinen Opern, Oratorien und Konzerten und verdient ein Vermögen. In seiner Lebensbeschreibung erinnert sich Dittersdorf stolz an die überwältigenden Erfolge und die zahllosen Einladungen am Berliner Hof und in den höchsten Kreisen. Er nennt voll Sympathie eine ganze Reihe von Virtuosen und Sängerinnen der Berliner Hofmusik, mit denen auch Mozart in derselben

Zeit zusammengewesen ist. Und doch erwähnt er Mozart überhaupt nicht. Dabei kennen die beiden einander sehr gut aus Wien.

Hat auch ihn die öffentliche Verhöhnung durch den großen Mozart getroffen, seitdem er mit seinen deutschen Singspielen in Wien nicht allein den »Figaro«, sondern sogar die bis dahin beliebteste deutsche Oper, »Die Entführung aus dem Serail« beim Publikum in den Schatten stellte? Die Krisen, in die die Erfolge der Kollegen Mozart immer wieder gestürzt haben, müssen furchtbar gewesen sein.

All seinen Ruhm und Glanz, versichert der artige Dittersdorf, verdanke er der Gunst des Königlichen Hofkapellmeisters Johann Friedrich Reichardt, der beherrschenden Persönlichkeit des offiziellen Berliner Musiklebens, ohne den kein Musiker – und sei er selbst vom König favorisiert – in Berlin etwas hoffen kann.

Es gibt zahlreiche Urteile über Reichardt, diesen ehrgeizigen Komponisten, Organisator, Autor und Gesellschaftsmenschen, der sich mit seinen großen Verdiensten auch Macht und Einfluß zu verschaffen wußte. Wilhelm Grimm, der ihn in Weimar kennengelernt hat, bezeichnet ihn im Vergleich mit Goethe, den er »reines Gold« nennt, als »poliertes Messing«.

Reichardts Abneigung gegen den Komponisten Mozart ist vielfach dokumentiert. Die verschiedenen von ihm herausgegebenen Zeitschriften berichten seit Jahren herablassend oder abfällig über Mozarts Werke. Reichardt kritisiert seine mangelnden kompositorischen Fähigkeiten, behauptet, kein wirklicher Kenner schätzte ihn, er mokiert sich über Mozarts »bizarreste Seelenschwelgerei« und über das »Gemozarte« der Wiener.

Reichardts Einfluß mag es auch zuzuschreiben sein, daß sein Musikverleger Breitkopf in Leipzig zu Mozarts Lebzeiten kein einziges Werk von ihm herausbringt.

Noch ein berühmter Gast aus Wien, den Dittersdorf von seinen eigenen Opern-Erfolgen am Wiener Kärntnertor-Theater bestens kennt, wird von ihm nicht erwähnt: die Primadonna Aloisia Lange, die Ende Juli mit ihrem Mann nach Berlin kommt. Jeder ihrer erfolgreichen Auftritte muß vom Publikum, einmal sogar von der Königin selbst, erzwungen werden gegen den hartnäckigen Widerstand der Musik-Intendanz. Der Applaus ist unendlich, das Publikum jubelt – nur die von Reichardt gelenkten Zeitungen reagieren säuerlich.

Suchen wir nach Gründen für diese auffällige Unterdrük-kung Mozarts in Berlin, die in ihrer Rigorosität schon nach persönlicher Rache aussieht, so läßt sich nur mutmaßen: als im Sommer 1783 Johann Friedrich Reichardt für einige Wochen Wien besuchte, war er häufiger Gast im Salon der Gräfin Thun – und er bewarb sich bei Kaiser Joseph II. um einen Posten.

Für Mozart wäre es ein Leichtes gewesen – und zuzutrauen ist es ihm auch –, die Kompositionen dieses Rivalen zu paro-dieren und ihn damit in Wien lächerlich zu machen. Und Aloisia Langes schöner Sopran mag dabei unterstützend mit-gewirkt haben.

Doch aus welchen Gründen immer – Mozart hat im offiziel-len Musikleben Berlins keine Chance. Auch der großherzige, aber konfliktscheue König hat es offensichtlich mit Rücksicht auf seinen verdienstvollen Hofkapellmeister vorgezogen, Mozart außerhalb Berlins zu empfangen, gewissermaßen privat in seiner Residenz in Potsdam – und zwar genau in den zwei Wochen, die Reichardt in Weimar verbringt.

Doch bestimmt hat Mozart in verschiedenen musiklieben-den Adelshäusern von Berlin konzertiert, in die der Einfluß des mächtigen Hofkapellmeisters nicht reichte. Fürst Lich-nowsky und Baron van Swieten, der früher Kaiserlicher

Botschafter am Preußischen Hof war, haben ihm sicher einige Empfehlungsschreiben gegeben.

So hat wahrscheinlich auch der hochmusikalische Prinz Heinrich von Preußen, Bruder Friedrichs des Großen, der aus Schloß Rheinsberg nach Berlin gekommen ist, die einzigartige Gelegenheit wahrgenommen, den berühmten Mozart aus Wien in sein Palais kommen zu lassen.

Erst recht aber Louis Ferdinand von Preußen, dieser hochgesinnte, genial begabte Hohenzollernprinz, ein bedeutender Pianist, der selbst komponiert, und der auch in seinem Wesen in einigen Zügen Mozart ähnelt: enthusiastisch, maßlos, verschwenderisch, großzügig, unbesonnen, liebebedürftig – so daß man ins Grübeln kommen könnte, was aus ihm geworden wäre, hätte er das Glück von Wolfgang Mozarts Elternhaus und Erziehung gehabt und nicht »le malheur d'être né prince« (Rousseau) von bornierten, geistfeindlichen, freudlosen Eltern, die sein künstlerisches Genie und Feuer, seine Phantasie und Liebesfähigkeit für eine gefährliche Welt außerhalb ihrer Kontrolle erkannten und darum versuchten, zu unterdrücken.

Es ist nicht vorstellbar, daß dieser geniale 16jährige sich eine Begegnung mit Mozart entgehen ließ, auch wenn nichts darüber dokumentiert ist. Nach Mozarts Tod wird Konstanze dem Prinzen das C-Dur-Klavierkonzert KV 503 widmen.

Dafür hat ein anderer 16jähriger, der Dichter Ludwig Tieck, überliefert, wie er, bei dem Besuch einer Vorstellung von »Belmonte und Constanze« am Gendarmenmarkt, Mozart getroffen hat. Die Aufführung ist übrigens damaligen Zeitungsberichten zufolge nur auf unablässiges Drängen des Publikums angesetzt worden, dem die Direktion schließlich nachgeben mußte.

Denken wir daran, daß das Wort »blöde« zur Goethezeit die Bedeutung von »scheu«, »schüchtern« hat; ein »blödes Auge« meint nichts anderes als einen scheuen Blick.

»Als Ludwig eines Abends, es war im Jahre 1789, seiner Gewohnheit nach lange vor dem Anfange der Vorstellung die halbdunkeln, noch leeren Räume des Theaters betrat, erblickte er im Orchester einen ihm unbekannten Mann. Er war klein, rasch, beweglich und blöden Auges, eine unansehnliche Figur in grauem Überrock. Er ging von einem Notenpult zum andern, und schien die aufgelegten Musikalien eifrig durchzusehen. Ludwig begann sogleich ein Gespräch anzuknüpfen. Man unterhielt sich vom Orchester, vom Theater, der Oper, dem Geschmack des Publikums. Unbefangen sprach er seine Ansichten aus, aber mit der höchsten Bewunderung von den Opern Mozarts. ›Sie hören also Mozarts Opern oft und lieben sie?‹ fragte der Unbekannte, »das ist ja recht schön von Ihnen, junger Mann.‹

Man setzte die Unterhaltung noch eine Zeit lang fort, der Zuschauerraum füllte sich allmählich, endlich wurde der Fremde von der Bühne her abgerufen. Seine Reden hatten Ludwig eigentümlich berührt, er forschte nach. Es war Mozart selbst gewesen ...«

Die Geschichte von Mozarts heller Begeisterung für die Sängerin des Blondchens, Henriette Baranius, mit der er sogleich ein Liebesverhältnis angefangen habe, ist nirgends dokumentiert. Wenn man das hinreißende Porträt der 21jährigen Sopranistin sieht, glaubt man gern, daß Mozart sich in sie verliebte. Aber daß die Baranius ihn erhörte, das darf bezweifelt werden.

Am 28. Mai reist er ab von Berlin, bleibt zwei Tage in Prag und kommt am 4. Juni in Wien an.

Er hat noch zweieinhalb Jahre zu leben.

XIX.

»Mein liebstes Weibchen, du must dich bey meiner Rück-
kunft schon mehr auf *mich* freuen, als auf das *gelde*«,
hat Mozart vorsorglich aus Berlin geschrieben. Zum Empfang
vor den Toren Wiens wünscht er sich trotz seiner in sämtlichen
Briefen beteuerten heißen Sehnsucht nach dem Weibchen
nicht Konstanze allein mit dem kleinen Sohn, sondern auch
das Ehepaar Puchberg und Freund Hofer.

Ist ihm ein bißchen bange vor dem Wiedersehen? Wieviel
mag er heimgebracht haben von den kostbaren Galanterien
und den Friedrichsdor, Dukaten, Talern und Gulden? Wieviel
davon hat er aus Dresden, Potsdam, Leipzig und Berlin an
seine Frau geschickt? Nur das eine ist schwer vorzustellen:
daß Mozart die Hunderte von Gold- und Silberstücken sorgsam in seinen Reisesack gesteckt und dort brav aufgehoben
habe bis zu seiner Heimkehr nach Wien.

Doch er bringt eine lukrative Zukunft mit: den grandiosen
Kompositionsauftrag Friedrich Wilhelms II., der einige tausend
Gulden erhoffen läßt: für die Widmung und die Partituren an
den König und die Prinzessin, und für den anschließenden
Druck und Vertrieb der Noten im ganzen Reich.

Wieder einmal plant Mozart, die Verleger zu umgehen und
alle zwölf Werke auf Subskription selbst herauszubringen.

Gleich nach seiner Ankunft im Juni 1789 komponiert er das
erste der sechs Preußischen Quartette (KV 575), und im Juli
die erste Klavier-Sonate (KV 576) für die Prinzessin Friederike.
Bis zum Spätherbst kann er mit dem ganzen Auftrag fertig

sein. Auch am Burgtheater hat er wieder zu tun: Seine Oper
»Le nozze di Figaro« wird neu inszeniert.

Denn der Befehl des Kaisers vom letzten Sommer, die Oper
zu schließen, ist seit seiner Rückkehr nach Wien aufgehoben
worden. Neue hervorragende Sänger wurden aus Italien engagiert, unter ihnen die beiden Schwestern Ferrarese, von denen
die intrigante Adriana die Geliebte Lorenzo da Pontes wird.

Mozart komponiert verschiedene Arien für sie und andere
Sänger, und er plant zusammen mit da Ponte eine dritte
gemeinsame Oper: »Così fan tutte« für den kommenden Karneval, mit den beiden Sängerinnen Ferrarese in den weiblichen
Hauptrollen.

Aber schon im Juli ist es wieder vorbei mit seiner Be-
schwingtheit und Inspiration. Die häusliche Misere hat
ihn eingeholt. »Gott! ich bin in einer Lage, die ich meinem
ärgsten Feinde nicht wünsche; und wenn Sie bester Freund
und Bruder mich verlassen, so bin ich *unglücklicher und
unschuldigerweise* samt meiner armen kranken Frau und Kind
verlohren ...«

So fängt am 12. Juli die neue Serie von Puchberg-Briefen an,
gefolgt von vielen weiteren, deren Notgeschrei die vorjährigen
an Dramatik und Dringlichkeit weit übertrifft.

Welche fürchterliche Katastrophe ist über das Haus Mozart
hereingebrochen?

Konstanze ist wieder krank – ihr »Fußleiden« hat sich verschlimmert, sie muß liegen, und sie hat Schmerzen. Ein bedauer-
licher, jedoch keineswegs tragischer Zwischenfall, kein schreck-
liches Geschick. Sie leben im Zentrum Wiens, es gibt Ärzte,
Medikamente, sie haben Freunde, Mäzene, Angehörige. Dennoch bringt Konstanze es wieder fertig, ihren Mann mit ihrem
Krankenlager in tiefste Verzweiflung zu stürzen, ihn mutlos zu
machen und unfähig zum Komponieren, »... daß ich durch diese
unglückselige Krankheit in allem Verdienste gehemmt werde ...«

Aber: kann man die Briefe an Puchberg wirklich »schamhaft gestammelte von brennender Not erpreßte Bekenntnisse hilflosen Elends« (Paumgartner) nennen? Es geht hier nicht um Linderung von Not, sondern darum, daß Konstanze nach Baden fahren will zur Kur, und das Geld dafür, gleich 500 Gulden, soll ihnen Puchberg »leihen«.

Der antwortet zunächst nicht, trotz einer herzzerreißenden Nachschrift. Er scheint von den unablässigen Schilderungen von Elend und Unschuld genug zu haben, hinter denen offensichtlich immer nur Konstanzes hohe Ansprüche stecken. Erst der nächste Jammerbrief drei Tage später läßt ihn wieder einspringen – mit dem immer noch stattlichen Betrag von 150 Gulden, was exakt den Kosten für einen Kuraufenthalt erster Klasse von vier Wochen im eleganten Baden entspricht.

Puchberg muß jedesmal erstarrt sein vor Schreck, wenn man ihm einen Brief von Mozart brachte. Er hat zwei Kinder. Was die junge Frau Puchberg dazu meinte, ist nicht überliefert.

Die junge Frau Mozart reist nach Baden bei Wien, in den beliebten Kurort mit den Schwefelquellen. Das wird sie von nun an ausdauernd wiederholen bis zum Tod ihres Mannes. Das viel schlimmere Verhängnis, Mozarts Todeskrankheit, scheint noch niemand zu bemerken.

Der Versuch, Sommer-Konzerte in seiner Wohnung zu veranstalten, scheitert mangels Subskribenten. Außer dem treuen van Swieten trägt sich niemand in die Liste ein, die Mozart in der Gesellschaft herumschickt. Das kann zufällige Gründe haben, kann aber auch darin seine Erklärung finden, daß in letzter Zeit den vorausgezahlten Billetts allzu häufig Mozarts Absagen der Konzerte gefolgt sind. Und seine öffentlichen Veranstaltungen in den Jahnschen Konzertsälen, in der Mehlgrube, im Trattnerhof, im Augarten, die jahrelang die großen Ereignisse von Wien waren?

Kann es sein, daß nun auch deren Organisatoren und sogar die Orchestermusiker sich weigern, bei Mozarts Akademien mitzuwirken, weil sie zu oft Ärger mit der Bezahlung hatten?

Der gute Puchberg läßt sich immer wieder erweichen; es sind Riesenbeträge, die er seinem Seidenhandel entzieht, der vermutlich ohnehin durch die kriegsbedingte Teuerung stagniert. Er weiß, daß er es bei Mozart nicht mit einem frechen Schnorrer zu tun hat wie bei dem Klarinettisten Stadler – sondern daß dieser dämonische Kobold mit dem liebebedürftigen Herzen, der in seinen äußeren Lebensumständen völlig von dem Willen seiner Frau abhängt und schon in ganz Wien in der Kreide steht, eines der größten Wunder der Menschheit ist.

Konstanze Mozart hat während der Berlin-Reise ihres Mannes einige Wochen im Hause Puchberg gewohnt – Gelegenheit genug, um dessen scheue Verehrung und seine grenzenlose Hilfsbereitschaft zu registrieren; eine Konstellation, die sie an den »cher amy« erinnert haben mag, den komischen Salzburger mit dem zärtlichen Herzen, der 1777 voll tiefer Verehrung in ihre Familie kam, und dem man mit eindringlichem Gejammer und mit devoten Bettelbriefen ihres Vaters Fridolin Weber die Goldstücke aus den Taschen lockte. Jetzt ist es Mozart selbst, der sich schamlos erniedrigt vor dem »verehrungswürdigsten liebsten Freund und Bruder« und nicht spart mit dramatisch ausgemalten Szenen von Angst, Verzweiflung, Elend und Scham.

»... sie (die 27jährige Konstanze) gibt sich zum Erstaunen in ihr Schicksal und erwartet Besserung oder Tod mit wahrer philosophischer Gelassenheit, mit thränenden Augen schreibe ich dieses ...«

»... welch eine seelige Empfindung, wenn man dazu geholfen hat – meine Thränen lassen mich das Bild nicht ganz ausmalen

– Kurz – mein ganzes ferneres Glücke ist in Ihren Händen – handeln Sie nach Ihrem edeln Herzen – thun Sie was Sie können und denken Sie daß Sie mit einem rechtschaffendenen, ewig dankbaren Manne zu thun haben, dem seine Lage mehr wegen Ihnen als wegen seiner selbst schmerzhaft ist.«

»... so werde ich Ihnen als meinen Erretter noch jenseits des Grabes danken ...«

» – stellen sie sich meine laage vor – krank und voll kummer und Sorge – eine solche laage verhindert auch die genesung um ein merkliches.«

»... nehmen Sie nur mein Zutrauen zu Ihnen nicht übel und bedenken Sie, daß ohne Ihre Unterstützung die Ehre, die Ruhe und vielleicht das Leben Ihres Freundes und Bruders zu Grunde geht;«

»Ich bin doch sehr unglücklich! – immer zwischen Angst und Hoffnung! –«

»Ich habe seit der Zeit als Sie mir so einen großen Freundschaftsdienst erwiesen in *Jammer* gelebt, so daß ich nicht nur nicht ausgehen, sondern auch nicht schreiben konnte, aus lauter Gram. –«

Wenn man allerdings die Summen überschlägt, die er in dieser Zeit eingenommen hat zusätzlich zu denen, die Puchberg immer wieder schicken muß, dann hält sich die Erschütterung über Mozarts katastrophale Situation und seine angebliche Scham darüber in Grenzen. Außerdem ist es sehr wohl möglich, daß außer Puchberg auch noch andere Freunde und Bewunderer derartige Briefe bekamen.

Daß Leopold Mozarts Sohn so weit herunterkommen würde, verlogene Bettelbriefe zu verschicken, während er mit seiner Frau in Saus und Braus lebt, das hat der Vater nicht mehr erlebt. Geahnt wird er es haben. Er durchschaute das gierige Wesen der Weberischen lange Zeit, bevor er sie persönlich kennenlernte, aus dem Gejammer und aus den

Bettelbriefen, mit denen sie seit Mannheim seinen Sohn bedrängten.

Andreas Schachtners Zitat aus Wolfgang Mozarts Kindheit: »Er war voll Feuer, seine Neigung hieng jedem Gegenstand sehr leicht an; ich denke, dass er im Ermangelungs Falle einer so vorteilhaft guten Erziehung, wie er hatte, der ruchloseste Böswicht hätte werden können, so empfänglich war er für jeden Reitz ...« scheint der Wahrheit sehr nahe zu kommen. Zwar nicht zum »ruchlosesten Böswicht«, aber zum aufdringlichen Bettler hat ihn der Weberische Einfluß gemacht.

Puchberg bekommt sein Geld trotz Mozarts Schwüren und Ehrenerklärungen nicht zurück, ganz zu schweigen von den oftmals angebotenen »beliebigen« Zinsen. Die Summen, mit denen er innerhalb von drei Jahren immer wieder als »Retter« einspringt, sind – soweit dokumentiert – etwa zwei Jahresgehälter Mozarts, in Wirklichkeit wahrscheinlich viel mehr. Konstanze behauptet bei Nissen, er habe sich einige Jahre nach Mozarts Tod an sie gewandt und 1000 Gulden von ihr zurückerhalten.

Puchberg macht 1802 Konkurs und stirbt völlig verarmt 1822.

Was aber geschieht mit den Beträgen, die durch ihre Hände fließen? Auch eine monatelange Kur im teuren Badeort verschlingt nicht derartige Summen. Muß das verwöhnte, leidende Weibchen sich die Zeit vertreiben mit teuren Modeartikeln, luxuriösen Stoffen, Geschmeiden, gefärbten Federn, Spitzen, bemalten Seidenbändern und Kaschmirschals? Und mit den unerhört teuren handkolorierten Modegravuren, die sich manche reiche Dame jeden Posttag aus Paris kommen läßt?

Die hohen Arzt-Rechnungen können es jedenfalls nicht gewesen sein, auf die er bei seinem Gejammer manchmal hinweist: denn die zahlen sie gar nicht. Damit machen sie es offensichtlich wie mit der Miete und mit den Gläubigern – sie wechseln den Arzt, so wie sie die Wohnungen wechseln und die Darlehensgeber.

Auf diese Weise haben sie den hochangesehenen, in Wiens vornehmsten Kreisen praktizierenden Dr. Hunczowsky, der ab 1790 Leibchirurg Kaiser Leopolds II. wird, »auf eine wegen gewissen Ursachen etwas unfreundliche Art von uns weg gebracht, warum es mir nun doppelt am Herzen liegt ihn zu contentiren«, schreibt Mozart bedrückt. Diese »etwas unfreundliche Art« – das ist Weberische Art, Konstanzes Elternhaus: Entrüstung, Vorwürfe, Geschrei.

Für Mozarts Wesen spricht der Zusatz: »... warum es mir nun doppelt am Herzen liegt ihn zu contentieren.« Wie oft mag er in dieser Ehe versucht haben, Verbindungen wieder zu kitten, die durch Weberische Vulgarität zerstört wurden?

Und immer wieder versucht er, die Zukunft zu beleihen: »Sie wissen aber auch meine Aussichten; ... in ein paar Monathen muß mein Schicksal in der *geringsten* Sache auch entschieden sein, folglich können Sie, bester Freund, bey mir nichts riskieren; ...«

Ist das die Hoffnung auf den Posten des stellvertretenden Hofkapellmeisters als Substitut von Salieri? Auch sie wird zerbersten – man engagiert Umlauff.

Wie wird Mozart mit diesen sich immer wieder und überall wiederholenden Enttäuschungen fertig? Wer steht ihm bei in solchen Ego-Krisen, wie es früher sein Vater tat, der ihn trösten konnte und immer wieder aufs Neue bestärkte in seiner Selbstgewißheit?

Was er jetzt mehr und mehr braucht, ist in Wirklichkeit nicht Geld, sondern Aufmerksamkeit, Geborgenheit, Liebe – und gesundheitliche Fürsorge.

Geld scheint Mozart noch immer sehr wenig für sich selbst

zu brauchen. Er hat es immer gleichsam ekstatisch für andere verpraßt; um Gesellschaft zu haben, um geliebt, bedankt und in Hochstimmung zu sein.

Am 14. Juli 1789 begann in Paris mit der Erstürmung der Bastille die Revolution. Die Welt horcht auf und blickt gespannt nach Frankreich. Im Herbst verschärft sich die Situation durch eine ausbrechende Hungersnot. Das Königspaar wird vom Volk gezwungen, unter Sturmglockengeläut nach Paris zu ziehen.

Wie Mozart auf diese Umwälzungen reagierte, wissen wir nicht. Sämtliche Dokumente aus seinem Privatleben fehlen bis auf einige Briefe an Puchberg und an Konstanze, die im eleganten Baden den Sommer verbringt.

Mozart besucht sie, sooft er kann – Baden ist 25 Kilometer von Wien entfernt – neben seinen Proben zum »Figaro« und den übrigen Verpflichtungen in Wien.

Konstanze aber ist unzufrieden, schimpft, macht Vorwürfe.

»... sey lustig und vergnügt und gefällig mit mir ...«, bittet er.

Aber Konstanze, obwohl schwanger, wirft sich anderen Männern an den Hals, und über ihr ordinäres Betragen schütteln die einen den Kopf, die andern tragen es genüßlich in Wien herum. Kavaliere aus dem Bekanntenkreis behandeln sie entsprechend verächtlich, und Mozart leidet Qualen. Vorsichtig, fast ängstlich beschwört er sie; und erstaunlicherweise ist dieser Brief erhalten:

»– liebes Weibchen! – ich will ganz aufrichtig mit Dir sprechen, – Du hast gar keine Ursache traurig zu seyn – Du hast einen Mann der Dich liebt, der Dir alles, was er nur im Stande ist, thut – was Deinen Fuß anbelangt, brauchst Du nur Gedult zu haben, es wird gewis ganz gut gehen; – mich freut es ja, wenn Du lustig bist – gewis – nur wünschte ich daß Du Dich bisweilen nicht so gemein machen möchtest – mit N.N.

machst Du mir zu freye ... ebenso mit N.N. als er noch in Baden war – bedenke nur daß N.N. mit keinem Frauenzimmer, die sie vielleicht besser kennen als Dich, so grob sind, als mit Dir, selbst N. N. der sonst ein artiger Mensch ist und besonders für Frauenzimmer hochachtungsvoll ist, selbst er muß dadurch verleitet worden seyn, in seinem Briefe die abscheulichsten und gröbsten Sottisen zu schreiben – ein Frauenzimmer muß sich immer in Respekt erhalten – sonst kömmt sie in das Gerede der Leute – meine Liebe! – verzeihe mir daß ich so aufrichtig bin, alleine meine Ruhe erheischt es sowohl als unsre beiderseitige Glückseeligkeit – erinnere Dich nur daß Du mir einmal selbst eingestanden hast, daß Du zu *nachgebend seyst* – Du kennst die Folgen davon – erinnere Dich auch des Versprechens welches Du mir thatst – O Gott! – versuche es nur, meine Liebe! – sey lustig und vergnügt und gefällig mit mir – quäle Dich und mich nicht mit unnöthiger Eifersucht – habe Vertrauen in meine Liebe, Du hast ja doch Beweise davon! – und Du wirst sehen, wie vergnügt wir seyn werden ...«

Das ist der beklemmende Hintergrund von Mozarts letzten drei Jahren: Konstanzes Krankheit, Konstanzes Geldbedarf, Konstanzes Mannstollheit; ihre jeweiligen Schmerzen und Launen bestimmen seine Gemütslage und besiegeln seinen endgültigen Ruin.

Turmhohe Schulden in ganz Wien und seine zunehmende Isolierung, dazu Konstanzes Abwesenheit; Konnte er während ihrer ersten Entbindung im Juni 1783 noch an seinem Streichquartett d-Moll (KV 421) arbeiten – wobei er, wie Konstanze später den Novellos erzählt, sogar ihre Schmerzschreie mit hineinkomponiert hat – so schreibt er jetzt, sechs Jahre später, nichts als drei Arien innerhalb von neun Wochen, während Konstanze in Baden ist.

Und dann entsteht im Herbst 1789 neben dem Klarinettenquintett (KV 581) das neue Mirakel: seine Oper »Così fan tutte« (KV 588), die Wolfgang Amadeus Mozart wieder auf der Höhe seiner Inspiration und Konzentration zeigt.

Konstanze ist geheilt aus Baden zurückgekehrt. »Le nozze di Figaro« wird mit großem Erfolg am Burgtheater gespielt und bringt volle Häuser. Und seit Oktober ist auch Joseph Haydn wieder in Wien.

Am 26. Januar 1790, dem Vorabend von Mozarts 34. Geburtstag, notiert Graf Zinzendorf in seinem Tagebuch:
»... Avant 7^h au nouvel Opera Così fan tutte, osia la Scuola degli Amanti. La musique de Mozart est charmante, et le sujet assez amusant.«

Über die Resonanz dieser Uraufführung in Wien ist weiter nichts überliefert. Bertuchs »Journal des Luxus und der Moden« in Weimar nennt sie »wieder ein vortreffliches Werk ... Von der Musik ist, glaub ich, alles gesagt, daß sie von Mozart ist.«

Für ihren Erfolg spricht, daß sie insgesamt zehnmal aufgeführt wird.

Mitte Februar müssen alle Theater Wiens schließen, weil der Kaiser im Sterben liegt. Diese Oper hat er wohl nicht mehr gesehen, es sei denn, bei den Proben.

Am 20. Februar 1790 stirbt Joseph II., fast 49 Jahre alt.

Er war Mozarts Bewunderer seit dessen Ankunft in Wien 1781, zunächst des Klavier-Virtuosen, nach dem »Figaro« auch des Komponisten. Seit dem »Don Giovanni« in Prag wurde er sein Beschützer. Das doppelte Kompositionshonorar von 900 Gulden für »Così fan tutte« ist vermutlich das letzte, was er für Mozart tun konnte.

»Così fan tutte« brauchte etwa 175 Jahre, um in seinem Rang neben »Figaros Hochzeit« und »Don Giovanni« gestellt zu werden, von manchem Kenner sogar an die Spitze aller Mozart-Opern. Das hat seinen Grund in da Pontes Libretto. Wie im »Don Giovanni« könnte sein Freund Casanova auch diesmal als Anregung gedient haben: hier zur Person des »Philosophen« Don Alfonso. Aber die seit Ende des 18. Jahrhunderts zunehmende Verbürgerlichung des Publikums, zu dessen Idealen ein intaktes Familienleben gehört, setzen neue Maßstäbe: Es nimmt Anstoß an Stücken, in denen »das biedere Mädchen schamroth« werden muß, an Themen, die aus dem französischen Geist der Sittenverderbnis und Fäulnis kommen, welcher auch Choderlos de Laclos inspirierte zu seinen perfiden »Liaisons dangéreuses«, und den Marquis de Sade zu seinen »120 Tagen von Sodom«.

Dem vergötterten Mozart hat dieser Teil des Publikums das »schändliche« Libretto da Pontes zum »Don Giovanni« nachgesehen – die Frechheit der neuen Oper »Così fan tutte« aber, in der gezeigt wird, daß auch Frauen erotische Phantasie haben, die leicht entflammt werden kann, daß selbst liebende Frauen zur Treulosigkeit fähig sind – was nur als Tragödie genießbar wäre – diese Provokation hat dafür gesorgt, daß das Stück 175 Jahre lang im Schatten der anderen Mozart-Opern dämmerte. Diesmal beeilen sich die Musikverleger nicht mit der Herausgabe von Noten der neuen Mozart-Oper. Nur eine Arie wird inseriert: »Il core vi dono«.

»Nun stehe ich vor der Pforte meines Glückes ...«,

schreibt Mozart Ende März 1790 an Puchberg, um diese glückliche Zukunft zu beleihen.

Der neue Herrscher Leopold von Toscana ist vor etwa zwei Wochen in Wien angekommen. Völlig überlastet mit den gigantischen Problemen des Reiches, die sein idealistischer Bruder mit seinen überstürzten Reformen und seiner Erobererpolitik hinterlassen hat – Kriege und Aufruhr müssen beendet werden; allenthalben wirkt der neue Geist aus Frankreich –

bleibt dem Nachfolger zunächst keine Zeit, sich um Oper, Theater oder Künstlergeschicke zu kümmern. Außerdem ist sein Musikinteresse weniger lebhaft, als es das seines Bruders war.

Trotzdem herrscht Hochdruck in den Kulissen und Garderoben des Burgtheaters und in der Hofmusik. Gerüchte, Hoffnungen, Intrigen und Klatsch durchwogen das Ensemble.

Mozart baut gleich mehrere Luftschlösser: Leopold II. und seine Frau Maria Luisa von Spanien haben 16 Kinder – das sind vortreffliche Aussichten für Musik-Lektionen am Hof. Außerdem wird die kostspielige höfische Repräsentation wieder eingeführt mit prunkvollen Festen, kirchlichen Ritualen, diplomatischen Empfängen und mit drei pompösen Krönungszeremonien.

Mozarts schönstes Luftschloß ist der Posten des Hofkapellmeisters. Daß dieser bereits mit dem tüchtigen Salieri hervorragend besetzt ist, macht weiter nichts: jetzt muß eben ein zweiter Kapellmeister-Posten geschaffen werden.

So schreibt Mozart ein Gesuch. Da jedoch außer »Eyfer, treue und Rechtschaffenheit«, mit denen er sich anpreist, auch geordnete Finanzen Voraussetzung sind für einen Kaiserlichen Dienst, soll der getreue Puchberg wiederum rasch Geld schicken. »... aber nur noch einmal und zum letztenmale, im allernothwendigsten Augenblicke, welcher mein ganzes ferneres Glück entscheidet ...«, drängt Mozart, »... denn man urtheilt bey Hofe nicht nach den Umständen, sondern leider blos nach dem Schein.«

Das schreibt der notorische Schuldenmacher, der seit Jahren die Vergötterung der Wiener ausgenutzt hat, als könne er mit einem einzigen Kredit seinen verheerenden Ruf schlagartig tilgen.

Ist das Naivität oder Unverfrorenheit? Wahrscheinlich beides. Lenkt Konstanze diese Briefe, und er schreibt sie lachend, ihr zu Gefallen?

Natürlich wird nichts aus dem erträumten Posten eines zweiten Kapellmeisters. Und für Mozart wird auch nichts aus dem Musikunterricht bei den Erzherzögen und Erzherzoginnen. Für ihn wird im Gegenteil unter Leopold II. die Luft immer eisiger.

Joseph II. wußte seit dem Prager »Don Giovanni« von Mozarts außerordentlichem Genie und nahm ihn, trotz seiner grenzenlosen Unzuverlässigkeit, unter seinen Schutz. Seit Prag weiß aber Leopold II., daß das Genie Wolfgang Amadeus Mozart mit der Festoper »Don Giovanni« zu Ehren seiner Tochter nicht rechtzeitig fertiggeworden ist. In Wien gibt es noch viele andere Komponisten; und des neuen Herrschers Favorit Domenico Cimarosa wird aus St. Petersburg erwartet.

Doch immerhin – Mozart bleibt Hof-Componist »in attüal servizio di S.Maestà Caesarea« mit 800 Gulden Jahresbesoldung.

Was aber ist mit dem großartigen Auftrag des Königs von Preußen? Schon gleich nach seiner Rückkehr aus Berlin im letzten Sommer, als Mozart den Freund um ein stattliches Darlehen bat, versicherte er: »... unterdessen schreibe ich 6 leichte Klavier-Sonaten für die Prinzessin Friederika und 6 Quartetten für den König, welches ich alles bey Koželuch auf meine Unkosten stechen lasse;«

Puchberg schickte 150 Gulden.

Und gleich nach der Premiere von »Così fan tutte« im Januar 1790 will Mozart an den Quartetten weiterarbeiten. Offenbar läuft bereits die Subskription, und den Bestellern ist die Auslieferung der gestochenen Noten zum Sommer 1790 zugesagt worden. Puchberg soll wieder helfen. Denn ihm liegt sichtlich alles daran, daß dieser Auftrag erfüllt wird.

»... gewiß ist Ihnen die Bezahlung, dafür stehe ich mit meiner Ehre ... und diesen Sommer hoffe ich gewis (durch die

Arbeit für den König von Preußen) Sie von meiner Ehrlichkeit ganz überzeugen zu können ...«

Puchberg schickt 300 Gulden; dann, zwischen Januar und April 1790 weitere 375 Gulden – Geld genug, um auch ohne Mozarts laufende Einnahmen »mit sorgenlosern gemüth und freyern herzen« die gesamten Preußen-Quartette zu komponieren. Das erste Quartett im Sommer 1789 war innerhalb von vierzehn Tagen fertig. (Um es anschaulich zu machen: Puchbergs Darlehen sind umgerechnet rund 8500 DM monatlich zusätzlich zu den anderen Einnahmen).

Und doch entsteht in diesen Monaten kein einziges Streichquartett, auch keine Klaviersonate. Zwischen Januar und Mai 1790 entsteht überhaupt nichts.

Dennoch weist Mozart immer wieder auf die Komposition an diesen Streichquartetten hin, wenn er den Freund um Geld bedrängt. »... leben muß ich auch bis meine Academien in Ordnung sind und bis meine Quartetten so ich in Arbeit habe zum Stich befördert werden ...«

Puchberg schickt 100 Gulden.

Zwei Wochen später kommt Alarm: »... ich bin, da ich keine wahren Freunde finde gezwungen, bey Wucherern Geld aufzunehmen ... dieser unchristlichen Klasse Menschen ...«

Sein Kummer über die Verschuldung bei Puchberg, schreibt er, »hat mich die ganze Zeit her verhindert, meine Quartetten zu endigen«.

Puchberg schickt 150 Gulden.

Ende Mai ist ein Quartett fertig (KV 589), das zweite der sechs bestellten. Im Juni vollendet Mozart das dritte (KV 590) – doch es wird das letzte bleiben.

»Nun bin ich gezwungen meine Quartetten, diese mühsame Arbeit, um ein Spottgeld herzugeben, nur um in meinen Umständen Geld in die Hände zu bekommen«, klagt er am 12. Juni dem düpierten Freund;

272

»Adjeu – schicken Sie mir was Sie am leichtesten entbehren können.«

Puchbergs Ernüchterung läßt sich ahnen, und auch die der geprellten Subskribenten. Von nun an bietet er dem verehrten Mozart seine Tafel an – aber mit weiteren »Darlehen« ist es vorbei. Bis zu Mozarts Tod wird er ihm nur noch selten und mit vergleichsweise geringen Beträgen helfen.

Auch von den bestellten sechs Klaviersonaten für die Prinzessin Friederike von Preußen bleibt es bei der ersten, die er vor einem Jahr komponierte. Nicht einmal die neuen sechs Quartette seines Freundes Joseph Haydn (op. 54, die Tost-Quartette) vermögen ihn zu inspirieren.

Was aber Mozart so vollständig lähmte, daß er über vier Monate lang gar nichts schrieb, daß sein präzise geführtes Werkverzeichnis keine Note aufweist seit »Così fan tutte« im Januar, das ist aus Mangel an Dokumenten nicht zu erfahren.

Mozart komponierte in manchen Lebensphasen wenig: in Mannheim und auch in seinem ersten Wiener Jahr, als er sich von den Wogen der Ereignisse mitreißen ließ; oder wenn er sich durch allzuvieles Konzertieren verausgabte; oder in Paris, als er Liebeskummer hatte. Als Konstanze monatelang bettlägerig war, komponierte er wenig. Im vergangenen Sommer, als ihn ihr Betragen in Baden quälte, noch weniger. Jetzt gar nichts mehr.

Pünktlich zum Saisonbeginn hat sich Konstanzes Leiden wieder verschlimmert – sie fährt Ende Mai hinaus nach Baden und bleibt den ganzen Sommer. Außer einem einzigen Brief Mozarts an sie ist die gesamte Korrespondenz verschollen. Und in seinem Werkverzeichnis findet sich außer zwei Händel-Bearbeitungen keine einzige Komposition bis zum Dezember.

Koželuch aber, der Komponist, Pianist und Musikverleger, bei dem Mozart die Preußischen Quartette und die Klavier-

sonaten stechen lassen wollte, um sie selbst herauszugeben –
kein »welscher«, sondern ein böhmischer Rivale –, scheint mit
Behagen die Geschichte herumzuerzählen, daß der berühmte
Mozart wieder einmal außerstande gewesen ist, den Stich
seiner Werke, für die die Subskription längst läuft, zu finanzieren.* Und ohne Vorauszahlung arbeitet wohl auch er nicht
für seinen großen Kollegen. Die im Stich begonnenen Kupferplatten bleiben liegen, bis Verleger Artaria sie übernimmt, der
die drei Werke ab 1791 herausbringt.

Ob sie in Wien noch jemanden finden, der ihnen ihren
exzessiven Lebensstil finanziert, seitdem sich auch Michael
Puchberg als Geldgeber zurückgezogen hat?

XX.

1790: KAISERKRÖNUNG IN FRANKFURT

»Eine schöne Ehre für den Wiener Hof, daß mich der König
in fremden Landen hören muß ...«,
schreibt Mozart im November 1790 zornig aus München,
wo Kurfürst Karl Theodor das Königspaar von Neapel-
Sizilien in seine Residenz geladen hat zu einem Konzert des
durchreisenden Musikgenies.

Zuvor im September haben die Majestäten in Wien drei
ihrer Kinder mit drei Kindern Leopolds II. und dessen Frau
Maria Luisa, einer Schwester des Königs von Neapel, ver-

---

* »-apropos – N. N. (Du weißt wen ich meine) ist ein Hundsfott – erstens thut
er mir so schön ins Gesicht und schmält aber öffentlich über den Figaro – und
hat mich hier entsetzlich wegen der bewußten Sachen ausgerichtet – *ich weiß es
gewis* –«
   Ein Jahr später in Prag, erzählt Niemetschek, habe Koželuch Mozart »auf das
Bübischste verläumdet, ja sogar seinen moralischen Charakter angegriffen.«

heiratet – eine doppelte Inzucht mit fatalen Folgen für das regierende Haus Habsburg.

Zu ihrem Empfang wird eine Festoper gegeben mit einem Libretto von Lorenzo da Ponte, deren Komponist der junge Salieri-Schüler Joseph Weigl ist.

Auch Fürst Auersperg veranstaltet für den hohen Besuch aus Neapel eine prächtige Serenade in seinem Park; da Ponte wurde beauftragt, eine Szene zu schreiben, den Komponisten durfte er selbst wählen: Joseph Weigl. Warum wählte da Ponte nicht Mozart?

Sämtliche Festlichkeiten des Hofes fanden ohne Mitwirkung Mozarts statt.

Königin Marie Karoline von Neapel hat niemals Interesse für Mozart gezeigt, den sie seit ihrer Kindheit in Schönbrunn kennt. Acht Jahre später konnte dieser zwar als 14jähriger Wolfango Amadeo die Gesellschaft von Neapel zu größter Bewunderung hinreißen – aber vom Königspaar beider Sizilien wurde er nicht empfangen, obwohl Ferdinand IV. im Gegensatz zu seiner Frau Karoline sehr musikliebend ist.

Auch bei ihrem Bruder Leopold von Toscana scheiterten 1773 Leopold Mozarts Bemühungen, unterstützt von italienischen Aristokraten, seinen nun 17jährigen Sohn am Hof von Florenz unterzubringen.

Wenn sich auch das Königspaar beider Sizilien nicht für Mozart interessiert, so bemüht es sich um so mehr um Joseph Haydn, den Lieblingskomponisten Ferdinands IV. Dieser winzig kleine Monarch, über dessen abgeschmackte Vergnügungen und Hanswurstiaden sich die Zeitgenossen verwundern, besitzt seit Jahren viele Kompositionen von Haydn. Nun will er ihn am Hof von Neapel engagieren.

Denn gerade in diesem September ist Joseph Haydn mit einer Jahrespension von 1000 Gulden nach Wien gezogen, nachdem sein Fürst Nikolaus Esterházy gestorben ist.

Auch der Fürst von Öttingen-Wallerstein bemüht sich, Haydn als Hofkapellmeister für sein hervorragendes Orchester zu gewinnen. Es ist derselbe, der 1777 aus Kummer über seine im Kindbett gestorbene Frau alles Interesse an der Musik verloren hatte, als der junge Mozart mit seiner Mutter auf der Reise nach Mannheim bei ihm konzertieren wollte.

Der Dritte, der sich um Joseph Haydn bemüht, ist der Musik-Agent Salomon aus London, früher Kapellmeister des Prinzen Heinrich von Preußen. Und mit ihm wird der 58jährige noch in diesem Winter nach England gehen.

Der Gedanke, Wolfgang Amadeus Mozart zu engagieren, scheint keinem zu kommen.

»Mozart gehört zu den außerordentlichen Menschen, deren Ruhm Jahrhunderte dauern wird. Sein großes Genie umfaßt gleichsam den ganzen Umfang der Tonkunst ...«, schreibt gerade in diesen Tagen eine von Reichardt nicht kontrollierte Berliner Zeitung, »... keiner hat, vor ihm, ihn übertroffen, und tiefe Ehrfurcht und Bewunderung wird die Nachwelt diesem großen Manne nie versagen.«

Und König Friedrich Wilhelm II. von Preußen, der noch immer auf seine Streichquartette und Klavier-Sonaten wartet, wird in diesem Herbst eine goldene Dose, gefüllt mit 100 Friedrichsdor (785 Gulden), an Mozart nach Wien schikken – wofür, ist unbekannt. Hat der gute König auch einen Puchberg-Brief erhalten?

Inzwischen rückt der 9. Oktober heran, der Tag der Kaiserkrönung Leopolds II., und das Königspaar von Neapel reist mit dem Kaiserlichen Bruder, der Kaiserlichen Schwester und dem gigantischen Gefolge nach Frankfurt.

Mozart ist nicht bei der Hofmusik, die die Majestäten und den Hofstaat zu dem Ereignis begleitet.

Aber einige Partituren seiner Messen werden von Salieri für

die vielen kirchlichen Zeremonien im Notengepäck mitgeführt. Mit der Komposition der »Missa Solemnis« zu dem
Ritual von Salbung und Krönung wurde Righini beauftragt,
der seit einem Jahr Hofkapellmeister beim Kurfürsten von
Mainz ist.

Mozart reist in seiner eigenen Kutsche auf eigene Kosten
nach Frankfurt, um bei der dort zusammenströmenden
Großen Welt mit Konzerten sein Glück zu machen und vielleicht doch noch »ein *gutes Engagement* irgend an einem
Hofe« zu finden. Sein Freund und Schwager, der Geiger Franz
Hofer, reist mit ihm, und ein Bedienter. Am 22. September
verlassen sie Wien und werden frühestens acht Wochen später
wiederkommen.

Konstanze reist nicht mit ihm. Nach einem erneuten
Umzug in eine große Wohnung in der Rauhensteingasse fährt
sie wieder nach Baden. Die neue Wohnung hat sie für den
enormen Betrag von 208 Gulden tapezieren lassen, der nach
Mozarts Tod noch offen ist. Bei Nissen sagt sie, man habe
ihren Schmuck und ihre silbernen Toilettengegenstände
versetzen müssen, um die Kosten für Mozarts Reise aufzu-
bringen.

Die Reichsstadt Frankfurt ist total überfüllt und total über-
teuert; doch Mozart und Hofer haben Glück: sie wohnen bei
Theaterdirektor Johann Böhm, dem Freund der Familie
Mozart seit seinen ersten Salzburger Gastspielen 1779. Böhms
Truppe gastiert in Frankfurt mit der »Entführung aus dem
Serail« und dem Schauspiel »Lanassa« mit Musik aus Mozarts
»König Thamos« (KV 345).

Wochenlang brodelt die Reichsstadt von Fremden und von
Veranstaltungen aller Art. Mozart trifft ununterbrochen
Freunde, Gönner, Verehrer, Bekannte; außer den Repräsenta-
tions-Ritualen des Kaiserlichen Hofes mit Festaufführungen,
Empfängen, Messen, Konzerten gibt es eine solche Fülle von

öffentlichen und privaten Veranstaltungen und von Auftritten der herbeigeströmten Künstler, daß alle über zu wenig Publikum klagen.

Auch Mozarts öffentliches Konzert am 15. Oktober, eingequetscht zwischen ein fürstliches Déjeuner und ein farbenprächtiges Truppen-Manöver, ist nur schwach besucht. Aber Beifall und Bewunderung sind riesig.

Das Programm ist allerdings allzu umfangreich, und das Publikum verläßt das Konzert nach drei Stunden und dem Genuß von zwei Klavierkonzerten, einer Sinfonie, zwei Arien und Mozarts freiem Phantasieren auf dem Klavier, worüber Graf Bentheim-Steinfurt in seinem Reisetagebuch notiert: »... ganz hinreißend, in dem er unendlich brillierte und die ganze Stärke seines Genies entfaltete ...« Doch der Graf ist verärgert über das winzige Orchester – nur fünf oder sechs Geigen, was tatsächlich erstaunlich ist, weil Mozart immer große Orchester geliebt hat.

Wenn auch die Kaiserlichen Zeremonien ohne Mozart stattfinden, so kann er sich nicht über mangelndes »artiges Betragen« der Gesellschaft gegen sich beklagen:

»... bekannt und angesehen bin ich hier genug ... – ein unruhiges Leben ... man will mich nun schon überall haben – ... berühmt, bewundert und beliebt bin ich hier gewis...«

Bei dem Frankfurter Bankier Schweitzer, dem es eine besondere Freude ist, der hohen Aristokratie zu zeigen, daß er sie alle an Reichtum überflügelt, ist Mozart sogleich Favorit; und Hortense Gräfin Hatzfeld sorgt dafür, daß er in weiteren Gesellschaften auftritt. Ihr Freund und Mozarts Gönner, der Kurfürst von Köln, ist auf seinem goldenen Prunkschiff zur Kaiserkrönung seines Bruders Leopold gekommen, hält großartig Hof am Ufer des Mains und illuminiert Nacht für Nacht den Himmel mit Feuerwerken.

Durch Mozarts Briefe an Konstanze ziehen sich in der Hauptsache wieder die beiden bekannten Themen: dringender Geldbedarf und Angst um die Ehe. Aber die erotische Vertrautheit, die er noch im vorigen Jahr auf der Berlin-Reise mit ihrem gemeinsamen intimen Wortschatz immer wieder beschworen hat, die fehlt jetzt vollständig.

»Leere im Herzen«, unablässiges ängstliches Beteuern seiner Liebe, Verzagtheit: »... o Gott! liebe mich nur halb so wie ich dich liebe, dann bin ich zufrieden ...«, schreibt er, und »... Als ich die vorige Seite schrieb, fiel mir auch manche Thräne aufs Papier, nun aber lustig – fange auf – es fliegen erstaunlich viele Busserl herum ...«

Hinzu kommt die Verheißung, »... meinem lieben Weibchen etwelche Ducaten in die Hände zu spielen«.

Was ist vorgefallen in den Monaten Februar, März, April, August, September dieses Jahres, als er keine einzige Note zu schreiben vermochte? Als er – wir wissen es aus seinen Briefen an Puchberg – häufig kränkelte? Warum wurde die gesamte Korrespondenz des Sommers 1790 vernichtet, den Konstanze Mozart in Baden verbrachte? Das andere Thema, die ewigen Geldsorgen, ist dagegen nicht so hoffnungslos. Diesmal brauchen sie dringend 1000 Gulden für eine unausweichliche Zahlungsverpflichtung. Nun haben sie offenbar niemanden mehr in ganz Wien, der ihnen noch helfen mag oder kann. Jetzt ist Mozart tatsächlich, wie er im Mai seinem Freund Puchberg ankündigte, »... gezwungen ... da ich keine wahren Freunde finde ... bey Wucherern Geld aufzunehmen ...«

Ein Versuch, den Musikverleger Hoffmeister als Bürgen zu gewinnen, bei dem Mozart den Kredit durch neue Kompositionen abarbeiten will, scheitert. Konstanze, die die Darlehensverhandlungen führt, soll »irgendeine Speculation« vorschieben als Ursache für den eiligen Geldbedarf, weil es seriöser wirkt als Schuldenzahlen.

Wie unbedenklich, ja töricht Mozart geblieben ist in Geld-
angelegenheiten trotz seiner jahrelangen Erfahrungen, das
zeigen die Frankfurter Briefe:

Obwohl sie »nur« 1000 Gulden brauchen, will er lieber
gleich 2000 Gulden haben, gleichgültig zu welchen Bedingun-
gen. Freudig akzeptiert er zwei Kreditvorschläge, die wahre
Würgegriffe sind:

1. 1000 Gulden in bar und 1000 Gulden in Tuch zuzüglich
Zinsen;

2. 2000 Gulden für zwei Jahre bei insgesamt 20% Zinsen,
die gleich im voraus abgezogen werden.

Vor allem der zweite Vorschlag gefällt ihm ungemein: »So
bekomme ich doch gleich 1600 in die Hand, – da kann ich
dann 1000 wegzahlen – bleiben mir noch 600 ...«

Aber es kommt weder das eine noch das andere Kreditge-
schäft zustande. Vermutlich fehlen die erforderlichen Sicher-
heiten. Konstanze regelt alles während seiner Abwesenheit
und beweist damit, daß sie ihm in Geschäftsdingen weit überlegen ist. Als er heimkommt, braucht er nur noch zu unter-
schreiben: Sie erhalten 1000 Gulden Bargeld für zwei Jahre
und verpfänden dafür ihr gesamtes Mobiliar. Die Zinsen
müssen halbjährlich gezahlt werden. Daß diese Schulden ein
Jahr später in seinem Nachlaß nicht mehr aufgeführt sind, läßt
annehmen, daß wieder einer seiner Gönner eingesprungen ist.

Brauchten Mozart und Freund Hofer für die Hinreise nach
Frankfurt nur sechs Tage, so dauert die Heimkehr nach Wien
etwa vier Wochen; möglicherweise aber wesentlich länger.

Am 17. Oktober konzertiert er in Mainz vor dem Kurfürsten von Erthal und seinen Gästen, wofür er außer großem
Beifall 165 Gulden erhält, was er als »mager« bezeichnet. Das
zeigt, daß er in Frankfurt weitaus generöser honoriert wurde.

In Mannheim wird gerade seine Oper »Le nozze di Figaro«
einstudiert, und Mozart bleibt bis zur Premiere dort. Als er

zur Probe gehen will, verweigert ihm ein Schauspieler, der ihn wegen seines unscheinbaren Aussehens und eleganten Rockes für einen »kleinen Schneidergesellen« hält, zunächst den Einlaß.

Die Rückreise geht über Augsburg, wo Mozart und Hofer im »Weißen Lamm« absteigen; 1777 hat er hier mit seiner Mutter gewohnt. Ob Mozart seine Verwandten besucht hat – das Bäsle hat jetzt eine uneheliche 6jährige Tochter von einem geistlichen Herrn – ist nicht bekannt, aber anzunehmen.

In München will er nur einen Tag Station machen. Doch er bleibt, überwältigt von einer Welle der Freundschaft und Zuneigung. Die Münchner Gesellschaft, die Wolfgang Mozarts Entwicklung seit seiner frühen Kindheit mit Sympathie verfolgt hat, und seine geliebten Mannheimer – sie alle lassen ihn gar nicht mehr los und versetzen ihn in Hochstimmung.

»... du kannst dir aber nicht vorstellen, wie das Gereiß um mich ist ...«, schreibt er beglückt an Konstanze. Es ist genau dreizehn Jahre her, daß der 21jährige Wolfgang Amadé mit seiner Mama in Mannheim eintraf und die Kurfürstliche Residenz mit seinem Genie und seinem Virtuosentum zum Staunen brachte, und auch mit seiner grenzenlosen Naivität und Unvernunft; daß er bei »wahren Freunden« von der Hofmusik Zuneigung, familiären Halt und Protektion fand und alles verspielte durch seine Bindung an die Familie Weber.

Und genau zehn Jahre ist es her, daß er hier in München mit den geliebten Mannheimern seinen »Idomeneo« in die Welt setzte. Das war die glücklichste Zeit seines Lebens.

Ist er seitdem reifer, vernünftiger geworden, oder sind es Ernüchterung und Resignation, sind es die Weberischen Wunden, die ihn so sehr verändert haben – soweit wir das aus seinen wenigen Briefen überhaupt beurteilen können? Der Eindruck von Verlassenheit und Trostbedürfnis mag trügen,

der furchtbare Eindruck, daß ihm jetzt die intime Selbstgewißheit dessen fehlt, der sich geliebt weiß.

Wahrscheinlich ist es Christian Cannabich, der den Kurfürsten von Mozarts Ankunft unterrichtet, so daß es zu der
ehrenvollen und gewiß auch glanzvollen Akademie vor den
Majestäten von Neapel im Kaisersaal der Münchner Residenz
kommt.

Mozart blüht auf, bleibt mindestens zwei Wochen und
schreibt nach Hause, daß »... es mir herrlich anschlägt« und
daß er mit Konstanze nächsten Sommer wiederkommen will.
Näheres über diese glückliche Münchner Zeit ist nicht überliefert, nicht einmal, wie lange er noch bleibt.

Aber jetzt endlich kann er wieder komponieren: es entsteht
das Sreichquintett D-Dur (KV 593).

Bei der Heimkehr – Kaiser Leopold II. ist mit seinem
Riesengefolge unterwegs nach Preßburg zu seiner Krönung
zum König von Ungarn –, erwartet Mozart in der neuen,
etwas düsteren Wohnung nahe dem Stephansdom eine Über-
raschung aus England: Ein Brief des Londoner Musik-
Agenten O'Reilly, der ihn für ein halbes Jahr nach England
engagieren will für 300 Pfund Sterling (ca. 2500 Gulden).
Mozart soll dafür zwei Opern komponieren und kann zusätzlich Konzerte geben.

Dieses Angebot ist verblüffend, denn bisher ist in London
noch keine einzige seiner Opern aufgeführt worden. Das eng-
lische Publikum muß noch mehrere Jahrzehnte warten, bis es
Mozart-Opern kennenlernt.

Ein fester Dienst in England bietet sich für Mozart auch
jetzt nicht. Sein Schüler Thomas Attwood wird im kommenden Jahr Musikmeister der frisch verheirateten Herzogin von
York, jener Tochter des Königs von Preußen, für die Mozart
nur eine statt der sechs bestellten Klaviersonaten komponiert
hat.

Liegt es daran, daß das Angebot aus London – falls der Brief echt ist – finanziell nicht interessant genug ist? Von den zugesicherten 300 Pfund Sterling müssen Reisekosten, Unterkunft und Leben in London bestritten werden sowie die Unterbringung des Sohnes im Internat – oder redet ihm Konstanze die Sache aus, weil sie jetzt in Wien bleiben will?

So reist nur Joseph Haydn nach London, zusammen mit seinem Agenten Salomon. Haydn trifft seine Entscheidungen ohne seine Frau. Seitdem ihm klargeworden ist, daß seine Eheschließung ein Fehler war – wie Mozart heiratete auch er die Schwester seiner großen Liebe; auch seine Frau erwies sich als verständnislos, klatschsüchtig, banal –, distanzierte er sich innerlich von ihr.

Das ist bei Mozart unvorstellbar. Partiell ein Kind geblieben, klammert er sich an Konstanze und bleibt ihrem Willen ausgeliefert.

Joseph Haydn verläßt Wien am 15. Dezember 1790.

Es heißt, Mozart habe beim Abschied schrecklich geweint.

XXI.

DAS LETZTE JAHR

Am 5. Januar 1791, Konstanzes 29. Geburtstag, vollendet Mozart sein letztes Klavierkonzert (B-Dur, KV 595) und spielt es im März in der Akademie eines Kollegen, in der auch Aloisia auftritt, »... bey den mehrenteils aus Kennern bestandenen Zuhörern ... und jedermann bewunderte seine Kunst sowohl in der Composition als Execution ...«, schreibt die »Wiener Zeitung«.

Zehn Jahre ist es jetzt her, daß Mozart in Wien ankam und

die musikliebende Wiener Gesellschaft in wenigen Wochen eroberte; daß er sich aus dem Salzburger Dienst lossagte in der sicheren Hoffnung auf eine ansehnliche Stellung in der Kaiserstadt, daß er sich von seinem Vater löste, um sich den Webers anzuvertrauen.

Nur zögernd wagt man es, die Spuren von Mozarts letztem Jahr zu interpretieren. Das liegt nicht nur daran, daß alle privaten Spuren systematisch selektiert wurden, daß auch in diesem Jahr über sein Wirken in der Öffentlichkeit kaum Dokumente existieren; sondern weil wir wissen, daß er im Dezember sterben muß.

Zu viele Legenden ranken sich um das letzte Lebensjahr; vom Hungern und Frieren in totaler Vergessenheit, vom geheimnisvollen Boten aus dem Jenseits, der das Requiem bestellte, bis hin zu Mozarts Gifttod, dem auch noch mindestens eine »letzte Liebe« vorausgegangen sein soll.

Bleiben wir bei den Quellen:

Für die erste Jahreshälfte 1791 sind außer der erwähnten Akademie vom 4. März und einer Mozart-Soiree im Salon Greiner zwei weitere Akademien bezeugt: die alljährlichen Wohltätigkeitskonzerte zugunsten der Musiker-Witwen und -Waisen, die stets bedeutende gesellschaftliche Ereignisse sind. Diesmal dirigiert Salieri vor einem riesigen Orchester die g-Moll-Sinfonie (KV 550), und Aloisia singt eine Arie von Mozart. Auch das widerlegt die Legende von seinem Versinken in Vergessenheit, wie auch die wachsende Nachfrage nach seinen Noten.

Im Mai schreibt eine Zeitung: »... und wenn je eine Nation auf einen ihrer Mitgenossen stolz seyn konnte, so sey es Deutschland auf *Mozart* ... Nie, gewiss nie wurde die Größe eines menschlichen Geistes fühlbarer, und nie erreichte die Tonkunst eine höhere Stufe!«

Doch Hildesheimer, auch er ein Opfer des Nissen-Schwindels, beklagt »... die sich ausbreitende Verkennung, das beinahe konsequente Übergangenwerden, das Mozart zu ertragen hatte und tatsächlich mit beispielhafter Würde und Beherrschtheit ertrug. Daß es ihn gebrochen hat, ist selbstverständlich ... So nahm er die große Beleidigung dieser Mitwelt erst spät zur Kenntnis, am Ende seines Lebens. Dann erst war er plötzlich allein und stellte fest, daß sein Echo als Künstler längst verklungen war. Kein Wunder, daß diese Erkenntnis ihn vernichtet hat.«

Mit Erleichterung finden wir in den spärlichen Quellen zu Mozarts letztem Jahr außer neuen Namen einige vertraute: van Swieten, Wetzlar, Trattner; die Familie des Kurbayerischen Gesandten Graf Rechberg; die musikalischen Salons der Hofräte Flamm und Greiner; Graf Rasumowsky, Schwiegersohn der Gräfin Thun, Freund Gottfried von Jacquin, der kurz nach ihm an Schwindsucht sterben wird. Und natürlich Michael Puchberg, bei dem er häufig speist und manchmal Geld borgt, das er nach Baden schickt, seitdem Konstanze am 4. Juni wieder zur Kur dorthin gefahren ist.

Mit dem Tod Josephs II. ist für Mozart eine regelmäßige Einnahmequelle versiegt. Und für das erste Halbjahr 1791 fallen noch zwei reiche Gönner aus: Fürst Lichnowsky und Graf Rasumowsky sind mit ihren Frauen nach England gereist. Dennoch scheint Mozarts finanzieller Standard sehr hoch geblieben zu sein – er verdient noch immer so viel, daß er damit offenbar geprahlt hat, als er von Joseph Haydns Triumphen in London erfährt, der nach acht Monaten bereits 6000 Gulden »in die Bank« gelegt hat.*

---

*Haydn schreibt an Frau v. Genzinger: »... Die meinige schrieb mir, allein ich kan es nicht glauben, das Mozart mich sehr herab setzen sollte, ich verzeihe es ihm ... wegen der Belohnung soll Mozart zum Grafen Fries (Bankhaus) um sich dort zu erkundigen gehen, bei welchem ich 500, und bey meinem Fürsten

Wir haben das Werkverzeichnis mit den Eintragungen seiner Kompositionen des Jahres 1791: außer dem Klavierkonzert und den Serien von Tänzen für die Redoutensäle finden sich einige Drehwalzenstücke für Spieluhren, eine ihm »verhaßte«, vermutlich hochbezahlte Auftragsarbeit; drei Tänze für Drehleier – möglicherweise für den König von Neapel, der dieses Instrument spielt und bis Mitte März in Wien ist; ein Adagio und Rondo für Glasharmonika (KV 617); einige Arien und Lieder; Klaviervariationen (KV 613); ein Streichquintett (KV 614); das »Ave verum« (KV 618); die Opern »Die Zauberflöte« (KV 620) und »La clemenza di Tito« (KV 621); das Klarinettenkonzert (KV 622); die »kleine Freimaurerkantate« (KV 623). Und er beginnt das »Requiem« (KV 626).

Für die Hofoper allerdings komponiert Mozart seit »Così fan tutte« nichts mehr. Unter Leopold II. mit seinem konservativen Musikgeschmack und der Vorliebe für Repräsentation ist ein neuer Geist im Burgtheater eingezogen, wesentliche Umbesetzungen sind die Folge: so werden auch Intendant Graf Rosenberg-Orsini und Opernkapellmeister Salieri abgelöst – dieser bleibt weiterhin Kapellmeister der Hofmusik –, und der Librettist da Ponte verläßt zusammen mit der Primadonna »La Ferrarese« Wien für immer.

Wenn auch der Kaiserhof kein Interesse für ihn zeigt, so bekommt Mozart im Mai 1791 aufgrund seiner Bewerbung an den Magistrat der Stadt Wien die beruhigende Zusicherung der zukünftigen Nachfolge als Domkapellmeister bei St. Stephan mit einem Jahresgehalt von 2000 Gulden.

Aber dieser Mai bringt auch eine Enttäuschung: Fürst Anton Esterházy läßt auf seinem Schloß ein spektakuläres Sommerfest vorbereiten, das ihn 300.000 Gulden kostet und

1000 gulden – zusamm bey nahe 6000 fl (Gulden) anlegte, ich danke täglich meinem Schöpfer für diese wohl that, und ich schmeichle mir noch in Baar tausend nach hauß zu bringen ...«

zu dem die allerhöchste Noblesse geladen ist. Die Festmusik für dieses Gala-Ereignis wird in Wien bestellt – der Auftrag geht an Salieri, und nachdem dieser abgelehnt hat, an den jungen Joseph Weigl, der schon im vergangenen Jahr zwei Stücke von da Ponte zu Ehren des Königspaars von Neapel-Sizilien vertonen durfte.

Kaiser Leopold II. muß allerdings seine Teilnahme an dem Fest auf Esterháza absagen, weil er allzu tief in politischen Geschäften steckt. Nicht allein der Friedensschluß mit der Türkei hält ihn zurück: vor allem der mißlungene Fluchtversuch seiner Schwester Marie Antoinette und der königlichen Familie nach Varennes zeigt der ganzen Welt, wie gefährdet die französische Monarchie ist, und nicht sie allein.

Anstatt einer »welschen opera« für das Burgtheater komponiert Mozart im Sommer 1791 – 10 Jahre nach Beginn an der »Entführung aus dem Serail« – wieder eine deutsche Oper: »Die Zauberflöte« für seinen langjährigen Freund Schikaneder, der vor zwei Jahren das Vorstadt-Theater auf der Wieden gepachtet hat und dort mit seiner Truppe ein Erfolgsstück nach dem anderen auf die Bühne bringt.

Emanuel Schikaneder, dieser ideenreiche Theatermann – 1794 wird er den Vorschlag machen, im Prater Olympische Spiele nach griechischem Vorbild zu veranstalten –, produziert jetzt höchst erfolgreiche »Maschinen-Komödien«, üppig ausgestattete Märchenspiele, die mit mechanisch erzeugten Effekten wie farbigen Blitzen und Donnergetöse das Publikum unterhalten. Manche Stücke verfaßt er selbst, auch die »Zauberflöte« – nach Motiven aus Wielands Feenmärchen »Dschinnistan« –, die Mozart vertonen soll.

An Schikaneder und seine Theatertruppe schließt Mozart sich in diesem Sommer eng an, während Konstanze in Baden weilt, und sucht in deren zwangloser Familiarität die fehlende Nestwärme.

»Für mich ist es gar nicht gut alleine zu seyn, wenn ich etwas im Kopf habe«, schreibt er Konstanze. Wie immer, wenn er komponiert, braucht er Gesellschaft, mag nicht allein essen, und am meisten fürchtet er sich davor, allein zu schlafen. Er ist viel mit den beiden Hauskomponisten Schikaneders zusammen, den Sängern Benedikt Schack, Franz Xaver Gerl und ihren Frauen, die alle in der »Zauberflöte« Rollen haben. Von einem Freund Benedikt Schacks ist eine Erinnerung überliefert:

»Öfters kam Mozart zum Schack, um ihn zu einem Spaziergang abzuholen, und während sich derselbe ankleidete, setzte sich Kapellmeister Mozart an dessen Schreibtisch und komponirte hier und da ein Stück in desselben Opern, daher in des Schack Opern mehrere Stellen von Mozarts eigener Hand und Genie vorkommen, auch war dieser große Tonsetzer so gefällig und freundschaftlich gegen Schack, daß er ihm mehrere Bücher über Musik zum lesen, dann Partituren eines Händel, (Philipp) Emanuel und Sebastian Bach etc. zum studiren gab. Den Tamino in der Zauberflöte schrieb Mozart eigens für Schack, der diese Rolle in Wien 116 Mal sang.«

Schwägerin Josepha Hofer wird die Königin der Nacht; und die frühere Barbarina aus einem »Figaro«, die 17jährige Anna Gottlieb, die jetzt zu Schikaneders Ensemble gehört, wird Pamina. Auch mit dieser Sängerin soll Mozart ein Liebesverhältnis gehabt haben (»Mozarts letzte Liebe«); sie muß sich den Ruhm freilich mit zwei weiteren »letzten Lieben« Mozarts zur selben Zeit teilen. In den Quellen aber findet sich weder für diese noch für jene mehr als Anekdotisches.

Noch ein Mitglied aus Schikaneders Theatertruppe hat entfernt mit Mozarts Biographie zu tun: der Tenor Jakob Haibel. Er wird die jüngste Weberin, Konstanzes Schwester Sophie heiraten.

Von den rund 60 Briefen und Billetts, die Mozart im Sommer und Herbst 1791 an Konstanze nach Baden geschrieben hat, sind nur 21 erhalten. Er schreibt ihr täglich mindestens einmal. Sie dagegen läßt sich immer wieder bitten. Aus seinen Briefen spricht zunehmende Verlassenheit; die Themen sind die gleichen: permanente Suche nach Geld und sein ungestilltes Liebesbedürfnis.

»– wenn die leute in mein herz sehen könnten, so müsste ich mich fast schämen. – es ist alles kalt für mich – eiskalt – Ja, wenn du bey mir wärest ...«, schrieb er am 30. September 1790 aus Frankfurt. Und jetzt, am 7. Juli 1791:

»– ich kann Dir meine Empfindung nicht erklären, es ist eine gewisse Leere – die mir halt wehe thut, – ein gewisses Sehnen, welches nie befriediget wird, folglich nie aufhört – und immer fortdauert, ja von Tag zu Tag wächst; – ... wenn ich denke wie lustig und kindisch wir in Baaden beysammen waren – und welch traurige, langweilige Stunden ich hier verlebe – es freuet mich auch meine Arbeit nicht, weil, gewohnt bisweilen auszusetzen und mit dir ein paar Worte zu sprechen, dieses Vergnügen nun leider eine Unmöglichkeit ist – gehe ich ans Klavier und singe etwas aus der Oper (Zauberflöte), so muß ich gleich aufhören – es macht mir zu viel Empfindung – Basta!«

Er scheint sich damit abgefunden zu haben, daß nicht nur die Wiener Gesellschaft, die Kollegen und Freunde ihm aus dem Weg gehen, sondern nun auch seine Frau.

Nachdem sie ihn seinem Vater und seiner Schwester entfremdet, ihn ruiniert und gesellschaftlich isoliert hat, sucht sie ihre Zerstreuung jetzt bereits im dritten Sommer und Herbst im eleganten Baden, während er sich in Wien »abmattet«, die Gelder dafür zu beschaffen.

»wenn ich nur *gewis weis* daß dir nichts abgeht – dann ist mir alle Mühe lieb und angenehm; – denn die fatalste und verwirrteste laage in der ich mich immer befinden könnte, wird mir zur kleinigkeit wenn ich weis, daß du *Gesund* und *lustig* bist. –«.

Von der Entstehung seiner »Zauberflöte«, an der er in diesen Monaten arbeitet, erfahren wir leider keine Einzelheiten. Nur einmal seufzt er: »Ich kann Dir nicht sagen was ich darum geben würde, wenn ich anstatt hier zu sitzen bey dir in Baaden wäre. – Aus lauter langer Weile habe ich heute von der Oper eine Arie komponirt –.«

Außer seiner Sehnsucht und der ständigen Bemühung um Geld findet sich in seinen Briefen Spott der gröbsten Sorte gegen ihren Begleiter, den 25jährigen Franz Xaver Süßmayr, der zwar von Konstanze, und nur von ihr als Mozarts »Schüler« bezeichnet wird – nicht einmal Süßmayr selbst nennt sich jemals Mozarts Schüler – der sich aber in den Quellen nur in der Rolle eines Hausfreundes und Noten-Kopisten zeigt; jetzt ist er der Begleiter der hochschwangeren Konstanze in Baden und fertigt dort für seinen »Lehrer« die Stimmauszüge und Kopien der in Wien entstehenden »Zauberflöte« an.

Es gibt vielerseits Vermutungen, Konstanze Mozart habe mit Süßmayr ein Liebesverhältnis gehabt, und der am 26. Juli 1791 geborene Franz Xaver Wolfgang Mozart sei in Wahrheit ein Kind von ihm.

Der Vorname Franz Xaver ist sicherlich kein Beweis für eine Vaterschaft, gehört er doch zu den gebräuchlichsten männlichen Vornamen im Österreich der Epoche. Intendant Graf Rosenberg-Orsini, die Hofräte Flamm und Greiner, der Kurfürst von Köln und mindestens ein Dutzend Freunde und Kollegen Mozarts tragen diesen Namen.

Allerdings kann man Süßmayrs Vaterschaft nicht ausschließen, denn Konstanzes »Nachgiebigkeit« ist notorisch. Immerhin: warum haben sie und Nissen den Namen Süßmayr so oft ausgestrichen in Mozarts Briefen? Auch die Abbildung einer

Zeichnung von »Mozarts Ohr« in der Nissen-Biographie mit dem Hinweis, sein Sohn Franz Xaver habe die gleiche ungewöhnliche, atavistische Ohrenform, ist merkwürdig. Süßmayrs Ohren kennen wir nicht, und an Mozarts Ohr ist aufgrund der gesicherten Porträts nichts Seltsames zu erkennen, auch von Zeitgenossen nichts Außergewöhnliches berichtet.*

Wenn ihr Sohn Franz Xaver legitim ist, dann ist er eine Frühgeburt, denn Mozart war bis mindestens Mitte November 1790 abwesend von Wien; sein letzter Brief aus München weist sogar darauf hin, daß er seine Heimreise so lang wie möglich hinausschieben wollte. Warum sind die folgenden Briefe bis zu seiner definitiven Ankunft vernichtet worden?

War Süßmayr der Grund für Mozarts fast ein Jahr dauernde Unfähigkeit zu komponieren, für die riesige Lücke in seinem Werkverzeichnis, als zwischen Januar und Dezember 1790 nicht mehr entstand als die zwei Preußischen Streichquartette im Mai und Juni und die Händel-Bearbeitungen im Juli?

Ist Süßmayr der Grund für die Vernichtung der gesamten Korrespondenz vom Sommer 1790, den Konstanze in Baden verbrachte? Und auch dafür, daß sie ihren Mann nicht zur Kaiserkrönung nach Frankfurt begleitete, daß seinen Briefen von dort der intime Ton fehlt, und daß auch das England-Engagement nicht zustande kam?

Vor allem aber: wie kann Mozart, der in so hohem Maße auf Liebe und Geborgenheit angewiesen ist, in einer derartigen Konstellation leben? All das sind nur Spekulationen; sie

---

*Dieser Sohn, angeblich Konstanzes Lieblingskind, wird später einem Freund schreiben: »... du weist, bester, daß man mich zu Hause nicht aufs beste behandelte. Ich ward älter, ward Jüngling, mußte mir seit 3 Jahren (mit 14) schon, im mütterlichen Hause, wie ein Fremder, den Lebensunterhalt, und alle andern Bedürfnisse verdienen, und wurde doch zu übertrieben wie ein Kind am Gängelbande, behandelt ...«

drängen sich allerdings auf, versucht man, seine wenigen, meist unglücklichen, ratlosen, ja ergebenen Briefe zu deuten.

Jedenfalls dürfte feststehen, daß Konstanze sich besonnen hat und ihren Mann wieder etwas freundlicher und rücksichtsvoller behandelt, seitdem sie weiß, daß er sonst nicht komponieren und somit auch kein Geld nach Baden schicken kann, wo sie mit Zofe und mit Süßmayr »recht kostbar« lebt (ihr Leben lang wird sie für sich selbst enorm viel Geld verbrauchen) – einmal ist die Rede von einem Feuerwerk, das sie bestellt hat.

»... Ich sehne mich recht sehr nach einer Nachricht von dir; nun ist es schon halb 1 uhr, und habe noch nichts erhalten; – noch ein bischen warte ich noch dann mache ich zu. – es kommt nichts, ich muß schließen – leb wohl, liebstes, bestes Weibchen! – gieb acht auf deine Gesundheit, denn wenn alles der Querre geht, so liegt mir nichts daran, bist du nur gesund, und *mir* gut. –« Das *mir* hat er unterstrichen.

Das, was »der Querre« gehen kann, ist ein geheimnisvolles Geschäft, das ihn in Wien hält, um das er sich geradezu verzweifelt bemüht, und dessen Abschluß sich immer wieder verzögert. »Sobald mein Geschäft zu Ende ist, so bin ich bey Dir – denn ich habe mir vorgenommen, in Deiner Umarmung auszuruhen; – ich werd' es auch brauchen – denn die innerliche Sorge, Bekümmerniß und das damit verbundene Laufen mattet doch ein wenig ab.«

Um welche Art von Geschäft handelt es sich, dem er wochenlang nachrennt, das 2000 Gulden bringen soll, wie er an Puchberg schreibt, und das unbedingt zustande kommen muß? Ein wichtiger Kontaktmann – »N.N.« – der ihm dazu verhelfen, der ihn wohl empfehlen soll, läßt ihn immer wieder vergeblich warten. Ein bleierne Zeitvergeudung, die an die Nerven geht, die ihn niederdrückt – und das alles, während er die »Zauberflöte« komponiert.

»Warum habe ich denn gestern Abends keinen Brief bekommen?« klagt er, »damit ich länger des Baades wegen in Ängsten leben muß? – dieses und noch etwas verdarb mir den ganzen gestrigen Tag; – ich war Vormittag bei N.N. und er versprach mir Parole d'honneur zwischen 12 und 1 Uhr zu mir zu kommen, um alles in Ordnung zu bringen. Ich konnte also deßwegen nicht bey Puchberg speisen, sondern mußte warten, – ich wartete – es schlug halb 3 Uhr, – er kam nicht, ich schrieb also ein Billet und schickte das Mensch (die Dienstmagd) zu seinem Vater, – ich gieng unterdessen zur ungarischen Krone, weil es überall zu spät war – sogar da mußte ich *alleine* essen, weil die Gäste alle schon fort waren – in den Ängsten, die ich Deinetwegen hatte und dem Unwillen des N.N. wegen, kannst Du Dir mein Mittagessen vorstellen, – hätte ich doch nur eine Seele gehabt zu einem kleinen Trost. – Für mich ist es gar nicht gut alleine zu seyn, wenn ich etwas im Kopf habe, – um halb 4 Uhr war ich schon wieder zu Hause – das Mensch war noch nicht zurück – ich wartete – wartete – um halb 7 kam sie mit einem Billet. – Warten ist gewiß allzeit unangenehm – aber noch viel unangenehmer wenn die Folge davon der Erwartung nicht entspricht – ich las lauter Entschuldigungen, daß er noch nichts bestimmtes hätte erfahren können, und lauter Betheuerungen, daß er mich gewiß nicht vergessen und ganz gewiß Wort halten würde, – ich gieng dann um mich aufzuheitern zum Kasperl in die neue Oper der *Fagottist*, die so viel Lärm macht – aber gar nichts daran ist. – Im Vorbeigehen sah ich nach ob nicht Löbel im Kaffeehause sey – aber auch nicht. – Zu Nacht esse ich (um nur nicht allein zu seyn) wieder bey der Krone, – da hatte ich doch wenigstens Gelegenheit zu reden – gieng dann gleich zu Bette – um 5 Uhr früh war ich wieder auf – zog mich gleich an – gieng zu Montecuculi – diesen traf ich – dann zu N. N. der war aber schon ausgeflogen – mir ist nur leid daß ich *unverrichteter Sache* wegen Dir nicht heute früh schreiben konnte –...« Wahrscheinlich ist es ein Kompositionsauftrag, freilich ein sehr großer, wenn er 2000 Gulden bringen soll.

Um »La clemenza di Tito« kann es sich keinesfalls handeln, denn als Theaterdirektor Guardasoni mit seinem Opernauftrag für die Prager Königskrönung nach Wien kommt, ist Mozarts »Geschäft« bereits perfekt.

Vermutlich ist der mysteriöse Auftrag, zu dem »N.N.« Mozart verhelfen soll, ein Vertrag mit dem Grafen Walsegg-Stuppach über jährliche Lieferungen von Kammermusik, vor allem aber über die Komposition einer Totenmesse – des »Requiem«.

Es ist in den Musikerkreisen Wiens ein offenes Geheimnis, daß der junge Graf Walsegg-Stuppach, ein großer Musikliebhaber, der selbst Flöte und Cello spielt, bei Wiener Komponisten heimlich Werke für sich bestellt, die er abschreibt und als seine eigenen Schöpfungen mit seinen Hofmusikern auf Schloß Stuppach in der Steiermark aufführt. Die Wiener Komponisten Hoffmeister und Devienne gehören zu seinen obskuren Lieferanten; alle übrigen Namen sind im Dunkel geblieben.

Als im Februar 1791 die junge Gräfin Walsegg stirbt, wünscht sich der Witwer eine Totenmesse, um sie am Jahrestag ihres Todes als sein Werk in der Schloßkapelle aufzuführen.

Wegen der gebotenen Geheimhaltung, und weil der Komponist sein Werk nicht weiterverwerten darf, zahlt Graf Walsegg außergewöhnliche Honorare. Und das dürfte den Ausschlag gegeben haben, daß Mozart sich um diesen Auftrag bemühte.

Puchberg, der seine Wohnung im Gräflich Walseggschen Stadthaus in Wien hat, ist im Bilde über ein 2000-Gulden-Geschäft, das sich in den nächsten Tagen realisieren soll, wie Mozart ihm Ende Juni 1791 schreibt, als er wieder einmal rasch Geld für Konstanze in Baden braucht. Und eine andere Sache von dieser Quantität ist nirgendwo zu finden.

»... Mozart, der ohne Vorwissen seiner Frau nicht den geringsten Schritt zu tun pflegte, erzählte ihr von dem sonderbaren Auftrag«, heißt es bei Nissen, und »... seine Frau riet ihm zur Annahme des Auftrages ...« Zeitgenossen bestätigen, daß auch Konstanze wußte, wer der Besteller war.

Im Juli wird der Vertrag bei Rechtsanwalt Dr. Sortschan, dem Geschäftsträger des Grafen Walsegg in Wien, geschlossen. Von dem vereinbarten Honorar dürfte Mozart nur eine Anzahlung erhalten haben – über die Höhe differieren die Angaben zwischen 225 und 450 Gulden – Nissen schreibt nebelhaft von einer »gewissen Belohnung« – wie es zu einer Gestalt aus dem Jenseits auch besser paßt. Gleichzeitig vereinbaren sie, daß Mozart »um eine bestimmte Summe ... jährlich eine gewisse Anzahl Quartetten« für den Grafen Walsegg-Stuppach komponieren sollte.*

Die Weberische Saat ist aufgegangen. Mozart komponiert jetzt nicht mehr für »Ruhm und Ehre« in der Welt, sondern heimlich, für die Vergessenheit, »meinem Weibchen zuliebe« für Geld, damit Konstanze mit Süßmayr nach Baden fahren kann.

Eine Art Kastration.

Zur selben Zeit, im Juli 1791, wird Joseph Haydn in Oxford mit der Ehrendoktorwürde ausgezeichnet.

Aus diesem beschämenden Abkommen wird die erfolgreichste aller Mozart-Legenden, die Konstanze in die Welt gesetzt hat (neben der Vergiftungs-Kolportage, die sie später von anderen übernahm), die gar schaurige Geschichte von dem unbekannten »grauen Boten«, der im Juli 1791 » gleich einem Geiste« mit dem geheimnisvollen Auftrag einer Totenmesse bei Mozart erscheint – »doch solle er sich gar keine

---

*Das ist möglicherweise der nach Mozarts Tod von der Witwe behauptete Auftrag »von einem Theile des ungarischen Adels« oder der »von Amsterdam, wofür er nur wenige Stücke ausschließend für die Subskribenten komponiren sollte« – für die freilich jeglicher Beleg fehlt. Diese beiden »Aufträge« gehören

Mühe geben, den Besteller zu erfahren, indem es gewiss umsonst seyn werde ...« steht bei Nissen und »... dass man sich alle Mühe gab, den räthselhaften Boten auszuforschen, aber alle Mühe und Versuche waren fruchtlos ... Gleich nach seinem Tode meldete sich der geheimnisvolle Bote, verlangte das Werk, so wie es unvollendet war, und erhielt es.«

Auch das stimmt nicht.

Dokumentiert sind Konstanzes Bemühungen bei mehreren Komponisten in Wien, diese dazu zu bewegen, das Requiem zu vollenden, bis endlich Süßmayr diese Aufgabe übernahm und sie das bestellte Werk als »Mozarts Requiem« bei Dr. Sortschan für Graf Walsegg ablieferte und den zweiten Teil des Honorars bekam.* Anschließend wurde sie vertragsbrüchig und verkaufte zahlreiche Abschriften dieses Werks als »Mozarts Requiem«.

Die Legende aber von dem unbekannten Boten, die seit 1951 mit dem Auftauchen von Dokumenten zweifelsfrei widerlegt wurde, ist so beliebt und so untrennbar mit dem Mozart-Bild verbunden, daß sie selbst in seriösen Biographien von heute weiterlebt:

»Im Juli erhielt Mozart unter geheimnisvollen Umständen einen völlig unerwarteten Auftrag. Ein langer, hagerer Mann, gänzlich unbekannt, in grauem Rock, mit ernsten Mienen und sonderlichem Wesen stellte sich eines Tages bei dem Künstler

wahrscheinlich, zusammen mit dem angeblichen Angebot eines Hofdienstes beim König von Preußen, zu den tendenziösen Legenden, die »die Wiener« beschämen sollten.

*Süßmayr 1800 an Breitkopf & Härtel: »... Die Wittwe Mozart konnte wohl voraussehen, daß die hinterlassenen Werke ihres Mannes würden gesucht werden; der Tod überraschte ihn, während er an diesem Requiem arbeitete. Die Endigung dieses Werkes wurde also mehreren Meistern übertragen; einige davon konnten wegen gehäuften Geschäften sich dieser Arbeit nicht unterziehen, andere aber wollten ihr Talent nicht mit dem Talente Mozarts compromittiren. Endlich kam dieses Geschäft an mich ...«

ein und überbrachte einen Brief ohne Unterschrift. Der anonyme Schreiber hielt mit schmeichelhaften Anerkennungen nicht zurück und stellte am Schlusse die Frage, ob Mozart geneigt wäre, eine Totenmesse zu schreiben, und welchen Preis er dafür fordere. Mozart erklärte sich bereit, die Messe gegen ein Honorar von 50 Dukaten (225 Gulden) in Arbeit zu nehmen. An eine bestimmte Ablieferungsfrist könne er sich dagegen nicht binden. Nach einigen Tagen kehrte der unheimliche Bote wieder, überbrachte das verlangte Geld und ließ eine weitere Summe nach Erhalt des Werks erhoffen. Er werde sich gelegentlich nach dem Fortgang der Arbeit erkundigen. Der Meister möge bei der Ausführung seinen Geschmack frei walten lassen, doch solle er nichts unternehmen, den Namen des Bestellers zu erfahren. Das wäre vergebliche Mühe. Dieses seltsame Ereignis erschütterte den kranken Künstler aufs heftigste. Alle trüben Todesahnungen, die seine erregte Phantasie in den letzten Monaten immer häufiger befallen hatten, verdichteten sich nun zu dem Gedanken, ein Bote aus der anderen Welt sei ihm mahnend erschienen und habe ihm die eigene Totenmesse zu schaffen anbefohlen.«[*]

Auch der berühmte sehr eindringliche Brief in italienischer Sprache – angeblich von Mozart und angeblich an da Ponte gerichtet – ist sicher eine Fälschung, da Mozart seinen Auftraggeber sehr wohl kannte.

Die Premiere der »Zauberflöte«, für September vorgesehen, muß verschoben werden, denn ein für Mozart überaus wichtiger Auftrag kam ganz plötzlich dazwischen: »La clemenza di Tito«, die Oper für die Krönung in Prag.

Seit März dieses Jahres 1791 weiß man in Prag von der für Anfang September vorgesehenen Krönung Leopolds II. zum König von Böhmen. Seit März reiten die Kuriere zwischen

---

[*]Bernhard Paumgartner: »Mozart«. Atlantis-Verlag, Ausgabe 1986.

Prag und Wien hin und her mit versiegelten Schreiben über Art und Umfang der verschiedenen vorgeschlagenen Spektakel zu diesem Ereignis. In Wien stellt Hofkapellmeister Salieri die Liste der Musiker zusammen, die nach Prag reisen sollen, und der Werke, die er aufführen wird: Wieder sind, wie schon bei den Krönungen in Frankfurt und in Preßburg, drei Messen von Mozart aus seiner Salzburger Zeit vorgesehen.

»... Außerdem war (1790) bekannt geworden, daß die Böhmischen Stände für die kommenden Krönungsfeierlichkeiten in Prag eine Oper in Bestellung zu geben beachsichtigen und diesen Auftrag unweigerlich Mozart erhalten würde ...«,

schreibt Michtner. Aber das stimmt nicht.

Eine Festoper ist erwünscht, doch in dem Vertrag, den die böhmischen Aristokraten mit Theaterdirektor Guardasoni abschließen, steht nur, daß er eine neue »große Opera Seria ... durch einen berühmten Meister vertont ...« (»da un cellebre Maestro ...«) produzieren soll. Dieser Vertrag wird erst am 8. Juli perfekt, also zwei Monate vor der Krönung.

Und Guardasoni, der, kaum mit seiner Truppe von der Warschau-Tournee zurück, sogleich Partitur und Libretto von Mozarts »Cosi fan tutte« kommen ließ, um sie in Prag einzustudieren, reist jetzt mit dem neuen Opernauftrag nach Wien. Aber er geht nicht zu Mozart, sondern zu Salieri. Der lehnt ab.

Guardasoni, in der Hoffnung, Salieri werde es sich noch überlegen, eilt weiter nach Italien, um zwei »welsche« Sänger der allerersten Kategorie, einen Kastraten und eine Primadonna, für die Hauptrollen zu engagieren. Die Zeit drängt, denn das Werk soll am 6. September in Szene gehen.

Für ein neues Libretto ist ohnehin keine Zeit mehr. So wendet sich Guardasoni an den Dresdner Hofpoeten Mazzolà, der gerade in Wien ist, und beauftragt ihn, ein altes Erfolgslibretto von Metastasio, die schon oft vertonte Opera Seria »La clemenza di Tito« schnellstens umzuarbeiten.

Um den 10. August ist der gehetzte Guardasoni wieder zurück aus Italien und holt sich die erneute Absage Salieris. Nun erst geht er zu Mozart.

Der weiß sicher von Salieris Absagen, vielleicht auch noch von denen anderer »berühmter Meister«, bevor man zu ihm kam. Außerdem steckt er mitten in der Arbeit zur Premiere der »Zauberflöte«. Und was liegt ihm ferner als eine Opera Seria mit ihrem altmodischen Pomp und Pathos? Das Desinteresse an seiner Münchner Oper »Idomeneo«, von der Konstanze später sagen wird, sie sei stets seine Lieblingsoper gewesen, hat er nicht vergessen. Noch dazu ist die Handlung des »Titus« besonders töricht und langweilig. Vor allem aber: drei Wochen vor der angesetzten Festaufführung eine neue Oper zu komponieren, die noch einstudiert werden muß – das ist unzumutbar.

Außerdem geht es ihm gesundheitlich miserabel. Schon während der Komposition der »Zauberflöte«, so erzählt Konstanze bei Nissen, »versank er, dem Tag und Nacht gleich war, wenn ihn der Genius ergriff – durch Anstrengung öfters in Ermattung und Minuten lange Ohnmacht und Bewußtlosigkeit«.

Dennoch akzeptiert Mozart.

Er liebt Prag, die Stadt seiner größten Triumphe. Und natürlich locken die 900 Gulden Honorar und die hohen Reisespesen. Am wichtigsten aber dürfte für ihn sein, daß diese Krönungsoper der erste offizielle Auftrag unter Leopold II. ist, die glühend ersehnte Chance, zu zeigen, wer er ist, zu beweisen, daß er pünktlich und zuverlässig sein kann ...

Konstanze berichtet, er habe »Titus« innerhalb von 18 Tagen komponiert. Auch unterwegs in der Reisekutsche habe er unaufhörlich gearbeitet. Diesmal fährt sie mit. Ihre Behauptung, Süßmayr, der ebenfalls mitreist, habe die Rezitative komponiert, stößt bei Kennern allerdings auf erhebliche Zweifel.

Am 2. September wird »auf höchstes Verlangen« eine Fest-vorstellung von Mozarts »Don Giovanni« vor den »Kaiser-lich-Königlichen Majestäten mit Dero durchlauchtigsten Prinzen und Prinzessinnen« gegeben. Ein Kaiserlicher Opern-besuch bedeutet für den Komponisten wenigstens 450 Gulden zusätzlich, im Fall dieser großen Familie des Kaisers, für die allein vier Logen gebraucht werden, bestimmt erheblich mehr.

Die feierliche Uraufführung der Krönungsoper »La clemenza di Tito« (KV 621) ist am 6. September 1791 vor über 1000 Besuchern, unter ihnen auch Emigranten der französischen Aristokratie.

»... on nous régala du plus ennuyeux Spectacle La Clemenza di Tito ...« schreibt Graf Zinzendorf in sein Tagebuch, »... La Marchetti chante fort bien. L'empereur en est enthousiasmé.«

Des Kaisers Enthusiasmus dürfte sich auf die Sängerin bezogen haben, weniger auf die Oper selbst, denn Leopold II. ist ein leicht entflammbarer Erotiker. Einer der böhmischen Aristokraten und Mozart-Bewunderer, Graf Rottenhan, schreibt über den geringen Erfolg des »Titus«: Es »... zeigte sich auch bey Hof wider Mozarts Composition eine vorge-faste Abneigung ...«

Der berüchtigte Ausspruch der Kaiserin Maria Luisa über diese Oper: »... una porcheria tedesca ...«, den sie auch noch »aus ihrer Loge brüllte« (Braunbehrens), ist nicht nur un-wahrscheinlich – ausgerechnet diese bekannt liebenswürdige und taktvolle Kaiserin bei ausgerechnet dieser Oper? –, sondern vor allem unbewiesen. Derjenige, der ihn zusammen mit vielen weiteren, ebenso unglaubhaften Anekdoten über Mozart in Prag veröffentlicht hat, bezieht sich auf Überlie-ferungen seines Großvaters, bei dem es allerdings mehr als fraglich ist, ob er Ohrenzeuge war – wie sollte er in die Nähe der Kaiserlichen Loge gekommen sein?

Die »Abneigung« – ob vorgefaßt oder nicht – scheint sich auf »Titus« zu beziehen, der allgemein, nicht nur vom Hof, sondern auch vom großen Publikum, zunächst sogar von den Böhmen, mit weit weniger Begeisterung aufgenommen wurde als die anderen Mozart-Opern. Das ist noch heute so.

Im übrigen spricht die »auf höchstes Verlangen« gegebene und von der gesamten Kaiserlichen Familie besuchte Vorstellung des »Don Giovanni« eher gegen ein Vorurteil, ebenso die Tatsache, daß Musik aus »Don Giovanni« bei einem Abendempfang der Kaiserin gespielt wurde. Fast widerlegt wird die »vorgefaßte Abneigung« dadurch, daß die feierliche Krönung Leopolds II. zum König von Böhmen unter den Klängen einer Mozart-Messe, dirigiert von Salieri, vollzogen wurde.

Das offizielle Tagebuch der böhmischen Königskrönung schreibt über den »Titus«:

»Die Komposition ist von dem berühmten Mozart, und macht demselben Ehre, ob er gleich nicht viel Zeit dazu gehabt und ihn noch dazu eine Krankheit überfiel, in welcher er den letzten Theil der selben verfertigen mußte.«

Dazu auch der 24jährige Gymnasiallehrer in Prag, Franz Xaver Niemetschek: »Er ... kränkelte und medicinirte ... unaufhörlich. Seine Gesichtsfarbe war blaß und sein Blick matt und traurig.«

Eine Zeitung schreibt: »Er kam von Prag kränklich heim, siechte seitdem immer; man hielt ihn für wassersüchtig.«

War auch der Erfolg seines »Titus« anfänglich nicht sehr ermutigend, so erfährt Mozart nach seiner Rückkehr in Wien, daß diese Oper, die in Prag bis Ende September gespielt wird, immer mehr an Beliebtheit zunimmt und am letzten Abend, am 30. September 1791, »mit außerordentlichem Beifall aufgeführt worden ist«. Denselben Abend ist im Theater auf der Wieden die Premiere von Mozarts Oper »Die Zauberflöte« (KV 620). Der Erfolg ist überwältigend. Eine Wiener Zeitung schreibt, daß die »Zauber flöte ... gewiß das Schönste ist, was dieses große Genie hervorgebracht hat«.

Bis Ende Oktober wird die »Zauberflöte« mindestens 23mal gespielt, jedesmal vor überfülltem Haus, bei 800 Plätzen; und schon setzt die Flut der Noten ein. Ein Jahr später feiert man die 100. Aufführung. Die vornehme Wiener Gesellschaft kommt wieder und wieder herausgefahren in die Vorstadt auf der Wieden, um Mozarts neuestes Mirakel zu hören. Noch immer zeigt sich nichts von der »unfaßbaren Gleichgültigkeit und Interesselosigkeit der Gesellschaft« (Komorczynski), die von so vielen Biographen beklagt wird.

Graf Zinzendorf notiert am 6. November in sein Tagebuch:

»... dans la loge de M. et Mme d'Auersperg, entendre la 24me representation von der Zauberflöte. La musique et les décorations sont jolies, le reste une farce incroyable. Un auditoire immense.«

Nur Johann Friedrich Reichardts »Musikalisches Wochenblatt« in Berlin weiß es besser als alle, als Mozart selbst, der mehrfach den enormen Erfolg der Oper in seinen Briefen erwähnt, und stellt fest: »Die neue Maschinenkomödie: Die Zauberflöte, die Musik von unserm Kapellmeister Mozard, die mit großen Kosten und vieler Pracht in den Dekorationen gegeben wird, findet den gehoften Beifall nicht ...«

Wieder ist es das National-Theater in Prag, das als erste auswärtige Bühne Mozarts neue Oper aufführt.

Wie sehr sich Mozarts gesellschaftliche Stellung in Wien verändert hat seit seinen goldenen Triumphjahren – trotz seiner weiterhin immensen Erfolge als Komponist – das zeigt sein Brief an Konstanze über Salieris Besuch seiner »Zauberflöte« im Vorstadt-Theater: Mozart ist dankbar, es ist eine Ehre für ihn, daß Salieri seine Einladung angenommen hat:

»... um 6 Uhr hohlte ich Salieri und die Cavalieri (Mozarts

erste Konstanze in seiner »Entführung«) mit dem Wagen ab, und führte sie in die Loge – ... Du kannst nicht glauben, wie artig beide waren, – wie sehr ihnen nicht nur meine Musick, sondern das Buch und alles zusammen gefiel. – Sie sagten beide ein *Opera*, – würdig bey der größten festivität vor dem größten Monarchen aufzuführen, – und Sie würden sie gewis sehr oft sehen, den sie haben noch kein schöneres und angenehmeres Spectacel gesehen. – Er hörte und sah mit aller Aufmerksamkeit und von der Sinfonie (Ouvertüre) bis zum letzten Chor, war kein Stück, welches ihm nicht ein bravo oder bello entlockte, und sie konnten fast nicht fertig werden, sich über diese Gefälligkeit bei mir zu bedanken. Sie waren allzeit gesinnt gestern in die Oper zu gehen. Sie hatten aber um 4 Uhr schon hinein sitzen müssen. – da sahen und hörten Sie aber mit Ruhe. – Nach dem Theater ließ ich sie nach Hause führen ...«

Wolfgang Amadeus Mozart, der einstige Abgott der Wiener, der den erfolgreichen Salieri und alle anderen Kollegen so oft mit seiner Arroganz bis aufs Äußerste gereizt und öffentlich verhöhnt hatte, ist nun beglückt, ja geschmeichelt, daß Salieri ihn lobt, daß er seine deutschsprachige »Zauberflöte« nicht »Operette« nennt oder »Singspiel« – wie es üblich ist als Abgrenzung zur traditionellen italienischen Opera – sondern daß Salieri Mozarts »Zauberflöte« eine »Opera« nennt. Und – das bedeutet sehr viel für einen, der bereits angefangen hat, anonym zu komponieren – »... würdig bey der größten festivität vor dem größten Monarchen aufzuführen.«

Und der sympathische Salieri – anstatt zu triumphieren über den Rivalen, dieses ruhelose, aufgedunsene, kranke Männchen, das trotz seines Genies und trotz seines Ruhmes im Volkstheater in der Vorstadt gelandet ist – Salieri besitzt die Grandezza, Mozart überschwenglich zu bewundern.

»Die Dichtung ist von Schikaneder selbst, der auf diese Weise mit zur Unsterblichkeit hinüber geschleppt wurde.«

So steht es bei Nissen.

Aus welchem Grund Konstanze Mozart so erbittert über Schikaneder ist, läßt sich erraten: Geld. Sie behauptet, er habe Mozart um sein Honorar betrogen[*]; sein Theater auf der Wieden sei, bevor Mozart seine Oper für ihn geschrieben habe, »ganz herunter gekommen«, und »Die Zauberflöte« habe ihn gerettet. Das stimmt nachweislich nicht. Schikaneders Theater florierte im Gegenteil glänzend mit seinen prachtvoll ausgestatteten »Maschinen-Komödien«.

Glauben wir lieber Leopold Mozart, der von Schikaneder sagte: »... der ehrliche, gute Mann«. Und verlassen wir uns auf die Menschenkenntnis Kaiser Josephs II., der ihm 1784 das Kärntnertortheater überließ.

In Wahrheit dürfte der erfahrene Theaterunternehmer Schikaneder eine klare Abmachung mit Mozart getroffen haben, dessen Kompositionshonorare bei »Così fan tutte« und »Titus« 900 Gulden betrugen zuzüglich mindestens einer Abendeinnahme.

Daß aber »Die Zauberflöte« bei jeder Vorstellung etwa 1000 Gulden einspielte, daß innerhalb des ersten Jahres bereits 100 Vorstellungen gegeben wurden, und daß dieses Erfolgsstück jahraus, jahrein, nicht nur im Theater auf der Wieden Sensation machte, sondern überall im ganzen Reich und sogar im Ausland die Häuser füllte, das wird der Witwe keine Ruhe gelassen haben.

---

[*] Nach Konstanzes falschen Angaben hat Mozart auch für »Figaros Hochzeit« kein Honorar erhalten. Vergessen wir nicht, daß Mozarts Leidenschaft für das Opernschreiben seiner Frau seit Beginn der Ehe ein Dorn im Auge war. Den Novellos wird sie später erzählen, Mozart habe für alle seine Opern zusammen keine 2000 Gulden bekommen.

»Mozarts Körper kränkelte in seiner letzten Lebenszeit und litt besonders an äusserst leichter Reizbarkeit der Nerven, und wurde, wie sich wohl psychologisch erklären lässt – überhaupt sehr furchtsam, was er auch schon früher war, besonders viel von Todesgedanken beunruhigt. Nun arbeitete er so viel und schnell, – freylich desshalb zuweilen auch flüchtig, – dass es scheint, er habe sich vor dem Aengstenden der wirklichen Welt in die Schöpfungen seines Geistes flüchten wollen. Seine Anstrengung ging dabey oft so weit, dass er nicht nur die ganze Welt um sich her vergaass, sondern ganz entkräftet zurücksank und zur Ruhe gebracht werden musste. Die Zuredungen seiner Gattin und seiner Freunde halfen nichts, die Versuche, ihn zu zerstreuen, eben so wenig. Er that Etwas seinen Lieben zu gefallen, fuhr mit ihnen aus; nahm aber an Nichts mehr wahren Antheil, sondern lebte immer fort in seine Phantasien, aus denen ihn nur zuweilen ein Schauder vor dem Tode, der sich schon um sein Gebein zu winden anfing, erweckte. Seine Gattin bestellte oft heimlich Personen, die er liebte: sie mussten ihn zu überraschen scheinen, wenn er sich wieder zu tief und anhaltend in seine Arbeit versenkte: er freute sich zwar, blieb aber dennoch beym Arbeiten. Sie mussten nun viel schwatzen: er hörte Nichts: man richtete das Gespräch an ihn: er ward nicht unwillig, gab einige Worte dazu, schrieb aber fort«, erzählt Konstanze bei Nissen.

Was tut eine liebende Frau, deren Mann so krank ist, schwermütig, von Todesfurcht heimgesucht, der Angst hat, allein zu sein? Konstanze reist wieder nach Baden, wenige Tage nach der Uraufführung der »Zauberflöte«, wieder mit Süßmayr. Der 7jährige Carl ist im Internat, den Säugling Franz Xaver Wolfgang nimmt sie mit und ihre jüngste Schwester Sophie.

Mozart, allein in Wien, komponiert das Klarinettenkonzert (KV 622) für seinen Freund Stadler; und er arbeitet am Requiem.

Sein letzter erhaltener Brief ist vom 14. Oktober an Konstanze und endet: »Die Sophie küsse ich tausendmahl, mit N. N. (Süßmayr) mache was du willst.«

Mozarts letzte Eintragung in seinem Werkverzeichnis ist vom 15. November: »Eine kleine freymaurer=kantate« (KV 623).

Seine letzten Noten sind einige Takte des Lacrimosa im Requiem.

Am 20. November soll er sich mit Fieber ins Bett gelegt haben. Nissen schreibt: »Seine Todeskrankheit, wo er bettlägerig wurde, währte 15 Tage. Sie begann mit Geschwulst an Händen und Füssen und einer beynahe gänzlichen Unbeweglichkeit derselben ...«.

Über seinen Tod in der Nacht vom 4. zum 5. Dezember 1791 und über das Begräbnis haben wir einige einander teilweise widersprechende Erzählungen; auch dem ausführlichen Bericht der Sophie Haibel, der sich von Konstanzes beiden Versionen unterscheidet, erst 34 Jahre später geschrieben und offensichtlich von der älteren Schwester präpariert, ist nur bedingt zu glauben: »... da war der Sissmeier bey M. am Bette dan Lag auf der Deke das Bekante Requem und M. Explicirte jhm wie seine Meinung seie daß er es nach seinem Todte vollenden sollte ...«

Glaubhaft dagegen ist der Bericht des Freundes von Benedikt Schack, in dem Süßmayr nicht genannt ist, und der auch kein Wort enthält über Mozarts angeblichen Wunsch, jemand anderer – und gar Süßmayr – solle sein Requiem vollenden: »Sobald er eine Nummer des Requiem vollendet hatte, liess er sie sogleich singen und spielte dazu die Instrumentation auf seinem Piano. Selbst am Vorabende seines Todes liess er sich die Partitur des Requiem noch zum Bette hinbringen, und sang (es war zwey Uhr Nachmittags) selbst noch die Altstimme; Schack, der Hausfreund, sang, wie er es denn vorher immer pflegte, die Sopranstimme, Hofer, Mozarts Schwager, den Tenor, Gerl, später Bassist beym Mannheimer theater, den Bass. Sie waren bey den ersten Takten des Lacrymosa, als Mozart heftig zu weinen anfing, die Partitur bey Seite legte, und elf Stunden später um ein Uhr Nachts, verschied...«

Die Todesursache war, allen überlieferten Symptomen nach, Nierenversagen, möglicherweise Schrumpfnieren. Wie weit dieses Leiden durch Aderlässe beschleunigt wurde, die gerade bei Nierenkrankheit extrem schädlich sind, wie weit eine grassierende Influenza hinzukam – all das bleibt im Dunkel.

Es gibt einen – allerdings nicht mehr auffindbaren – Brief von Mozarts Sohn Carl Thomas von 1830. Offenbar hatte man den damals 7jährigen im Dezember 1791 aus dem Internat zu seinem sterbenden Vater gerufen.

»... Besonders erwähnenswert sind meiner Ansicht nach die Umstände, nämlich daß ein paar Tage vor dem Tod eine derart große, allgemeine Schwellung auftrat welche den Kranken an jeder kleinsten Bewegung hinderte, ferner der Gestank, der eine innerliche Auflösung ankündigte und gleich nach dem Tode immer stärker wurde, so daß er eine Leichenschau unmöglich machte ...«

Unter diesen Umständen ist nicht auszuschließen, daß Mozart allein starb.

Wenn auch der treue van Swieten sofort zu Konstanze Mozart eilte und Geld brachte für Beerdigung und weitere Kosten, wenn auch andere sofort Geld schickten, auch der Kurfürst von Köln, der gerade in Wien war – so entschied sich die Witwe doch für ein »im höchsten Grade ökonomisches« Begräbnis 3. Klasse für knapp 9 Gulden, in einem Vierergrab. Sie selbst hat nie gewußt, wo man ihn begrub, denn sie ging nicht zum Friedhof. Erst nach 17 Jahren, unter dem zunehmenden Druck der befremdeten Öffentlichkeit, versuchte sie, vergeblich, zu erfahren, wo man ihren Mann begraben habe.

Ihre Rechtfertigungsversuche, Baron van Swieten, einer der höchsten Kaiserlichen Staatsbeamten, habe die praktische Seite der Bestattungsformalitäten in seine Hände genommen und sei daher verantwortlich für das billige Grab ohne Grabkreuz, ohne jegliche Markierung, ist grotesk.

»Mozart starb den 5ten 10^{bri} 791.« steht in Joseph Haydns Tagebuch. Einige Wochen darauf schreibt er an Michael Puchberg: »Ich war über seinen Tod eine geraume Zeit ganz außer mir und konnte es nicht glauben ...« Ein Freund des Musikverlegers Breitkopf, der ihm 1799 eine Ausgabe von Mozart-Noten überbrachte, schreibt: »... Er sah die Hefte mehreremal an und sagte: gar schön, gar schön; ich und Mozart schätzten uns sehr, er nannte mich auch seinen Papa ...«

Andere erzählen, Haydn habe jedesmal geweint, wenn die Rede auf Mozart kam.

Glücklich?« sagt die Witwe bei Nissen, »... er war es nie.«

»gueth und blueth,« hatte die Mutter aus Mannheim geschrieben als sie die Weberischen kennengelernt hatte, wolle der Wolfgang »für solche leute geben.«

Nannerl wird über den Bruder schreiben: »... ausser der Musik war und blieb er fast immer *ein Kind*, und dies ist ein Hauptzug seines Charakters auf der schattigen Seite; immer hätte er eines Vaters, einer Mutter, oder sonst eines Aufsehers bedarfen; er konnte das Geld nicht regieren, heyrathete ein für ihn gar nicht passendes Mädchen gegen den Willen seines Vaters, und daher die große häusliche Unordnung bei und nach seinem Tode ...«, und alle Nachforschungen bestätigen jedes ihrer Worte, »... auch hatte er ein zu gutes wohlwollendes Herz, wer sein gutes Herz einmahl kannte, und dieses war leicht zu kennen, der konnte alles von ihm erhalten.«

LITERATURVERZEICHNIS

Eine Auswahl

Mozart: *Briefe und Aufzeichnungen*. Gesamtausgabe herausgegeben von der Internationalen Stiftung Mozarteum Salzburg, gesammelt und erläutert von Wilhelm A. Bauer und Otto Erich Deutsch, Bd. I–IV (Text), Bd. V–VI Kommentar, bearbeitet von Joseph Heinz Eibl, Bd. VII Register, zusammengestellt von Joseph Heinz Eibl, Bärenreiter, Kassel.

Mozart: *Die Dokumente seines Lebens. Herausgegeben v. O.E. Deutsch, Bärenreiter, Kassel 1961.*

Mozart: *Die Dokumente seines Lebens, Addenda und Corrigenda.* Herausgegeben v. Joseph Heinz Eibl, Bärenreiter, Kassel 1978.

Mozart und seine Welt in zeitgenössischen Bildern. Vorgelegt von O.E. Deutsch, Bärenreiter, Kassel 1961.

Wolfgang Amadeus Mozart: Briefwechsel und Aufzeichnungen. Band 1 und 2. Herausgegeben H. und E.H. Mueller von Asow, Perneder, Wien 1949.

Hermann Abert: *W.A. Mozart*. Breitkopf & Härtel, Leipzig 1978.

Rudolph Angermüller: *W.A. Mozarts musikalische Umwelt in Paris (1778)*. München, Salzburg 1982.

Volkmar Braunbehrens: *Mozart in Wien*. Piper, München 1986.

Walter Bruford: *Die gesellschaftlichen Grundlagen der Goethezeit.* Ullstein 1979.

Karl Ditters von Dittersdorf: *Lebensbeschreibung. Kösel, München 1967.*

Joseph Heinz Eibl: *Wolfgang Amadeus Mozart. Chronik eines Lebens.* dtv, München 1977.

Albert Einstein: *Mozart. Sein Charakter – Sein Werk.* Bermann-Fischer, Stockholm 1947.

Norbert Elias: *Die höfische Gesellschaft.* Suhrkamp, Frankfurt 1983.

Eckart Kleßmann: *Prinz Louis Ferdinand von Preußen 1772–1806.* dtv, München 1978.

Ludwig Ritter von Köchel: *Chronologisch-thematisches Verzeichnis sämtlicher Tonwerke Wolfgang Amadé Mozarts.* Breitkopf & Härtel, 1983.

Memoiren des Ritters von Lang. Koehler, Stuttgart 1957.

Joseph Lange: *Biographie des Joseph Lange.* Rehm, Wien 1808.

Ursula Mauthe: *Mozarts »Weberin«.* D. Mozart-Gesellschaft, Augsburg 1980.

Otto Michtner: *Das alte Burgtheater als Opernbühne.* Böhlau, Wien 1970.

Georg Nikolaus von Nissen: *Biographie W.A. Mozarts.* Olms, Hildesheim 1964.

Eine Wallfahrt zu Mozart. Die Reisetagebücher von Vincent und Mary Novello aus dem Jahre 1829. Bonn 1959.

Bernhard Paumgartner: *Mozart.* Atlantis, Zürich 1980.

Johann Pezzl: *Skizze von Wien.* Leykam, Graz 1922.

Lorenzo da Ponte: *Mein abenteuerliches Leben. Rowohlt, Hamburg* 1960.

Joseph Richter: *Briefe eines Eipeldauers an seinen Herrn Vetter...,* 1785–97. Winkler, München 1972.

Johann Kaspar Riesbeck: *Briefe eines reisenden Franzosen über Deutschland an seinen Bruder zu Paris.* Steingrüben, Stuttgart 1967.

Harold Robbins Landon: *1791 – Mozarts letztes Jahr.* Claassen, Düsseldorf 1988.

Erich Schenk: Mozart. *Sein Leben – seine Welt.* Amalthea, Wien-München 1975.

Ludwig Schiedermair: *Mozart. Sein Leben und seine Werke.* Beck, München 1922.

Oscar Teuber: *Geschichte des Theaters des Prager Theaters.* Haase, Prag 1883–1885.

Wien von Maria Theresia bis zur Franzosenzeit. Aus den Tagebüchern des Grafen Karl von Zinzendorf. Wiener Bibliophile Gesellsch., Wien 1972.

Zeitschriften:

Acta Mozartiana, Mozart-Jahrbuch, musica, Neues Augsburger Mozartbuch, Mitteilungen der Internationalen Stiftung Mozarteum, Österreichische Musikzeitschrift

der erwähnten Werke nach dem Köchelverzeichnis
Ausgabe 1983

323

Die erste vollständige deutsche Edititon
D. A. F. de Sade
Justine und Juliette, 1
Herausgegeben, neu übersetzt und mit Anmerkungen versehen von Stefan Zweifel und Michael Pfister. Mit zehn, zum Teil farbigen Illustrationen von Arnulf Rainer sowie mit Essays von L. F. Földènyi, Bernd Mattheus und den Herausgebern.
Ca. 400 Seiten, Leinenband mit Schutzumschlag, Fadenheftung. Ladenpreis DM 68,-. Subskriptionspreis DM 58,-, bei Subskription der insgesamt zehn Bände je Band eine Ermäßigung von 15 Prozent auf den Ladenpreis. Anmeldung zur Gesamt-Subskription bis zum 31. 12. 1991.
Der erste Band, Justine und Juliette, 1, erscheint im April 1990.
(ISBN 3-88221-764-2)

Das Buch: Sades Doppelroman »Justine und Juliette«, dieses epische Sturm-und-Drang-Werk, nach der Originalausgabe von 1797 in zehn Bänden. Die erste vollständige deutsche Übersetzung startet zum 250. Geburtstag des Marquis. In Zusammenarbeit mit der parallel zur deutschen Edition entstehenden Sade-Ausgabe in der Pléiade bei Gallimard. Ab 1991 erscheinen pro Jahr je zwei Bände des Doppelromans bei Matthes & Seitz. Der erste Band aber im April 1990. Jeder Band ist von einem anderen bedeutenden zeitgenössischen Künstler exklusiv für diese Ausgabe illustriert.
Subskribieren Sie dieses belletristische Gipfelwerk der Neuzeit – die erste deutsche vollständige Übersetzung, philologisch genau, kommentiert und modern illustriert: **Justine und Juliette**.
Subskriptionsprospekt beim Verlag